Kohlhammer

Klaus Fröhlich-Gildhoff,
Maike Rönnau-Böse,
Claudia Tinius

Herausforderndes Verhalten in Kita und Grundschule

Erkennen, Verstehen, Begegnen

2. Auflage

Verlag W. Kohlhammer

Dieses Werk einschließlich aller seiner Teile ist urheberrechtlich geschützt. Jede Verwendung außerhalb der engen Grenzen des Urheberrechts ist ohne Zustimmung des Verlags unzulässig und strafbar. Das gilt insbesondere für Vervielfältigungen, Übersetzungen, Mikroverfilmungen und für die Einspeicherung und Verarbeitung in elektronischen Systemen.

Die Wiedergabe von Warenbezeichnungen, Handelsnamen und sonstigen Kennzeichen in diesem Buch berechtigt nicht zu der Annahme, dass diese von jedermann frei benutzt werden dürfen. Vielmehr kann es sich auch dann um eingetragene Warenzeichen oder sonstige geschützte Kennzeichen handeln, wenn sie nicht eigens als solche gekennzeichnet sind.

Es konnten nicht alle Rechtsinhaber von Abbildungen ermittelt werden. Sollte dem Verlag gegenüber der Nachweis der Rechtsinhaberschaft geführt werden, wird das branchenübliche Honorar nachträglich gezahlt.

Dieses Werk enthält Hinweise/Links zu externen Websites Dritter, auf deren Inhalt der Verlag keinen Einfluss hat und die der Haftung der jeweiligen Seitenanbieter oder -betreiber unterliegen. Zum Zeitpunkt der Verlinkung wurden die externen Websites auf mögliche Rechtsverstöße überprüft und dabei keine Rechtsverletzung festgestellt. Ohne konkrete Hinweise auf eine solche Rechtsverletzung ist eine permanente inhaltliche Kontrolle der verlinkten Seiten nicht zumutbar. Sollten jedoch Rechtsverletzungen bekannt werden, werden die betroffenen externen Links soweit möglich unverzüglich entfernt.

2. Auflage 2020

Alle Rechte vorbehalten
© W. Kohlhammer GmbH, Stuttgart
Gesamtherstellung: W. Kohlhammer GmbH, Heßbrühlstr. 69, 70565 Stuttgart
produktsicherheit@kohlhammer.de

Print:
ISBN 978-3-17-038978-6

E-Book-Formate:
pdf: ISBN 978-3-17-038979-3
epub: ISBN 978-3-17-038980-9
mobi: ISBN 978-3-17-038981-6

Inhalt

Vorwort		9
1	Einführung	11
2	Entstehungsbedingungen von herausforderndem und auffälligem Verhalten	16
	2.1 Das Bio-Psycho-Soziale Modell zur Erklärung von Verhalten	17
	2.1.1 Die Elemente des Bio-Psycho-Sozialen Modells	17
	2.1.2 Bewältigungsperspektive	35
	2.2 Das Modell der seelischen Grundbedürfnisse	42
	2.3 Sozialökologische Perspektive: Weitere Entwicklungsumwelten	46
	Exkurs: Klassifikation und Häufigkeiten von ›auffälligen‹ Verhaltensweisen	49
3	Voraussetzungen und strukturelle Maßnahmen für eine professionelle Begegnung mit herausforderndem Verhalten	54
	3.1 Die Bedeutung eines inkludierenden Grundverständnisses	54
	3.2 Selbstreflexion	56
	3.3 Der institutionelle Kontext	59
	3.3.1 Die Bedeutung der Zusammenarbeit im Team	59
	3.3.2 Die Rolle der Leitung im Teamentwicklungsprozess	61
	3.3.3 Konzeptionelle und strukturelle Maßnahmen	62
	Exkurs: Der ›Status quo‹ zur Erfassung struktureller Voraussetzungen und Maßnahmen für die professionelle Begegnung mit herausforderndem Verhalten	67
	3.4 Anwendung: Die Gestaltung eines Teamentwicklungsprozesses am Beispiel von Teamfortbildungen	70
	3.4.1 Entwicklung eines inkludierenden Grundverständnisses	71
	3.4.2 Die grundsätzliche Bedeutung der Selbstreflexion und systematischen (ressourcenorientierten) Beobachtung...	71

3.4.3 Die Zusammenarbeit im Team als Voraussetzung für eine professionelle Begegnung mit herausforderndem Verhalten 72
 3.4.4 Die Rolle der Leitung im Teamentwicklungsprozess 73
 3.4.5 HeVeKi als Chance für einen (andauernden) Teamentwicklungsprozess 74
 3.4.6 Konzeptionelle und strukturelle Maßnahmen als wichtige Voraussetzung für die (nachhaltige) Umsetzung von HeVeKi 75

4 Professionelle Begegnungsmöglichkeiten der pädagogischen Fachkräfte 77
 4.1 Beobachtung und Diagnostik 78
  4.1.1 Die Bedeutung systematischer Beobachtung 78
  4.1.2 Diagnostik 80
  4.1.3 Konkrete diagnostische Verfahren und (Screening-)Instrumente 85
 4.2 Analyse und Verstehen als Kernkompetenz 88
 Exkurs: Möglichkeiten und Grenzen von ›Programmen‹ und ›Trainings‹ 91
 4.3 Handlungsplanung 95
  4.3.1 Grundprinzipien 95
  4.3.2 Planung auf verschiedenen Ebenen 98
 Exkurs: Handeln in Krisensituationen 99

5 Begegnungs- und ›Antwort‹-Möglichkeiten – bezogen auf unterschiedliche Verhaltensweisen, Altersstufen und Kontexte 102
 5.1 Setting Kita 102
  5.1.1 Fallbeispiel Aileen (externalisierendes Verhalten) ... 102
  5.1.2 Fallbeispiel Robin (›gemischt‹ zu klassifizierendes Verhalten) 114
 5.2 Setting Grundschule 124
  Fallbeispiel: Kilian (internalisierendes Verhalten) 124
 Exkurs: Koordiniertes Vorgehen bei Gewalt in der Schule 134

6 Die Zusammenarbeit mit den Eltern 139
 6.1 Bedingungen und Wirkfaktoren der Zusammenarbeit mit Eltern 140
 6.2 Die Zusammenarbeit mit Eltern in pädagogischen Konfliktfeldern 142
 6.3 Das Elterngespräch in Konfliktsituationen 144
  6.3.1 Gesprächsziele 145
  6.3.2 Vorbereitung des Gesprächs 146
  6.3.3 Vereinbarung des Gesprächstermins 147
  6.3.4 Gesprächsablauf 148

		6.3.5 Nachbereitung	152
		6.3.6 Zusammenfassung	152
7	Die Notwendigkeit, Netzwerke zu knüpfen		155
	7.1	Der Aufbau von Netzwerken	155
		7.1.1 Erfassungsbögen	156
		7.1.2 Konkrete Analyse bestehender Netzwerke	156
	7.2	Unterstützende Dienste und Institutionen bei herausforderndem Verhalten	161
		7.2.1 Spezifische Fachdienste (Fachberatung, Schulpsychologischer Dienst)	161
		7.2.2 System der ›Frühen Hilfen‹	162
		7.2.3 (Pädagogische) Frühförderung	163
		7.2.4 Jugendhilfe, Hilfen zur Erziehung	165
		7.2.5 Kinder- und Jugendlichenpsychotherapie	168
		7.2.6 (Kinder- und Jugendlichen-)ÄrztInnen, Kinder- und JugendlichenpsychiaterInnen	170
8	Zusammenführende Rückbetrachtungen		172
Literaturverzeichnis			176
Anhang			189

Vorwort

Das vorliegende (Arbeits-)Buch hat das Ziel, pädagogische Fachkräfte in Kindertageseinrichtungen sowie LehrerInnen in Grundschulen in der Begegnung mit Kindern, deren Verhalten sie als herausfordernd erleben, zu unterstützen. Damit wird ein zumindest gefühlter und in einigen Untersuchungen auch nachvollziehbarer Bedarf der PädagogInnen in Bildungsinstitutionen aufgegriffen: Das Verhalten von Kindern und z. T. auch die Zusammenarbeit mit deren Familien werden vielfach als anstrengend(er) erlebt und führen zu Heraus- und oftmals auch zu Überforderungen. Diese in mehreren Situationen erlebten Belastungen werden zumindest teilweise verstärkt durch die sinnvolle Perspektive und den Anspruch der Inklusion und ihrer Umsetzung – für die stellenweise die Rahmenbedingungen unzureichend sind.

Das Buch ist entstanden aus der mehrjährigen Zusammenarbeit der AutorInnen im Zentrum für Kinder- und Jugendforschung (ZfKJ) im Forschungs- und Innovationsverbund an der Evangelischen Hochschule Freiburg (FIVE e. V.). Nachdem im ZfKJ über viele Jahre Konzepte und Programme zur Förderung der seelischen Gesundheit und Resilienz von Kindern in Kindertageseinrichtungen und Grundschulen im Sinne universeller Prävention entwickelt, realisiert und evaluiert wurden, zeigte sich, dass diese Maßnahmen der breiten Entwicklungsunterstützung für einen Teil der Kinder nicht ausreichen. Gerade diese Kinder und deren Familien fordern die PädagogInnen und machen ihnen zugleich Sorgen. So wurde in zwei größeren Projekten dem Thema ›Herausforderndes Verhalten in Kindertageseinrichtungen und Schulen‹ neue Aufmerksamkeit zuteil. Es wurde ein Curriculum zur Qualifizierung der Fachkräfte in Bildungsinstitutionen entwickelt, in den unterschiedlichen Zusammenhängen umgesetzt und schließlich evaluiert. In diesem Arbeitsbuch sind wesentliche Bestandteile dieser Fort- und Weiterbildungsmaßnahmen zusammengeführt.

In der praktischen Arbeit mit den Fachkräften in Kita und Schule wurde der Wunsch nach einer breiteren Grundlagenliteratur, die auch Anregung zur Reflexion und Weiterentwicklung in der Praxis bietet, deutlich. Das vorliegende Buch versucht, diese Lücke zu füllen. Es ist an vielen Stellen an der Praxis von Kindertageseinrichtungen und Schulen ausgerichtet und knüpft somit insbesondere an der ressourcenorientierten Begegnung mit herausfordernden Verhaltensweisen von Kindern an. Dies hat zur Folge, dass eine tiefgehende Auseinandersetzung, z. B. mit einzelnen Störungsbildern, nicht geleistet werden kann. Hierzu werden allerdings spezifische Literaturhinweise gegeben.

Die Zielgruppe dieses Buches sind PraktikerInnen in Kindertageseinrichtungen und Grundschulen, gemeint ist damit der gesamte Kreis der pädagogischen Fachkräfte und LehrerInnen. Das Buch soll zugleich eine Arbeitsgrundlage für die Ausbildungen an Fachschulen für Sozialpädagogik und an Hochschulen darstellen. Außerdem kann es in der Weiterbildung von PädagogInnen in Kita und Grundschule und der Begleitung teambezogener Entwicklungsprozesse eingesetzt werden. Der Charakter des Arbeitsbuches wird einerseits durch Praxisbeispiele, andererseits durch weiterführende Fragen und das Vorstellen von Instrumenten bestimmt.

Wir bedanken uns bei den vielen Menschen, die uns im Prozess des Schreibens unterstützt haben. Dies sind unsere PartnerInnen und Familien, die PraktikerInnen, die uns immer wieder gefordert und Anregungen gegeben haben, aber auch die KollegInnen im ZfKJ, die uns in Schaffenskrisen ermutigt haben. Ein besonderer Dank geht an Janna Kiesé für ihre hervorragende gründliche Lektorierungsarbeit.

Als AutorInnen wünschen wir Freude beim Lesen, Anregungen für die Praxis und verbinden damit die Hoffnung, dass die Begegnung zwischen PädagogInnen und Kindern, deren Verhalten als herausfordernd erlebt wird, entwicklungsförderlicher und zum Wohle beider Gruppen gestaltet werden kann.

Wir freuen uns sehr über – auch kritische – Rückmeldungen.

Freiburg, im Februar 2017
Klaus Fröhlich-Gildhoff, Maike Rönnau-Böse, Claudia Tinius

1 Einführung

In vielen Bildungsinstitutionen, Kindertageseinrichtungen wie Schulen, empfinden die dort tätigen pädagogischen Fachkräfte bzw. Lehrkräfte seit Längerem eine Zunahme von Kindern, die ›auffälliges‹ Verhalten zeigen: Es wird beklagt, dass Kinder sich weniger an Regeln halten, dass sie impulsiver sind und sich schlechter selbst steuern/regulieren können oder dass die Aufmerksamkeitsspannen immer geringer würden. Exemplarisch für eine Vielzahl von entsprechenden Äußerungen sei das Ergebnis einer Befragung von 1308 LehrerInnen aus verschiedenen Regionen Deutschlands zitiert: »In beinahe 40 % der Klassen gibt es drei oder mehr Kinder, die in mindestens vier Verhaltensauffälligkeiten als stark auffällig eingestuft wurden. In diesen Klassen ist ein geregelter Unterricht kaum noch möglich« (Berg & Tisdale, 2004, S. 2).

Im Unterschied dazu geben breite epidemiologische Studien keine Hinweise auf die Zunahme von Verhaltensauffälligkeiten: Die in Deutschland größte, repräsentativ durchgeführte Untersuchung (12 368 Kinder und Jugendliche), die *KiGGS-Studie* des Robert-Koch-Instituts, kann Zahlen über einen Sechs-Jahres-Vergleich vorlegen. Dabei zeigt sich:

> »Insgesamt 20,2 % der Kinder und Jugendlichen im Alter von 3 bis 17 Jahren ließen sich in der KiGGS Welle 1 [2009–2012] mit dem SDQ-Symptomfragebogen einer Risikogruppe für psychische Auffälligkeiten (grenzwertig auffällig oder auffällig) […] zuordnen: In der KiGGS-Basiserhebung [2003–2006] waren dies 20,0 % […]. Damit ließ sich insgesamt keine bedeutsame Veränderung über die Zeit in der Häufigkeit psychischer Auffälligkeiten nachweisen« (Hölling et al., 2014, S. 809).

Die zur Verfügung stehenden (wenigen) Studien zeigen allerdings deutlich zum einen die Sensibilität pädagogischer Fachkräfte für die Thematik ›herausforderndes kindliches Verhalten‹. Rudow konnte schon 2004 feststellen, dass 75,4 % der befragten ErzieherInnen berichten, dass eine große Anzahl an Kindern in ihrer Gruppe herausfordernde Verhaltensweisen zeigt und sie sich dadurch belastet fühlen (Rudow, 2004). Zum anderen wird deutlich, dass die PädagogInnen durch das Verhalten einiger Kinder stark emotional belastet sind; dies gilt für den Bereich der Kindertageseinrichtungen (Rudow, 2004; Fröhlich-Gildhoff et al., 2013) ebenso wie für den Bereich der Schulen (Ulich, Inversini & Wülser, 2002; Schaarschmidt, 2004). Die Fachkräfte geben an, dass sie Unterstützung im täglichen Umgang mit herausforderndem Verhalten benötigen. Deutlich werden in diesem Zusammenhang auch spezifische Fortbildungswünsche – z. B. zum Thema ›Diagnostik/Erkennen von herausfordernden Verhaltensweisen‹ – geäußert (GEW-Kita-Studie, 2007; Fröhlich-Gildhoff et al., 2013).

Lorenz et al. (2015) beschreiben in ihrer Untersuchung, dass ein sehr kleiner Teil der Kinder mit besonders herausforderndem Verhalten ein besonders großes Maß an Aufmerksamkeit und psychischer Energie der LehrerInnen und pädagogischen Fachkräfte in Kitas bindet; zugespitzt bedeutet dies, dass etwa 5 % der Kinder in einer Gruppe 80 % der Energie der Fachkräfte einfordern. Um dem entgegenzuwirken, braucht es adäquate Professionalisierungsmaßnahmen, die pädagogische Fachkräfte dazu befähigen sollen, individuell ausgerichtete Handlungsstrategien zu entwickeln, anzuwenden und zu reflektieren. Dieser Bedarf steigt angesichts der Realisierung des Inklusionsprinzips im Rahmen der Umsetzung der UN-Behindertenrechtskonvention auch in Deutschland.

Zugleich bieten Kindertageseinrichtungen und Schulen grundsätzlich gute Möglichkeiten, Kinder gezielt in ihrer sozial-emotionalen Entwicklung zu unterstützen und im Sinne eines präventiven Vorgehens zumindest für einen Teil der Kinder (und ihrer Familien) neue Entwicklungsperspektiven aufzuzeigen und seelischen Störungen vorzubeugen (z. B. Fingerle & Grumm, 2012; Opp, 2007) – auch hier ist ein kompetentes, systematisches, mit Eltern und externen Diensten abgestimmtes Handeln der Fachkräfte in Kitas und Schulen nötig.

Dieses Buch hat das Ziel, die beschriebenen Bedarfe aufzugreifen und zumindest teilweise zu ›beantworten‹. Zuvor ist jedoch eine *Begriffsklärung* nötig:

Verhaltensweisen von Kindern (und Erwachsenen) werden immer in Relation zu einer sozialen Norm gesetzt: Wenn ein Kind zu Beginn des ersten Schuljahres noch nicht in der Lage ist, eine Schulstunde lang, also 45 Minuten, still an seinem Platz sitzenzubleiben, so liegt dies im Rahmen der erwarteten Entwicklungsmöglichkeiten des Kindes, es liegt nicht ›außerhalb‹ der Norm – in diesem Fall der Norm-Vorstellungen der Lehrkräfte. Wenn das Kind am Ende des ersten Schuljahres immer noch nicht 45 Minuten an seinem Platz sitzen bleiben kann, so verstößt es gegen diese Norm, es fällt ›auffällig‹ aus der Norm heraus. Diese Normen werden immer für soziale Gruppen definiert, von der Gruppe selbst oder denjenigen, die die Gruppe leiten. Es gibt eine Vielfalt dieser Normen, manchmal sind sie statistisch ›untermauert‹: So sind bspw. 95 % der 10-jährigen Kinder in Deutschland zwischen 127 und 152 cm groß – ein Kind mit einer Größe von 120 oder 160 cm wäre ›unnormal‹ klein bzw. groß, es würde ›auffallen‹.[1]

Ein Kind, das häufig oder dauerhaft gegen Regeln oder Normen verstößt, wird dann als ›auffällig‹ beschrieben (zur Diskussion um die Normen vgl. ausführlich Fröhlich-Gildhoff, 2017, S. 15ff.). Dabei ist der Begriff der ›Auffälligkeit‹ oder ›Störung‹ immer eine Zuschreibung, eine Etikettierung. An einem plastischen Beispiel verdeutlicht Kriz diese Problematik von begrifflichen Zuschreibungen, wie ›Verhaltensstörung‹ oder ›Verhaltensauffälligkeiten‹:

»So wirkt ein Begriff, wie ›Verhaltensstörung‹ – [...] ›Der kleine Hans hat eine Verhaltensstörung‹ – als Verdinglichung – eben ›ding‹-haft und damit statisch und festschreibend. Schon die Formulierung: ›Hans verhält sich gestört‹, lässt Fragen aufkommen wie: ›Wann?‹ Und: ›In welchem Zusammenhang?‹. Und deren nähere Erörterung führt zu einem komplexen Gefüge aus unterschiedlichen Situationen, in denen manches von Hans' Störungen

---

1 Nach dem gleichen Prinzip der Orientierung an der ›Normalverteilung‹ sind standardisierte psychologische Tests, z. B. zur Messung der Intelligenz oder des Angstniveaus, konstruiert (vgl. Fröhlich-Gildhoff, 2017, S. 15ff.).

verständlich wird (als ›natürliche Reaktion‹ auf das aktuelle Verhalten seiner Schwester) oder in anderem Licht erscheint (als ›Signal für mehr Zuwendung‹ oder als ›Ablenken vom sich anbahnenden Streit von seinen Eltern‹)« (Kriz 2004, S. 61f.).

Das Konzept der ›Verhaltensauffälligkeit‹ verstellt den Blick auf die komplexe Vielfalt des Verhaltens und seiner Ursachen und schreibt diese einseitig dem Kind Hans zu.

Daher wird von den AutorInnen dieses Buches der Begriff des ›Herausfordernden Verhaltens‹ benutzt. Die AutorInnen gehen davon aus, dass in der pädagogischen Arbeit die Berücksichtigung des Kontextes, in dem das Verhalten deutlich wird, im Fokus liegt und von einer individuumzentrierten Betrachtungsweise der Auffälligkeit abgesehen werden sollte (s. a. Vernooij, 2000). Es geht letztlich um Verhaltensweisen eines Kindes, das für andere – zumeist für die Erwachsenen – eine (besondere) Herausforderung darstellt. Warum dieses Verhalten zur Herausforderung wird, liegt im Zusammenspiel der Beteiligten Kind(er) und Erwachsenen und den situativen (institutionellen) Rahmenbedingungen. Der Begriff ›Herausforderndes Verhalten‹ verweist auf eine systemische Sichtweise: Es ist nicht das Kind, das eine ›Auffälligkeit‹ zeigt, sondern in der Interaktion wird das Verhalten zur Herausforderung.

Zugleich soll nicht geleugnet werden, dass es bedeutsam ist, Kriterien zur Verfügung zu haben, um das Verhalten anderer beschreiben und z. B. mögliche Entwicklungsbesonderheiten oder -rückstände einschätzen zu können. Auf Bedeutung und Möglichkeiten eines entsprechenden systematischen Vorgehens wird in Kapitel 4.1 ausführlich eingegangen.

Noch einmal: Das vorliegende Buch will einen Beitrag leisten, um die Kompetenzen von pädagogischen Fachkräften/LehrerInnen in Kita und Schule in der Begegnung mit Kindern (und deren Familien), deren Verhalten als herausfordernd erlebt wird, zu stärken und weiter zu fördern. Dabei wird von einem Grundprinzip ausgegangen, das Aufbau und Inhalte des Buches strukturiert und auf das immer wieder zurückgegriffen wird: Der Kern professionellen pädagogischen Handelns sowohl in Kindertageseinrichtungen als auch in Schulen besteht darin, (1) zunächst systematisch ein Kind und seine ›Lebensäußerungen‹ – sei es das Bewältigen einer Mathematikaufgabe, das Malen eines Bildes oder als ungewöhnlich empfundenes Verhalten – zu beobachten. Dann muss (2) das Beobachtete analysiert und verstanden werden. Dieses Verstehen wird zur Grundlage für eine (3) Handlungsplanung, die dann wiederum (4) zum konkreten Handeln führt. Die Ergebnisse, die Folgen des Handelns, werden (5) überprüft und sind möglicherweise Ausgangspunkt erneuter Beobachtung (▶ Abb. 1 und 8). Dieser Kreislauf vollzieht sich manchmal sekundenschnell – ein Kind nimmt einem anderen ein Spielzeug weg und stößt es dabei, und die begleitende Fachkraft muss reagieren. Der Kreislauf ist aber auch die Basis für die Entwicklung gezielter Angebote oder ›Fördermaßnahmen‹.

Dieser Kreislauf hat Entsprechungen z. B. in den Kompetenzbeschreibungen frühpädagogischer Fachkräfte (vgl. Robert Bosch Stiftung, 2011; Fröhlich-Gildhoff et al., 2014a), in didaktischen Konzepten im Schulkontext – wie der »Förderspirale« zur individuellen Bildungsplanung (Landesinstitut für Schulentwicklung Baden-Württemberg, 2009) oder auch dem »Public Health Action Cycle« (Rosenbrock & Hartung, o. J.) der Gesundheitswissenschaften.

Der Kreislauf verweist zugleich darauf, dass professionelles Handeln darin besteht, *nicht* direkt vom Beobachten zum Handeln zu ›springen‹ – wenn ein Kind bspw. eine Regel mehrfach missachtet, geht es zunächst nicht darum, immer und immer wieder die angekündigten Konsequenzen umzusetzen. Professionalität besteht darin, zu verstehen, *warum* das Kind dennoch die Regel übertritt. Hier gilt es, Hypothesen zu bilden und auf deren Grundlage das eigene Handeln zu planen.

Dieser Kreislauf ist außerdem die Grundlage für die Strukturierung des vorliegenden Buches: Für das Beobachten ist es nötig, die eigene Subjektivität der Wahrnehmung zu reflektieren (▶ Kap. 3.2) und unterschiedliche Instrumente zur Systematisierung des Beobachtens zur Verfügung zu haben (▶ Kap. 4.1). Das Verstehen des Kindes, seiner Verhaltensweisen und Lebenssituation, ist eine Kernkompetenz (▶ Kap. 4.2); hierzu ist allgemeines Wissen über die Entstehung von Verhalten (▶ Kap. 2) und spezifischer Verhaltensformen (▶ Kap. 2, *Exkurs*) nötig. Die Generierung spezifischen Wissens über das einzelne Kind und seine Familie wird in den Kapiteln 4.2 und 6 angesprochen.

Handlungsplanung und Handlungsmöglichkeiten – als einzelne Fachkraft, aber auch auf Ebene der Institution – werden für unterschiedliche Altersstufen in den Kapiteln 4.3 und 5 beschrieben. I. d. R. müssen dabei die Eltern des Kindes einbezogen werden, mögliche Kooperationsformen beschreibt Kapitel 6. Oftmals ist es nötig, Netzwerke über die einzelne Institution hinaus zu knüpfen (▶ Kap. 7) und hier mit anderen Professionen und Institutionen zusammenzuarbeiten. Die Zusammenhänge zwischen dem Kreislauf professionellen Handelns und den Voraussetzungen dafür sind in Abbildung 1 dargestellt:

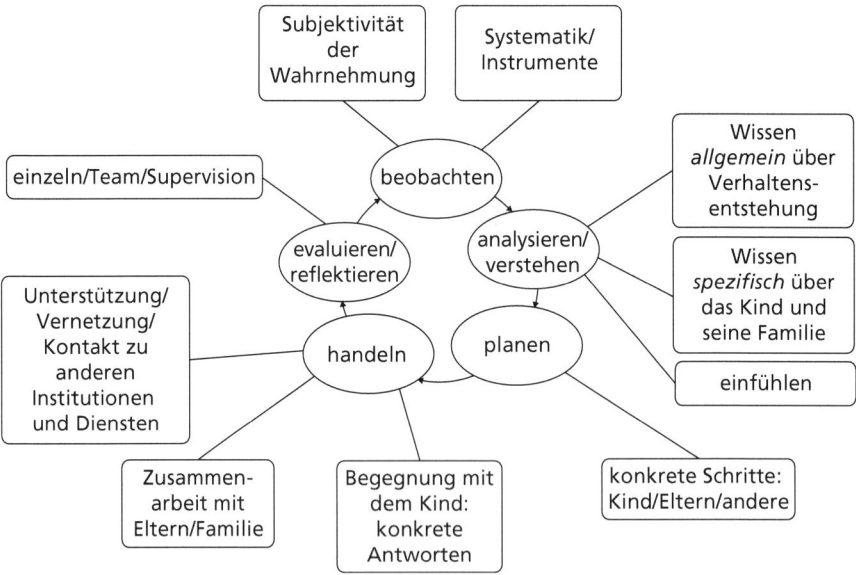

Abb. 1: Kreislauf professionellen Handelns und dessen Voraussetzungen

Immer wieder werden Handlungsmöglichkeiten der je individuellen Fachkraft und der Institution Kita oder Schule aufgezeigt. Dies verweist darauf, dass individuelles Handeln als in den institutionellen Kontext eingebettet betrachtet wird: Die LehrerIn oder PädagogIn in der Kita muss konzeptionell verankerte Reflexions- und Unterstützungsmöglichkeiten im Team erhalten (▶ Kap. 3).

Das vorliegende Werk soll den Charakter eines Arbeitsbuches haben. Dazu werden Wissensbestände dargestellt, die anschließend durch konkrete Fallbeispiele verdeutlicht werden. Reflexionsfragen dienen dazu, das Gelesene zu vertiefen und auch mit der eigenen Praxis in Verbindung zu bringen. Zusätzlich bieten gezielte Literaturhinweise die Möglichkeit, noch weitergehende Informationen einzuholen.

An einzelnen Stellen sind *Exkurse*, z. B. zum koordinierten Vorgehen bei häufig vorkommender Gewalt in der Schule, eingefügt. Auch diese dienen dazu, relevante Themen zu vertiefen.

2 Entstehungsbedingungen von herausforderndem und auffälligem Verhalten

In diesem Kapitel erfahren Sie etwas über:

- Modelle zur Entstehung von herausforderndem Verhalten;
- Bewältigungsmöglichkeiten;
- seelische Grundbedürfnisse;
- sozial-ökologische Einflussgrößen auf Verhalten.

Verhaltensweisen, die als herausfordernd erlebt oder als ›auffällig‹ beschrieben werden, haben oft eine längere Entstehungsgeschichte, sie sind als verfestigte Formen der Begegnung eines Kindes mit seiner Umwelt zu verstehen. Zum Verstehen und Erklären der Ursachen bzw. Entstehungsbedingungen steht eine Reihe von Modellen zur Verfügung. Einige davon, etwa die Vererbungstheorien (›das Verhalten ist vererbt‹) sind sehr einfache und eindimensionale Konzepte, die mittlerweile wissenschaftlich nicht mehr haltbar sind.

Menschliches Verhalten resultiert immer aus einem komplexen Zusammenspiel verschiedener Faktoren und Einflussgrößen – es gilt, diese Faktoren sorgfältig und individuumsbezogen zu betrachten. Dabei tritt die Schwierigkeit auf, dass einzelne Verhaltensweisen oft mehrere Ursachen haben können, man spricht hier von Äquifinalität: so kann als aggressiv bewertetes Verhalten aus einer Vielzahl von Enttäuschungserfahrungen resultieren: Das Kind versucht, sich durch gewaltsames Handeln durchzusetzen und neuen Enttäuschungen vorzubeugen. Es kann aber auch daraus resultieren, dass ein Kind selbst Opfer von Gewalt war und nicht gelernt hat, soziale Konflikte durch Reden und Kompromissbildung zu lösen. Ebenso kann *eine* bestimmte Ursache auch zu unterschiedlichen Folgen führen, die sich dann in unterschiedlichen Verhaltensweisen zeigen (Multifinalität): Das oftmalige Erleben von Gewalt kann dazu führen, dass sich ein Kind sehr schnell wehrt und verteidigt, um nicht erneut Gewalt erfahren zu müssen, es handelt dann möglicherweise ›aggressiv‹ gegen andere. Das Erleben von Gewalt kann aber auch zu dauerhaften Ohnmachts- und Hilflosigkeitsgefühlen führen und dann zu Rückzug, Lust- und Antriebslosigkeit.

Diese Beispiele zeigen: Es gibt zwar eine Menge von Studien über Zusammenhänge zwischen Ursachen und Verhaltens-›Ergebnissen‹ – diese stellen aber bezogen auf das Individuum, auf das einzelne Kind und seine Lebenswelt, immer nur Möglichkeiten und Wahrscheinlichkeiten dar, die zu Hypothesen führen, die dann zum Verstehen des je individuellen Kindes und seines Verhaltens (immer wieder) überprüft werden müssen.

In Psychologie, Pädagogik und auch Medizin hat sich die Erkenntnis durchgesetzt, dass menschliches Verhalten am besten durch ein Bio-Psycho-Soziales Modell erklärt werden kann. Dieses Modell soll daher im Folgenden ausführlich vorgestellt und im Späteren durch ein weiteres Konzept – das der seelischen Grundbedürfnisse – ergänzt werden.

Dabei werden zunächst die Einzelelemente des Modells dargestellt und dann betrachtet, wie diese mit der Bewältigung von Entwicklungsaufgaben und Herausforderungen zusammenhängen.

2.1 Das Bio-Psycho-Soziale Modell zur Erklärung von Verhalten

2.1.1 Die Elemente des Bio-Psycho-Sozialen Modells

Der Grundgedanke des Bio-Psycho-Sozialen Modells besteht darin, dass der Mensch mit biologischen Ausgangsbedingungen auf die Welt kommt und dann im Wechselspiel mit sozialen Faktoren – und den dabei gemachten Erfahrungen – sich die innerseelische Struktur, das ›Selbst‹, bildet. Diese psychische Struktur ist gewissermaßen der Kern der Persönlichkeit, der bewusst oder unbewusst mit der Umwelt, also auch aktuellen sozialen Bedingungen, in Kontakt tritt, und es kommt wiederum zu einer wechselnden Einflussnahme von Individuum und Umwelt (▶ Abb. 2).

Die drei zentralen Elemente des Modells sollen im Folgenden ausführlicher betrachtet werden:

Biologische (Ausgangs-)Bedingungen

Bei der Betrachtung der biologischen Ursachen für das Verhalten und Erleben, aber auch für die Entwicklung und Unterschiede zwischen Menschen stellt sich zunächst die Frage nach den erblichen, also *genetischen Bedingungen* für diese Ursachen. In der Vergangenheit und in der Gegenwart gab und gibt es insbesondere im populärwissenschaftlichen Kontext immer wieder Veröffentlichungen, in denen (Prozent-)Anteile zwischen Vererbung und Umwelt definiert werden. Abgesehen von einer z. T. fragwürdigen Methodik solcher Untersuchungen (vgl. hierzu ausführlich Petermann et al., 2004, Montada, 2008) bilden derartige, vereinfachende Modelle die Wirklichkeit auch nicht nur annähernd ab: Der Prozess der Umsetzung genetischer Voraussetzungen (Genotyp) in sichtbare Merkmale wie Körperumfang oder -ausdruck (Phänotyp) »ist komplex, dynamisch und nicht linear. Darum wird die Annahme einer additiven Beziehung zwischen Anlage und Umwelt vermutlich heute von keinem seriösen Forscher mehr ernsthaft vertreten« (Petermann et al., 2004, S. 249). Bei dem Zusammenspiel zwischen genetisch bedingten Anlagen und Umwelteinflüssen muss man von einer »Ko-Aktion« (ebd.) ausgehen. Menschliche

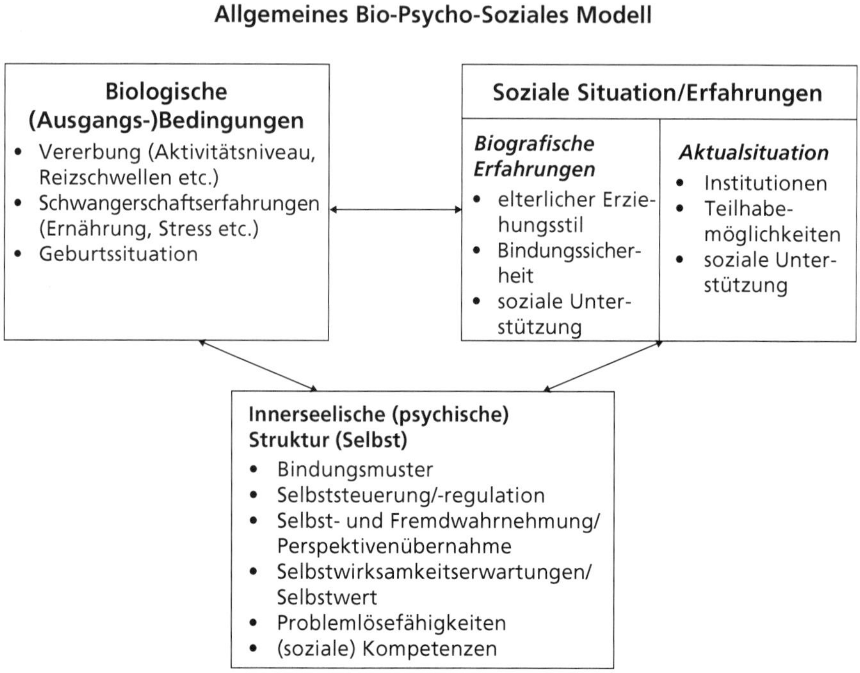

Allgemeines Bio-Psycho-Soziales Modell

Biologische (Ausgangs-)Bedingungen
- Vererbung (Aktivitätsniveau, Reizschwellen etc.)
- Schwangerschaftserfahrungen (Ernährung, Stress etc.)
- Geburtssituation

Soziale Situation/Erfahrungen

Biografische Erfahrungen
- elterlicher Erziehungsstil
- Bindungssicherheit
- soziale Unterstützung

Aktualsituation
- Institutionen
- Teilhabemöglichkeiten
- soziale Unterstützung

Innerseelische (psychische) Struktur (Selbst)
- Bindungsmuster
- Selbststeuerung/-regulation
- Selbst- und Fremdwahrnehmung/ Perspektivenübernahme
- Selbstwirksamkeitserwartungen/ Selbstwert
- Problemlösefähigkeiten
- (soziale) Kompetenzen

Abb. 2: Allgemeines Bio-Psycho-Soziales Modell

Eigenschaften sind »polygen«. Dies bedeutet auch, dass nicht einzelne Merkmale oder Verhaltensweisen im Ganzen vererbt werden. Gerade die neuen Erkenntnisse der Epigenetik (Meaney, 2001a, b; Brisch, 2004) zeigen, dass auf den Genen Möglichkeiten von Merkmalen ›mitgegeben‹ werden, die dann durch Umwelteinflüsse aktiviert werden – oder eben nicht. Die Ausformung genetischer Differenzen ist also – abgesehen von bestimmten Merkmalen wie z. B. der Augenfarbe – von Umweltbedingungen abhängig (ausführlicher: Fröhlich-Gildhoff & Mischo, 2016).

Dennoch ist es so, dass Kinder mit unterschiedlichen Voraussetzungen auf die Welt kommen, manche sind ›aktiver‹, manche reagieren empfindlicher und lassen sich schlechter beruhigen etc. Diese Unterschiedlichkeiten werden als ›Temperament‹ bezeichnet. In klassischen Untersuchungen (Thomas & Chess, 1989) wurden drei Typen von Temperamentsmustern unterschieden:

1. »Das einfache Kind (40 %) zeichnete sich durch Regelmäßigkeit der biologischen Funktionen, keine Scheu vor unbekannten Personen und gute Anpassungsfähigkeit an neue Situationen aus.
2. Das schwierige Kind (10 %) war demgegenüber gekennzeichnet durch eine Unregelmäßigkeit in biologischen Funktionen, Rückzugsverhalten gegenüber neuen Reizen und eine mangelnde Fähigkeit zu Anpassungen an neue Situationen.
3. Von diesen Konstellationen wurde das langsam auftauende Kind (15 %) abgegrenzt, das sich durch leichte negative Reaktionen auf neue Reize, langsame Anpassungsfähigkeit an neue Situationen nach wiederholtem Kontakt, regelmäßige biologische Funktionen und eine geringe Intensität der Reaktionen auszeichnet« (Schmeck 2003, S. 159f.).

Diese drei Temperamentstypen treffen dann allerdings auf Umwelteinflüsse und sind veränderbar: Wenn ein Kind, das zunächst einen sehr unregelmäßigen Schlaf/Wach-Rhythmus hat oder sich schlechter beruhigen lässt, auf eine Umwelt – also: Bezugspersonen – trifft, die sich in Ruhe auf das Kind und seine Bedürfnisse einstellen kann, so kann dieses Kind angemessene Selbstberuhigungsstrategien aufbauen. Umgekehrt kann es passieren, dass ein Kind mit zunächst regelmäßigen biologischen Funktionen in eine Umwelt geboren wird, in der sehr viel Hektik, Streit und Unregelmäßigkeit vorherrschen – dann können die ursprüngliche Ressource des ›einfachen Temperaments‹ und die damit verbundenen guten Voraussetzungen zum Aufbau von Selbstregulationsfähigkeiten verloren gehen.

Seit Langem ist bekannt, dass Schadstoffe wie Alkohol oder Nikotin die Entwicklung des Fötus in der *Schwangerschaft* massiv beeinträchtigen. So führt das sogenannte Fetale Alkoholsyndrom (FAS) zu langfristigen hirnorganischen Schädigungen, körperlichen Missbildungen, Störungen der Sinnessysteme und in der Folge möglicherweise auch zu Verhaltensstörungen (vgl. z. B. Feldmann 2006). Schon im Mutterleib macht der Embryo Erfahrungen – durch Bewegungen oder erste Sinneseindrücke wie das Aufnehmen von Geräuschen –, die dann auch zum ersten Aufbau entsprechender Hirnstrukturen führen.

Neuere Untersuchungsmethoden wie die dreidimensionale Ultraschalltechnik zeigen, dass sich auch das Erleben der Mutter auf den Fötus auswirkt: So reagiert der Embryo bspw. durch heftige Bewegungen auf Stresssymptome der Mutter (Hüther & Krens, 2005). In Tierversuchen konnte gezeigt werden, dass der Stress von Muttertieren zu hirnorganischen und -funktionellen Schädigungen führt (Braun et al., 2002).

Oft werden *neurophysiologische Strukturen oder Prozesse* einseitig als Ursache für die Entstehung von (›auffälligen‹) Verhaltensweisen benannt. Hier gilt es zu beachten, dass die Prozesse der Hirnentwicklung unmittelbar an Erfahrungen gekoppelt sind, die der Mensch von seiner ersten Lebensminute an macht. Das Gehirn entwickelt sich entsprechend der Nutzung; Nervenzellverbünde und die Transportstoffe zwischen den Nervenzellen (Neurotransmitter) sind Abbilder oder Entsprechungen (›Korrelate‹) der Interaktion des Menschen mit seiner dinglichen und sozialen Umwelt. Entsprechend der hohen Plastizität (Veränderbarkeit) des Gehirns und der nutzungsabhängigen Herausbildung von Strukturen ist auch hier von Wechselwirkungen zwischen hirnorganischen Strukturen einerseits und Verhaltensweisen andererseits auszugehen (ausführlichere Beschreibung z. B. bei Hüther, 2004, 2005, 2006; Grawe 2004). So beschreibt Hüther enge Zusammenhänge zwischen frühen Beziehungs- und Bindungserfahrungen, der Hirnentwicklung und Verhaltensproblemen:

> »Viel stärker als bisher vermutet, werden das sich entwickelnde Hirn und die sich dort herausbildenden neuronalen Verschaltungen und synaptischen Netzwerke durch die frühen Beziehungserfahrungen strukturiert, die ein Jugendlicher insbesondere während der Phase seiner frühen Kindheit macht. Das Gehirn des Menschen ist daher, zumindest in all jenen Bereichen, in denen die endgültigen Nervenzellverschaltungen erst nach der Geburt geknüpft und erfahrungsabhängig gebahnt und gefestigt werden, ein soziales Konstrukt« (Hüther, 2006, S. 60).

Bestimmte Hirnregionen und -strukturen haben sich »als besonders anfällig und durch negative frühe Beziehungserfahrungen (Verunsicherung, Überforderung, Vernachlässigung, Verwöhnung etc.) besonders leicht in ihrer weiteren Ausreifung beeinflussbar [...] erwiesen« (ebd.).

Zusammenfassend lässt sich festhalten, dass biologische Grundlagen oder Entsprechungen (z. B. Hirnstrukturen) menschliches Verhalten beeinflussen – sie sind aber nicht ursächlich oder gar allein bestimmend für die Ausprägung des Verhaltens. Sie sind veränderbar oder regulierbar durch (soziale!) Interaktion zwischen dem jeweiligen Menschen als ›Träger‹ seiner biologischen Voraussetzungen und seiner jeweiligen Umwelt.

Soziale Situation und Erfahrungen

Die sozialen Bedingungen, in denen ein Mensch lebt und in denen er Erfahrungen macht, lassen sich unterscheiden (a) in die sozialen Situationen in der eigenen Lebensgeschichte (Biografie) und (b) in die der jeweils aktuellen Situation. Die hierbei wesentlichen Bedingungen werden im Folgenden beschrieben.

1 Biografische Erfahrungen

Von der Vielfalt der sozialen Erfahrungen, die ein Mensch im Laufe seiner Lebensgeschichte macht, sind für die Entwicklung der Selbststruktur vier Aspekte besonders bedeutsam:

Das Erleben von Bindungssicherheit

Das Erleben einer sicheren Bindung stellt die Grundlage für späteres eigenständiges, sicheres Bindungsverhalten dar. Die Bindungsforschung[2] geht davon aus, dass frühe Bindungserfahrungen zu einem »inneren Arbeitsmodell« (»internal working model)« führen, das später die Art und Weise des Bindungsverhaltens des Kindes prägt. Dieses »innere Arbeitsmodell« – also ein übergeordnetes, innerpsychisches Abbild oder Schema (▶ Abb. 3) – bildet dann wiederum eine sichere Basis für Neugierverhalten und eine ›offene‹ Weltbegegnungshaltung – oder verhindert dies bei entsprechenden Beeinträchtigungen.

Eine wesentliche Variable für die Entwicklung der Bindungsrepräsentationen ist die »Feinfühligkeit« (Ainsworth et al., 1978) der Bezugspersonen. Das ist die Fähigkeit, die Signale des Kindes (1) wahrzunehmen, (2) richtig zu interpretieren sowie (3) prompt und (4) angemessen zu beantworten.

---

2 Das Konzept der Bindungsforschung ist an verschiedenen Stellen (z. B. Grossmann, 2001; Grossmann & Grossmann, 2004; Brisch 1999) ausführlich beschrieben, so dass an dieser Stelle nur die Grundgedanken dargestellt werden; diese basieren auf der entsprechenden Grundlagenliteratur.

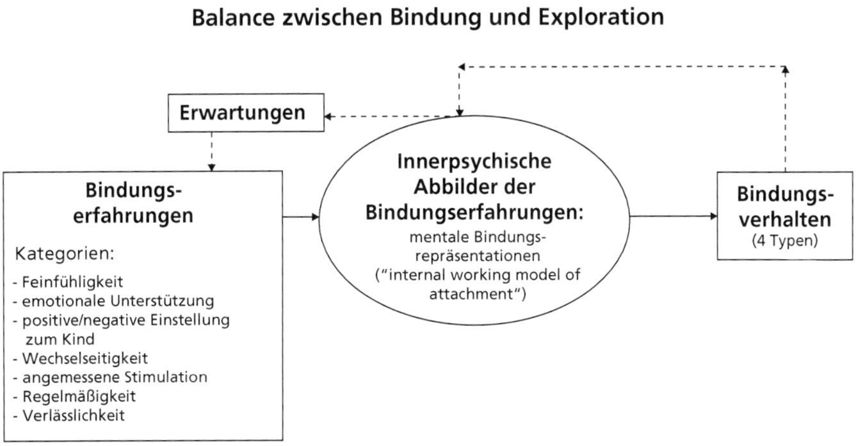

2.1 Das Bio-Psycho-Soziale Modell zur Erklärung von Verhalten

Balance zwischen Bindung und Exploration

Bindungserfahrungen
Kategorien:
- Feinfühligkeit
- emotionale Unterstützung
- positive/negative Einstellung zum Kind
- Wechselseitigkeit
- angemessene Stimulation
- Regelmäßigkeit
- Verlässlichkeit

Erwartungen

Innerpsychische Abbilder der Bindungserfahrungen: mentale Bindungsrepräsentationen ("internal working model of attachment")

Bindungsverhalten (4 Typen)

Abb. 3: Modell der Entstehung von Bindungsrepräsentationen, modifiziert aus Fröhlich-Gildhoff (2013a)

Abbildung 3 verdeutlicht noch einmal diesen Prozess: Reale Beziehungserfahrungen führen zu innerseelischen Abbildungen dieser Erfahrungen; dabei kommt es nicht auf einmalige, sondern auf dauerhafte, wiederkehrende Situationen und entsprechende Erfahrungen an. Diese innerseelischen Abbilder sind Grundlage für ein entsprechendes Bindungsverhalten, dass sich nach vier Typen klassifizieren lässt (▶ Tab. 1). Die inneren Abbilder wiederum steuern auch die Erwartungen an soziale Interaktionen: Wenn ein Kind oft die Erfahrung von Bindungssicherheit gemacht hat, wird es erwarten, dass es in neuen sozialen Situationen auch feinfühlige, emotional unterstützende Begegnungen erfährt und sich entsprechend offen sowie wenig misstrauisch und vorsichtig verhalten.

Bereits nach 12–18 Monaten lassen sich Unterschiede im Bindungsverhalten der Kinder anhand des standardisierten Versuchs der sogenannten »Fremden Situation« (Ainsworth et al., 1978) feststellen; vier Bindungstypen lassen sich unterscheiden:

Tab. 1: Prototypen des Bindungsverhaltens

Bindungstyp	Charakteristika	Häufigkeit[3]
Sichere Bindung	Grundsätzliches Vertrauen in zwischenmenschliche Beziehungen, Glaube daran, dass bei Trennungen der/die andere wiederkommt, angemessene Trauer bei Abschied und Freude bei Wiederbegegnung.	50–60 %

---

3 In unterschiedlichen Studien schwanken die Häufigkeiten der verschiedenen Bindungstypen, daher sind hier Spannen angegeben.

Tab. 1: Prototypen des Bindungsverhaltens – Fortsetzung

Bindungstyp	Charakteristika	Häufigkeit[3]
Unsicher-vermeidende Bindung	Distanz, Abstand, Vorsicht gegenüber Beziehungen; kein/wenig Kummer bei Trennung; teilweises Ignorieren bei Rückkehr/Wiederbegegnung; teilweise Distanzlosigkeit gegenüber Fremden; Anzeichen von ›Über-Selbständigkeit‹.	30–40 %
Ambivalent-unsichere Bindung	Ambivalentes, (zwiespältiges) Kontaktverhalten (teilweise Kontaktsuche, teilweise Ignorieren); Unsicherheit in sozialen Situation hinsichtlich der Tragfähigkeit/Stabilität des Kontakts; bei Trennung wird Kummer deutlich und lautstark gezeigt.	10–20 %
Desorganisierte Bindung	Kein Verhaltensprogramm für Trennungssituation, z. T. seltsam bizarres Verhalten (Grimassieren, Erstarren oder extreme Aktivität)	Restkategorie, in neueren Studien ca. 10 %

Zwischen dem Bindungssystem und dem Explorationssystem besteht eine enge Beziehung im Sinne einer ›Waage‹: Wenn die Bindungsbedürfnisse eines Kindes befriedigt sind, kann und wird es aus sich heraus die Umwelt erkunden, sich auch von den Bezugspersonen vorübergehend lösen können. Nach einer Phase der Exploration werden dann aber wieder die Bindungsbedürfnisse stärker. Dies lässt sich oft bei kleineren Kindern beobachten, die sich krabbelnd von der Bezugsperson, bspw. der Mutter, entfernen, sich selbst ›beschäftigen‹, etwas Interessantes finden, dabei aber immer wieder den Blickkontakt suchen. Nach einer Weile krabbeln sie zur Mutter zurück, kuscheln, dann geht die ›Forscherreise‹ wieder los.

Insgesamt ist zu beachten: Eine zentrale, übereinstimmende Erkenntnis aus Entwicklungspsychologie, Resilienz- und Psychotherapieforschung (z. B. Dornes, 2009; Luthar, 2006; Grawe, Donati & Bernauer, 2001) besteht darin, dass der wesentlichste Schutzfaktor, der am stärksten zu einer gelingenden Entwicklung beiträgt und viele Risikofaktoren abpuffern kann, eine stabile, verlässliche, wertschätzende, emotional warme Beziehung zu einer (erwachsenen) Bezugsperson ist. So kommt bspw. Luthar in ihrer umfassenden Analyse der letzten 50 Jahre Resilienzforschung zu dem Schluss: »Die erste große Botschaft ist: Resilienz beruht, grundlegend, auf Beziehungen« (Luthar, 2006, S. 780; Übers. d. Verf.). Für die Entstehung von seelischer Gesundheit haben sichere Bindungsmuster eine wesentliche Bedeutung, (familiale) Beziehungsgefüge, »die von Sicherheit, Unterstützung und Möglichkeit zur Exploration geprägt sind« (Fingerle, 2011, S. 215; s. a. Grossmann & Grossmann, 2007; Bengel et al., 2009).

Elterlicher Erziehungsstil

Eine große Bedeutung für die kindliche Entwicklung haben elterliche erzieherische Verhaltensweisen; diese werden, wenn sie situationsübergreifend zu erkennen sind, als Erziehungsstile bezeichnet. Während lange Zeit drei Stile (der demokratische, der autoritäre und der Laissez-faire-Stil) unterschieden wurden, sprechen neuere Forschungsergebnisse eher dafür, dass es zwei Dimensionen von Erziehungsstilen gibt, die dann quantitative Abstufungen zwischen den Stilen erlauben (vgl. Baumrind, 2008). Die eine Dimension lässt sich als emotionale Unterstützung bzw. emotionale Wärme und Zuwendung bezeichnen. Die zweite davon unabhängige Dimension ist die der Lenkung und Kontrolle bzw. das Setzen von Anforderungen (vgl. Fuhrer, 2005). Je nach Ausprägung dieser Dimensionen finden sich vier unterschiedliche übergeordnete Gruppen (Cluster) oder Muster von elterlichem Erziehungsverhalten (▶ Abb. 4).

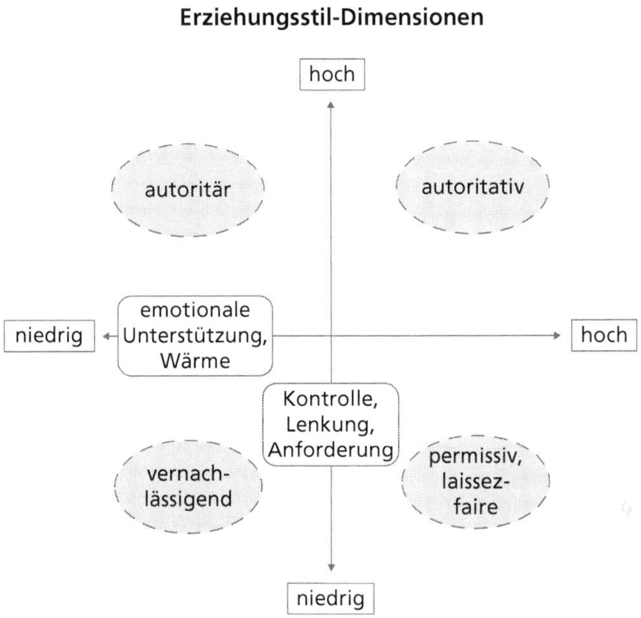

Erziehungsstil-Dimensionen

Abb. 4: Erziehungsstil-Dimensionen

Der autoritäre Erziehungsstil ist durch ein hohes Maß an Kontrolle und Anspruchssetzung jedoch nur geringe emotionale Wärme und Unterstützung gekennzeichnet. Beim vernachlässigenden Erziehungsstil sind emotionale Unterstützung, aber auch Anforderung und Kontrolle niedrig ausgeprägt, beim permissiven bzw. Laissez-faire-Erziehungsstil ist ein hohes Maß an Wärme gegeben, jedoch werden nur im geringen Maß Anforderungen gestellt. Der autoritative Erziehungsstil ist gekennzeichnet durch einerseits hohe Anforderungen und auch Kontrolle und andererseits ein hohes Maß an emotionaler Unterstützung.

> »Die empirischen Forschungsergebnisse zur Auswirkung dieser Erziehungsstile auf die Kinder sind relativ eindeutig: Bei einem autoritativen Erziehungsstil, der eine hohe Akzeptanz des Kindes, das Stellen angemessener Anforderungen und ein angemessenes Ein-

räumen von Handlungsspielräumen für das Kind beinhaltet, entwickeln die Kinder ein positiveres Selbstkonzept, eine höheres Niveau sozialer und moralischer Urteile und bessere Schulleistungen« (Mischo, 2016, S. 50, vgl. auch Fuhrer, 2005; Berk, 2005).

Ziegenhain fasst entsprechende Ergebnisse zusammen: »Die offensichtlichen Vorteile autoritativen elterlichen Verhaltens für die kindliche Entwicklung zeigten sich [...] in Studien in sozialen Kompetenzen wie Selbstvertrauen, Eigenständigkeit oder Selbstkontrolle und schulischen Kompetenzen« (Ziegenhain, 2007, S. 176).

Hingegen entwickeln Kinder, die einen autoritären Erziehungsstil erfahren, eher Angst, Feindseligkeit und ein geringeres Ausmaß an positiven Emotionen. Bei einem permissiven Erziehungsstil »entwickeln die Kinder (und insbesondere die Jungen) ein geringeres Ausmaß an Selbstvertrauen in ihre eigenen Fähigkeiten, zeigen ein geringeres Durchhaltevermögen und sind eher impulsiv und ›rebellisch‹ (Berk, 2005, S. 362). Kinder, die einen vernachlässigenden Erziehungsstil erfahren, haben ein deutlich erhöhtes Risiko, in vielen Bereichen Störungen in der sozialen, emotionalen und kognitiven Entwicklung zu zeigen – insbesondere, wenn die Vernachlässigung früh einsetzt« (Mischo, 2016, S. 150).

Soziale Unterstützung

Je älter Kinder werden, desto größer ist die Bedeutung sozialer Kontakte – und entsprechender Erfahrungen – mit Gleichaltrigen und Erwachsenen jenseits der familiären Bezugspersonen. In diesen Beziehungen können sie Unterstützung, aber auch Ablehnung oder Missachtung erfahren. Die Art der dabei gemachten Erfahrungen wirkt zurück auf Selbstbild und Selbstwert sowie die Entwicklung sozialer Kompetenzen. Soziale Unterstützung im engeren Sinne »umfasst die Interaktion zwischen zwei oder mehreren Menschen, bei der es darum geht, einen Problemzustand, der bei einem Betroffenen Leid erzeugt, zu beheben oder zu lindern« (Knoll & Schwarzer, 2005, S. 334). Damit wird die qualitative Dimension positiver sozialer Interaktion (Klauer, 2009, S. 80) angesprochen: Es geht darum, Halt und Sicherheit und konkrete Hilfe in als kritisch erlebten Situationen zu erfahren.

Die Wirkung sozialer Unterstützung ist relativ breit untersucht worden. Dabei ist zunächst zu beachten, dass nicht das reale Angebot der Unterstützung oder die Zahl der Unterstützungspersonen für das Erleben von Unterstützung bedeutsam sind, sondern das Wahrnehmen der Angebote und der Hilfe. Wenn soziale Unterstützung als solche wahrgenommen wird, kann sie das psychische und physische Wohlbefinden positiv beeinflussen (Faller, 2010, S. 43; Klauer, 2009, S. 82). Nach Nestmann (2000) führen Erfahrungen wie das Gefühl der Zugehörigkeit, erlebte Wertschätzung, Ermutigung und Bestätigung sowie das Erleben von (Beziehungs-) Sicherheit zu einer Stärkung des Selbstwertes bzw. psychischer Stabilisierung generell (vgl. auch Laireiter, 2009).

Zahlreiche Studienergebnisse zeigen, dass das Ausmaß der wahrgenommenen sozialen Unterstützung einen Einfluss auf die Stressbewältigung und auch die damit verbundenen körperlichen Prozesse hat:

> »Epidemiologische Studien zeigen, dass Personen, die in stabile soziale Netzwerke eingebunden sind, zufriedener, gesünder und auch länger leben als sozial isolierte Personen.

Einerseits wird vermutet, dass dieser gesundheitsfördernde Effekt sozialer Unterstützung durch Verhaltensänderungen vermittelt wird, die auf nahestehende Personen zurückführbar sind. Auf der anderen Seite wird ein direkter protektiver Effekt sozialer Unterstützung auf die körperliche Stressreaktivität angenommen« (Ditzen & Heinrichs, 2007, S. 143).

Diese Untersuchungsergebnisse bedeuten im Umkehrschluss, dass sowohl das Nicht-Wahrnehmen(-Können) von sozialer Unterstützung als auch eine erlebte soziale Isolation einen deutlichen Risikofaktor für eine gesunde seelische und körperliche Entwicklung darstellen können.

Teilhabemöglichkeiten

»Teilhabe bezeichnet die Möglichkeit, als Person in unterschiedliche soziale Situationen eingebunden zu sein« (Rohrmann, 2009, S. 18). Das Konstrukt der ›Teilhabe‹ geht über die individuelle Lebenssituation und -bewältigung hinaus; es verweist auf die gesellschaftliche Dimension des Ermöglichens von Entwicklungschancen jedes einzelnen Gesellschaftsmitglieds. Das Erleben von Teilhabe – oder des Gegenteils, des Ausschlusses – hat im Verlauf der Biografie Auswirkungen auf die individuelle psychische Entwicklung, im Besonderen auf den Selbstwert und die Einschätzung sozialer Situationen.

Teilhabemöglichkeiten gelten für alle Menschen, werden gleichwohl verstärkt im Rahmen der Themen Inklusion und Chancengerechtigkeit diskutiert. Es geht zum einen darum, reale Möglichkeiten zur Teilhabe an sozialen Prozessen zu eröffnen: Können wirklich alle Kinder das Angebot der Kita insgesamt wahrnehmen? Kann das Kind am Schulausflug teilnehmen, wer bezahlt den Beitrag für den Sportverein, auch wenn die Eltern sehr begrenzte finanzielle Möglichkeiten haben? Sind die Möglichkeiten auf dem Freigelände so gestaltet, dass Jungen *und* Mädchen sie nutzen können? Zum anderen geht es um die Einstellungen und Haltungen professioneller (pädagogischer) Fachkräfte: Wie sehr wird Vielfalt und Unterschiedlichkeit von Kindern und Familien wahrgenommen, akzeptiert und wertgeschätzt? Wie sensibel werden Ausschlusstendenzen oder fehlende Ressourcen wahrgenommen? Wie wird dem begegnet?

2 Aktualsituation

In der je aktuellen Situation, im zwischenmenschlichen Kontakt, bei der Bewältigung von Aufgaben und Herausforderungen haben soziale Bedingungen und dabei gemachte Erfahrungen Auswirkungen auf das Verhalten.

Auch hierbei spielen (wahrgenommene!) Soziale Unterstützung und (wahrgenommene!) Teilhabemöglichkeiten eine Rolle, auf beide wurde im vorigen Abschnitt eingegangen.

Eine weitere Bedeutung haben die Bedingungen der jeweiligen *Institution*, in deren Rahmen Kinder gebildet, erzogen und betreut werden. Auf diese Entwicklungsumwelten wird ausführlich im Kapitel 2.3 dieses Buches eingegangen, daher sei an dieser Stelle nur darauf hingewiesen.

Innerseelische Struktur (Selbst)

Der Aufbau der innerseelischen Struktur – des ›Kerns‹ der Persönlichkeit oder des ›Selbst‹ – wird im Folgenden zunächst aus der Perspektive der ›gesunden‹ oder gut gelingenden Entwicklung beschrieben; an einzelnen Stellen wird auf die Folgen von ›Störungen‹ dieser gelingenden Entwicklung und deren möglichen Ausdruck im Verhalten verwiesen.

Der von Geburt an ›kompetente‹ Säugling (Rauh, 2008; Dornes, 2009) tritt von der ersten Lebensminute in *Interaktion* mit seiner Umwelt, vor allem mit seinen Bezugspersonen. Die dabei gemachten realen und emotional bewerteten Erfahrungen sind die Grundlage für die Bildung der innerseelischen Struktur. Die gemachten Erfahrungen werden im Gedächtnis abgespeichert und in Zusammenhänge gebracht. Diese Abbilder von Erfahrungen im Austausch mit der Umwelt (»Repräsentationen«) werden weitergehend vernetzt und zu sogenannten übergeordneten Schemata ›verdichtet‹. Diese steuern im Weiteren Empfinden, Denken und Handeln. Ein Beispiel für ein handlungsleitendes Schema ist ein grundlegendes Vertrauen (»Urvertrauen«) – oder eben Misstrauen – in andere Menschen. Um dieses zu entwickeln, muss das Kind immer wieder die Erfahrung machen, dass es sich auf andere verlassen kann, dass die Bezugspersonen regelmäßig und feinfühlig (s. o.) auf die Bedürfnisse des Kindes eingehen, ihm Halt, Sicherheit und Anregungen geben (ausführlich zur Entwicklung des Selbst: Fröhlich-Gildhoff, 2016; Dornes, 2009; Stern, 1992, 1995). Auch das ›innere Arbeitsmodell‹ der Bindungserfahrungen (▶ Abb. 3) entspricht einem solchen handlungsleitenden Schema.

Bei der Entstehung der Selbst-Struktur haben sechs Faktoren eine besondere Bedeutung:

1. das Erfahren einer sicheren Bindung;
2. die Unterstützung kindlicher Emotionsregulation und Affektabstimmung;
3. der Aufbau emotionaler und kognitiver Perspektivenübernahme (›Mentalisierungsfähigkeit‹);
4. das Erleben von Kontrolle und Selbstwirksamkeit;
5. der Aufbau kognitiver Schemata und allgemeine Problemlösekompetenzen;
6. der Aufbau sozialer Kompetenz.

Die hier gemachten Erfahrungen können als Entwicklungsdimensionen betrachtet werden, die maßgeblich die aktuelle und spätere Kind-Umwelt-Interaktion prägen. Sie sollen im Folgenden genauer betrachtet werden.

1 Das Erfahren einer sicheren Bindung

Die Bedeutung des Erfahrens von Bindungssicherheit ist im vorigen Abschnitt (▶ Soziale Situation, Biografische Erfahrungen) ausführlich dargestellt.

Wenn die Lebensäußerungen und Bedürfnisse eines Kindes nicht dauerhaft feinfühlig und regelmäßig beantwortet und sehr oft ignoriert werden, entsteht ein inneres Bild (›inneres Arbeitsmodell‹), das von Unsicherheit geprägt ist: »Ich kann mich nicht darauf verlassen, dass eine andere Person zuverlässig für mich da ist«. Hieraus kann ein Muster von früher Über-Autonomie entstehen, der sogenannte unsicher-vermeidende Bindungstypus: Die Kinder scheinen sehr selbständig, fragen sehr selten nach Unterstützung, wirken, als könnten und wollten sie ›alles allein regeln‹. Sie fallen im pädagogischen Alltag oft gerade nicht auf, sie zeigen nicht direkt ihre Not – sie glauben fast nicht mehr daran, dass sie Unterstützung bekommen, wenn sie diese brauchen.

Wenn ein Kind hingegen dauerhaft die Erfahrung macht, dass die Bezugsperson(en) manchmal zur Verfügung stehen und innerlich präsent auf das Kind bezogen sind, manchmal jedoch innerlich oder äußerlich abwesend sind, so entsteht in der Psyche des Kindes ein tiefes Gefühl der Unsicherheit darüber, ob es ›gesehen‹ wird, ob seine Bedürfnisäußerungen beantwortet werden. Dies kann im Sinne des sogenannten ambivalent-unsicheren Bindungstyps dazu führen, dass das Kind sehr heftige Reaktionen zeigt, wenn die Bezugsperson sich abwendet, den Raum verlässt etc. – das Kind ist grundlegend unsicher darüber, ob und wann es wieder Zuwendung erhält und versucht, darum zu ›kämpfen‹. Die Kinder zeigen oft ein dramatisches Verhalten, das manchmal wirkt, als wollten sie Aufmerksamkeit bekommen – dieses Verhalten ist gleichfalls als Notreaktion zu verstehen: Es sendet mit seinem Verhalten Signale, dass es Bindungssicherheit braucht.

Die hier aufgeführten Bindungstypen der unsicheren Bindung sind nicht ›krankhaft‹, aber sie stellen ein Entwicklungsrisiko dar: »In einer zunehmenden Anzahl von [...] Längsschnittstudien wurden Zusammenhänge zwischen einer unsicheren Bindung und Verhaltensauffälligkeiten der Kinder im Vorschul- und im Schulalter gefunden« (Brisch, 1999, S. 75; s. a. Brisch, 2007). Der vierte Bindungstypus, der Typus der desorganisierten Bindung, steht in engem Zusammenhang mit (späteren) Verhaltensauffälligkeiten (z. B. Brisch, 1999; Fonagy et al., 2004); bei Kindern mit diesem Bindungstypus handelt es sich nach diesen AutorInnen um eine spezifische Risikogruppe. Kinder, die ein entsprechendes Verhalten zeigen – z. B. manchmal ›erstarren‹, manchmal heftige, schlecht vorhersehbare Handlungsweisen realisieren – haben sehr stark und regelmäßig die Erfahrung gemacht, dass ihre Bedürfnisse und Lebensäußerungen entweder überwiegend ignoriert oder vernachlässigt wurden oder sie haben extrem und oft widersprüchliche Verhaltensweisen der Eltern (z. B. einerseits schlagen, andererseits ›mit Liebe überhäufen‹) erlebt. Dies führt neben dem starken Vernachlässigen der gesamten kindlichen Bindungsbedürfnisse dazu, dass gar kein klares und stabiles inneres Abbild von Bindungen bzw. Beziehungsmustern aufgebaut werden kann und die Kinder dementsprechend keine oder bizarr anmutende Verhaltensweisen vor allem in Beziehungssituationen zeigen.

Es ist unbedingt nötig, dass bei sich abzeichnenden Bindungsstörungen gezielte Unterstützungen der Kinder bzw. der Mutter-Kind-Interaktionen erfolgen:

> »Bindungsstörungen weisen eine gewisse Persistenz [Dauerhaftigkeit] auf und können ohne sichere emotionale Beziehungserfahrungen [durch andere Personen, z. B. pädagogische Fachkräfte] oder therapeutische Interventionen nicht aufgelöst werden. Sie zeigen vielmehr eine Tendenz, sich zu verfestigen und [...] auf die eigenen Kinder übertragen und somit an die nächste Generation weitergegeben (zu) werden« (Brisch, 2007, S. 167f.).

Bindungsstörungen führen auch dazu, dass das Neugier- und Explorationsverhalten von Kindern deutlich eingeschränkt ist.

2 Die Unterstützung kindlicher Emotionsregulation und Affektabstimmung

Die Bezugspersonen unterstützen das Kind bei der (zunehmenden Selbst-)*Regulation* seiner Aktivitäts-Zustände, seiner Erregungen und seiner Gefühle (▶ Abb. 5). Nach Petermann & Wiedebusch findet in der Eltern-Kind-Interaktion »eine gemeinsame Regulation von Gefühlen« statt.

> »Dabei sind die Neugeborenen noch ganz auf die Regulation ihrer Emotionen durch die Bezugspersonen angewiesen, während ältere Säuglinge und Kleinkinder in zunehmendem Maße geringe emotionale Belastungen selbst regulieren können, jedoch beim Erleben negativer Gefühle auf Bewältigungshilfen seitens der Eltern angewiesen sind« (Petermann & Wiedebusch, 2003, S. 62; vgl. auch Papoušek, 2004).

Es kommt insbesondere darauf an, die ›Feinzeichen‹ kindlicher Affekte, insbesondere der Offenheit vs. Belastung des Kindes möglichst immer präziser zu erkennen und dann adäquat zu beantworten. Diese Feinzeichen können in vier Verhaltenssystemen beobachtet werden (Ziegenhain et al., 2010, S. 24): (a) im physiologischen System (Regulation von Atmung, Körpertemperatur, Kreislauf und Verdauung), (b) im motorischen System (Muskeltonus, Körperhaltung), (c) im Schlaf/Wachzustände (in verschiedenen Erregungs- und Bewusstseinsniveaus) und (d) in der Aufmerksamkeit und soziale Zuwendung/Aufgeschlossenheit.

Insbesondere durch die »sensitive Responsivität« (Remsperger, 2011; Gutknecht, 2012) der Bezugspersonen erhält das Kind Rückmeldungen über die eigenen inneren Zustände und kann darüber zunehmend zur Eigenwahrnehmung und -regulation gelangen.

Es handelt sich also um einen interaktiven Prozess der Ko-Regulation, bei der zunächst die erwachsene Bezugsperson aktiver ist und nach und nach das Kind selbst aktiv und fähig wird, die inneren Zustände zu regulieren:

Wenn es Eltern (und Kleinkind) nicht gelingt, diesen Prozess zur Selbstregulation zu gestalten, so führt dies dazu, dass die Kinder eben nicht mit Unwohlseins-Zuständen, mit Erregungen, mit ›Langeweile‹ umgehen können. Sie wirken ungeduldig, können ihre Gefühle nicht ›zügeln‹ etc. Es ist dann nötig, dass andere Bezugspersonen – wie pädagogische Fachkräfte in Schule und Kita – diesen Prozess der Entwicklung der Selbstregulation im Ein-zu-Eins-Kontakt nachholen.

Neben der Regulation geht es um die *Abstimmung von Affekten und Emotionen*. Dabei steht die Ausrichtung der Gefühle (Emotionen) – die Ausbildung unterschiedlicher Gefühlsqualitäten (Ärger/Wut, Ekel, Freude, Angst/Furcht etc.) – mit Unterstützung der Bezugspersonen im Vordergrund. Kinder lernen im Austausch mit der erwachsenen Bezugsperson, ihre Gefühle selbst wahrzunehmen, benennen zu können und zu differenzieren. Zunächst sind alle Gefühlszustände mit ähnlichen körperlichen Prozessen gekoppelt: Bei Wut, bei starker Freude, bei großer Angst sind die physiologischen Prozesse – wie z. B. die Veränderung des Pulsschlags, des Hautwiderstandes oder des Blutdrucks – sehr ähnlich. Kinder müssen mit Hilfe der

Phasen der Emotionsregulation

(A = emotionale Ausdrucksfähigkeit; E = emotionale Eindrucksfähigkeit)

Phase 1: Bezugsperson reguliert das Erregungsniveau des Neugeborenen

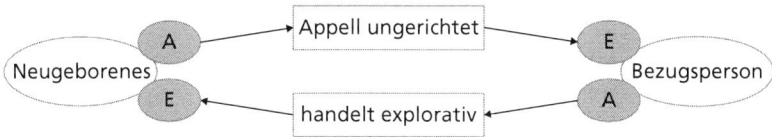

Phase 2: Säugling übernimmt Regulationsanteile in der interpsychischen Regulation

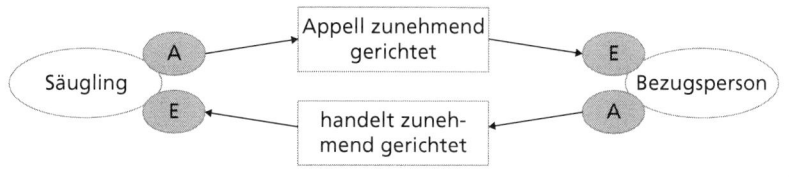

Phase 3: Kleinkind hat gleichwertigen Anteil an der interpsychischen Regulation

Phase 4: Vorschulkind reguliert sich selbst unter Anleitung der Bezugsperson

Phase 5: Schulkind reguliert sich selbst unter eigener Anleitung

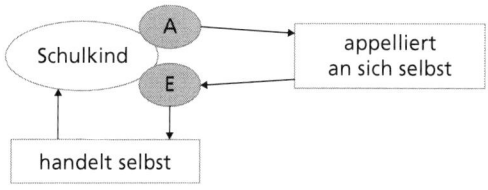

Abb. 5: Phasen der Emotionsregulation (skizziert nach Holodynski, 1999, S. 44)

Bezugspersonen lernen, wann die jeweilige Erregung ein Anzeichen für Wut oder Angst ist.

Folgende Detailprozesse spielen bei der Affektabstimmung und Ausdifferenzierung der Emotionen eine Rolle:

- Affektspiegelung: Das Spiegeln der Gefühle und Erregungsmuster durch die Bezugspersonen hat eine ganz wichtige Bedeutung. Bezugspersonen ahmen den Gesichtsausdruck, z. B. das Lächeln des Kindes nach, verleihen ihm vielleicht Geräusche und koppeln ihn mit Worten. Indem sich das Kind gesehen erlebt, kann es diese Gefühle als solche wahrnehmen und innerpsychisch verankern.
- Gefühlsansteckung: Dabei geht es um das wechselseitige ›Spiel‹, sich von den Gefühlsausdrücken des Gegenübers regelrecht anstecken zu lassen; die andere ist traurig, ich erlebe und zeige auch Traurigkeit.
- Soziale Rückversicherung: Das meint den Prozess, dass sich Kinder bei Unsicherheit über den eigenen Gefühlszustand, z. B. Neugier vs. Furcht angesichts eines unbekannten Objekts, am Gefühlszustand der (erwachsenen) Bezugsperson orientieren und diesen übernehmen. Dies geschieht i. d. R. nonverbal und unbewusst.
- Geteilte Aufmerksamkeit: In solchen Momenten geteilter Aufmerksamkeit sind Kind und Bezugsperson gemeinsam auf einen Punkt (kon-)zentriert, beide sind innerlich präsent aufeinander und auf einen ›Gegenstand‹ bezogen. Ein Symbol hierfür ist die ›Zeigegeste‹ des ›Da‹: Kind und Erwachsene/r deuten beide mit Finger und Arm gemeinsam auf einen Punkt/ein Objekt, dem sie beide ihre Aufmerksamkeit widmen.

Mit der zunehmenden Sprachentwicklung besteht die Möglichkeit zur *Symbolisierung* der Emotionen. Emotionen werden jetzt benannt und durch diese Form der Symbolisierung werden sie dem Bewusstsein zugänglich(er) und eben in sprachlicher Form kommunizierbar; zugleich differenziert sich auf diese Weise das Emotionswissen aus. Andererseits sind diese Symbolisierungen natürlich Einschränkungen des breiten Spektrums von Gefühlszuständen, damit sind ja immer – oft automatisch verlaufende – physiologische Prozesse, Bilder, Erinnerungen, Erfahrungen etc. verbunden. Die Symbolisierung erlaubt jetzt das bewusste Bearbeiten der Emotionen und ihrer Differenzierungen.

In den Prozessen der Emotionsregulation und Affektabstimmung liegen starke Quellen für Entwicklungsstörungen: Die Bezugspersonen können z. B. die (emotionalen) Spannungen von Kindern nicht adäquat ›herunterregulieren‹ oder sie ›überregulieren‹ – dies kann dann zu einer dauerhaften ›fehlerhaften‹ Emotionsregulation führen, mithin zu einem interaktionellen ›Teufelskreis‹: Wenn das Kind die Erfahrung macht, dass seine Erregung bzw. innere Spannung nicht durch die oder mit der Bezugsperson reduziert werden kann, bleibt es in einem permanenten Spannungszustand, der durch Aktivitäten wie Schreien usw. aufrechterhalten wird. Dadurch steigen die Spannungen bei der (überforderten) Bezugsperson, es kommt zu negativen Emotionen, die die Unruhe beim Kind wiederum verstärken. Es besteht eine Reihe von Zusammenhängen zwischen inadäquater oder dysfunktionaler Emotionsregulation und Verhaltensauffälligkeiten sowie -störungen im Kindes- und Jugendalter (zusammenfassender Überblick: Barnow, 2012; s.a. Papoušek, 2004).

Die Unterstützung des Aufbaus adäquater Strategien der Affekt- bzw. Emotionsregulation kann durch eine professionelle Begleitung der Bezugsperson-Kind-Interaktion erfolgen oder durch die gezielte Förderung dieser Fähigkeit in pädagogischen Zusammenhängen (▶ Kap. 5).

3 Der Aufbau emotionaler und kognitiver Perspektivenübernahme (›Mentalisierungsfähigkeit‹)

»Empathie, d. h. das Vermögen, sich in andere Personen hineinversetzen zu können, ihre Gedanken nachvollziehen und ihre Gefühle identifizieren und nachempfinden zu können, ist eine wesentliche Voraussetzung für adäquates Verhalten in zahlreichen sozialen Interaktionen. Empathische Fähigkeiten unterstützen unter anderem das Verständnis und die Akzeptanz von Menschen aus anderen Kulturkreisen oder sozialen Schichten, helfen Missverständnissen und Konflikten vorzubeugen und machen nicht zuletzt auch sensibler im Umgang mit Menschen, die Hilfe brauchen« (Aßhauer et al., 1999, S. 13).

Mitgefühl als Vorform von Empathie, »als eine Reaktion auf die Notlage und den Kummer einer anderen Person« (Ulich et al., 2002a, S. 113) kann schon im Alter von 24 Monaten beobachtet werden und führt dann zu Vorformen prosozialen Verhaltens. Wesentlich ist auch hier das Verhalten der Bezugspersonen als Vorbild und in der direkt erlebten Interaktion (ebd.).

Voraussetzung für das Entwickeln von Empathie ist die Fähigkeit zur Perspektivenübernahme. Die meisten Kinder sind in einem Alter von zwei Jahren in der Lage, zu erkennen, dass andere Menschen gleichfalls Wünsche haben, können diese aber noch nicht mit den eigenen Wünschen abgleichen oder in ein Verhältnis setzen. Untersuchungen zur Fähigkeit, die Perspektive anderer zu übernehmen, sich gedanklich in sie hineinzuversetzen (*Theory of Mind*, Premack & Woodruff, 1978), zeigen, dass die meisten Kinder die Fähigkeit zur Perspektivenübernahme erst mit etwa vier Jahren ausgebildet haben. Vorher sind Erwartungen, dass Kind möge sich in jemand anderes hineinversetzen (»Du musst doch verstehen, dass Karl traurig ist, wenn Du ihn schlägst«), nicht zu erfüllen.

Verbunden mit der Entwicklung der Fähigkeit Perspektivenübernahme ist die ›Mentalisierungsfähigkeit‹, die Fähigkeit, anderen Personen innere Zustände wie z.B. Wünsche und Intentionen zuzuschreiben und die eigenen Wünsche und Absichten hierzu ins Verhältnis zu setzen (Fonagy et al., 2004; Taubner, 2015). Erst wenn die Mentalisierungsfähigkeit – regelhaft ab ca. fünf Jahren – ausgebildet ist, können Kinder sich selbst und andere als Wesen mit seelischen Zuständen verstehen und sich dadurch mit eigenen psychischen Zuständen und denen anderer befassen. Auch die Mentalisierungsfähigkeit entsteht in der Interaktion mit erwachsenen Bezugspersonen. Diese müssen die inneren Zustände des Kindes adäquat spiegeln und klare Rückmeldungen darüber geben – und selbst ein Vorbild darstellen, das über sich und seinen Bezug zu anderen reflektiert.

Empathie und emotionale Perspektivenübernahme sind eine wichtige Mediatorvariable für die ›Eindämmung‹ aggressiven und die Ausbildung prosozialen

Verhaltens (z. B. Petermann & Wiedebusch, 2003; Essau & Conradt, 2004; Taubner, 2015). Wenn Kinder die Empathie-, Perspektivenübernahme- und Mentalisierungsfähigkeiten nicht entwickelt haben, so hilft es nicht, daran zu appellieren (»Versetz Dich mal in den anderen«) – es ist ein kleinschrittiger Prozess des Nach-Lernens nötig.

4 Das Erleben von Kontrolle und Selbstwirksamkeit

Entsprechend der Lebenserfahrungen, die ein Individuum insbesondere in den ersten Lebensjahren macht, »entwickelt es eine Grundüberzeugung darüber, inwieweit das Leben einen Sinn macht, ob Voraussehbarkeit und Kontrollmöglichkeit besteht, ob es sich lohnt, sich einzusetzen und zu engagieren [...]. Diese lebensgeschichtlichen Erfahrungen führen zu bestimmten Erwartungen, in welchem Ausmaß dieses Grundbedürfnis befriedigt wird« (Grawe, 1998, S. 350). Kontrollerleben wird über (Beziehungs-)Erfahrungen von Regelmäßigkeit und Verlässlichkeit aufgebaut. Wenn das (kleine) Kind erlebt, dass seine Bedürfnisse und Äußerungen wahrgenommen und beantwortet werden und dass Abläufe, z. B. beim Einschlafritual, weitestgehend gleichartig verlaufen, kann es auf kognitiver Ebene Verständnis für die Außenwelt entwickeln und entsprechende Schemata aufbauen. Auf emotionaler Ebene entsteht ein Grundgefühl von Sicherheit.

Das Erleben von Kontrolle steht in engem Zusammenhang mit dem Erleben von Selbstwirksamkeit (»self-efficacy«, Bandura, 1995, 1997). Selbstwirksam zu sein heißt, aufgrund bisheriger Erfahrungen auf seine Fähigkeiten und verfügbaren Mittel vertrauen zu können und davon auszugehen, ein bestimmtes Ziel auch durch Überwindung von Hindernissen am Ende tatsächlich erreichen zu können.

Eine große Bedeutung haben dabei die Erwartungen, ob das eigene Handeln zu Effekten führt oder nicht. Diese Erwartungen steuern schon im Vorhinein das Herangehen an Situationen und Aufgaben, und damit auch die Art und Weise der Bewältigung, und führen so oftmals zu einer Bestätigung des eigenen Selbstwirksamkeitserlebens.

Selbstwirksamkeitserwartungen werden vor allem über direkte Handlungserfahrungen entwickelt: Wenn ein Kind die Erfahrung macht, dass das eigene Handeln zu Wirkungen führt – und es diese Wirkungen auf sich selbst zurückführen kann –, dann wächst die entsprechende Grundüberzeugung. Erfolge stärken die Erwartung von Selbstwirksamkeit und Misserfolge wirken sich entsprechend ungünstig aus.

Das Selbstwirksamkeitserleben wird gefördert durch Aufgabenstellungen und angemessene Rückmeldungen der Bezugspersonen. Kinder wollen gefordert werden – dazu müssen die Aufgaben und Herausforderungen aber in der je individuellen »Zone der nächsten Entwicklung« (Wygotsky, 1987) liegen, sie müssen, ggf. auch mit passgenauer Unterstützung, bewältigbar sein. Ebenso wichtig ist, dass Kinder (und Erwachsene!) Ermutigung zum Herangehen an Aufgaben, eine angemessene Rückmeldung über das positive Bewältigen und Trost und Reflektionsmöglichkeiten beim Scheitern erfahren können. Aus Fehlern, Niederlagen oder selbst empfundenen Versagenssituationen kann man nur lernen, wenn Perspektiven für ein neues Herangehen an ähnliche Herausforderungen entwickelt werden.

Fehlendes Kontroll- oder Selbstwirksamkeitserleben führt hingegen zu Stress und Angst (z. B. Jerusalem, 1990), zu verringertem Selbstwert-Erleben bis hin zu Gefühlen genereller Handlungsunfähigkeit.

5 Der Aufbau kognitiver Schemata und allgemeine Problemlösekompetenzen

Auch »die kognitive Entwicklung ist kein passiver Prozess, sondern bereits der Säugling ist darauf aus, sich aktiv seine Umwelt anzueignen, seine vorhandenen Kern-Wissensbestände zu erweitern und Neues aus der Umwelt aufzunehmen« (Mischo, 2016a, S. 129). In dieser Auseinandersetzung mit der Umwelt werden Kategorien und später kognitive Schemata gebildet, die in hohem Maße miteinander vernetzt sind. Dieser Aufbau vollzieht sich systematisch und gleichfalls als »Prozess der Ko-Konstruktion« (ebd.) zwischen Kind und Bezugspersonen.

Daneben ist es bedeutsam, dass Kinder gezielte Problemlösekompetenzen aufbauen, die über das ›einfache‹ Versuch-Irrtum-Verhalten hinausgehen. Unter Problemlösekompetenz wird die Fähigkeit verstanden, »komplexe, fachlich nicht eindeutig zuzuordnende Sachverhalte gedanklich zu durchdringen und zu verstehen, um dann unter Rückgriff auf vorhandenes Wissen Handlungsmöglichkeiten zu entwickeln, zu bewerten und erfolgreich umzusetzen« (Leutner et al., 2005, S. 125). Dies umfasst die Fähigkeit, (a) Probleme analysieren zu können, (b) die eigenen zur Lösung nötigen Mittel bzw. Fähigkeiten aktivieren zu können – und sich dazu ggf. Hilfe von anderen holen zu können –, (c) diese Mittel einzusetzen und zu erproben, (d) zu überprüfen, ob der Mittel-Einsatz erfolgreich war und (e) im negativen Fall weitere Lösungsstrategien einzusetzen.

Eine gute Problemlösefähigkeit zeichnet sich dadurch aus, dass der Mensch in der Lage ist, angemessene Entscheidungen besonders in herausfordernden oder gar belastenden Situationen zu treffen; er verfügt über ein breites Repertoire an Entscheidungsalternativen. Diese Entscheidungsalternativen können strukturiert gegeneinander abgewogen werden, Vor- und Nachteile der einzelnen Entscheidungen können differenziert und gewichtet werden. Diese Fähigkeiten entwickeln sich früh und in ›kleinen‹, einfachen Situationen, z. B. wenn das Kind sich robbend bewegt, um an ein interessantes Objekt zu gelangen, wenn ein Turm gebaut wird etc.

Bei einer Verbesserung von Problemlösestrategien werden auch das Selbstbild der betreffenden Person und ihr Stressmanagement verbessert. Dies geschieht deshalb, weil positive Bewältigungs- und Selbstwirksamkeitserfahrungen gemacht werden (vgl. Fröhlich-Gildhoff, Dörner & Rönnau-Böse, 2016).

Auch zum Aufbau der Problemlösefähigkeiten brauchen Kinder Bezugspersonen, die ihnen entsprechende Aufgaben stellen, sie beim Lösungsprozess unterstützen und mit ihnen über den Lösungsprozess sprechen. Fehlende Problemlösekompetenz führt dazu, dass Menschen schnell in den Notmechanismus des Versuchs-Irrtums-Verhaltens verfallen, schnell Angst- oder Panikreaktionen zeigen – oder, um diese zu verdecken, schnell wütend werden – und dann gar nicht zu selbständigen Problemlösungen kommen. Wenn dies oftmals passiert, müssen pädagogische Fachkräfte kleinschrittig und in ruhigen Situationen die entsprechenden Kompetenzen bei den Kindern aufbauen.

6 Der Aufbau sozialer Kompetenz

Der Aufbau sozial kompetenten Verhaltens ist eine wesentliche Entwicklungsaufgabe des Kindesalters. Aus einer Vielzahl von *Definitionen* soll exemplarisch diese vorgestellt werden:

Unter sozialen Kompetenzen werden »Fähigkeiten und Fertigkeiten von Individuen und Gruppen [verstanden], die den sozialen Umgang zwischen diesen strukturieren, erleichtern und steuern« (Manns & Schultze, 2004, S. 53). Klassischerweise wird zwischen (a) der Verfügbarkeit und (b) der angemessenen Anwendung von sozial kompetenten Verhaltensweisen unterschieden: Es ist nicht sicher, dass jemand, der z. B. über gute Kommunikationsfähigkeiten verfügt, diese dann auch entsprechend umsetzt. Unterschieden wird zwischen motorischen, kognitiven und emotionalen Verhaltensweisen; das Verhalten wird zudem auf einen Bewertungsmaßstab bezogen.

Lösel et al. (2007, S. 216) beschreiben folgende »Komponenten« der sozialen Kompetenz: »soziale Wahrnehmung, Informationsverarbeitung, Empathie, Emotionsregulation, Selbstkontrolle und Handlungsfertigkeiten«. Dabei umfasst die *Wahrnehmung und Interpretation sozialer Situationen* einen Prozess, der vom Erkennen von Verhaltensweisen über deren Interpretation zur Reaktionssuche, zur Reaktionsentscheidung und dann -umsetzung gekennzeichnet ist. Soziale Kompetenz basiert also auf einer möglichst unverzerrten Verarbeitung der Informationen in sozialen Situationen (Crick & Dodge, 1994).

Verzerrungen, die schon bei der Informationsverarbeitung – z. B. durch ein geringes Selbstwerterleben – zustande kommen, lenken von vornherein die Aktivierung und Realisierung von konkreten Handlungsmöglichkeiten in der sozialen Situation und schränken diese ein. Auf die Aspekte der *Emotionsregulation* und *Empathie* wurde schon eingegangen. In der jeweiligen sozialen Situation muss dann ein Spektrum an konkreten *Verhaltensweisen* zur Verfügung stehen, um angemessen handeln zu können. Zunächst einmal muss die Fähigkeit entwickelt werden, Kommunikation aufzunehmen, aufrechtzuerhalten – insbesondere die Anwendung von Kommunikationsregeln (ausreden lassen, zuhören, Pausen) – und zu beenden. Sowohl bei der *Lösung von* (zwischenmenschlichen) *Konflikten*, aber auch der Selbsteinbringung oder *Selbstbehauptung*, müssen die zur Verfügung stehenden Handlungsmöglichkeiten abgewogen und im Weiteren realisiert werden. Im Falle der Selbstbehauptung geht es z. B. darum, negative Gefühle und Kritik angemessen zum Ausdruck zu bringen, Nein sagen zu können, Wünsche äußern zu können, Forderungen zu stellen. Beim Konflikt geht es darum, mögliche Konsequenzen deutlicher in Betracht zu ziehen und Ziele bzw. Lösungen nach möglichen Ausgängen zu bewerten. Ebenso bedeutsam ist es hier, Verständnis für das Verhalten und die Bedürfnisse anderer zu zeigen. Im letzten Schritt geht es dann darum, die gerade erfolgten Konsequenzen zu bewerten und innerpsychisch zu integrieren.

Für die Entwicklung sozialer Kompetenz ist es – neben der Ausbildung der schon angesprochenen grundlegenden Faktoren wie der Empathie oder positiver Selbstwirksamkeitsüberzeugungen – bedeutsam, dass die Fähigkeit zur angemessenen sozialen Informationsverarbeitung und die entsprechenden Verhaltensweisen im Kontakt mit und mit Unterstützung durch (erwachsene) Bezugspersonen erlernt werden können. Dazu bedarf es Vorbilder, die sozial kompetentes Verhalten zeigen, also Konflikte regulieren und auch Kompromisse schließen können, aber auch ihre eigenen Interessen angemessen vertreten. Ebenso müssen soziale Situationen ›erklärt‹ werden, auch Regeln und Grenzen so gesetzt werden, dass sie verstanden, akzeptiert und ggf. übernommen werden können.

Auch hier gilt: Wenn Kinder diese Kompetenzen in ihren bisherigen sozialen Umfeldern nicht erlernen konnten, so haben die Bildungsinstitutionen und die dort tätigen Fachkräfte einen entsprechenden kompensatorischen Auftrag.

2.1.2 Bewältigungsperspektive

Das Individuum tritt vor dem Hintergrund seiner biologischen Grundlagen, seiner biografischen, vor allem sozialen Erfahrungen und der sich bis zu einem gegebenen Zeitpunkt entwickelten innerseelischen Struktur in Interaktion mit seiner Umwelt. Dabei müssen lebensaltersabhängig unterschiedliche Entwicklungsaufgaben – wie z. B. das Laufen lernen, der Übergang von der Familie in die Kita oder von der Kita in die Schule – bewältigt werden (vgl. ausführlich Fröhlich-Gildhoff, 2013). Ebenso treten zu den alltäglichen Aufgaben der Lebensbewältigung besondere Anforderungen, Herausforderungen, Belastungen oder sogar kritische Lebensereignisse, die interindividuell sehr unterschiedlich sein können; Beispiele wären die Geburt eines Geschwisterkindes, die Trennung der Eltern, Wohnortwechsel, der Aufbau einer neuen Freundschaft oder das Schreiben einer Klassenarbeit – auch diese Krisen und Herausforderungen müssen bewältigt werden (▶ Abb. 6).

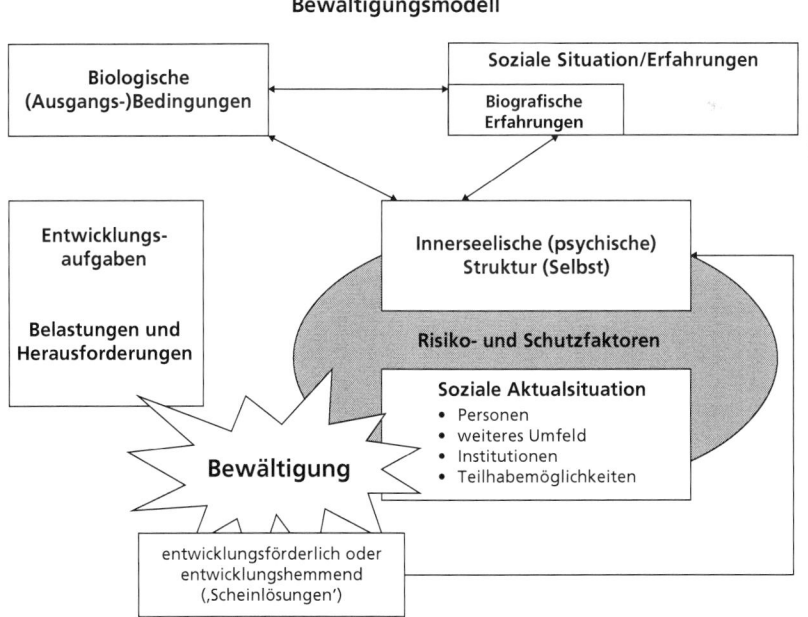

Abb. 6: Bewältigungsmodell

Die Art und Weise der Bewältigung ist abhängig von der Balance von Risiko- und Schutzfaktoren, die in der jeweiligen Situation gegeben ist. Hierbei spielen wiederum die bisher entwickelte innerseelische Struktur, das Selbst – entsprechend der o. a. bedeutsamen Elemente – und in der je aktuellen Situation verfügbare Ressourcen (soziale Unterstützung, reale Teilhabemöglichkeiten, Qualität der Institutionen) eine Rolle.

Die Art und Weise der Bewältigung von Entwicklungsaufgaben, Herausforderungen und kritischen Lebensereignissen wirkt wiederum zurück auf das Individuum und seine innerseelische Struktur. Die Bewältigung kann entwicklungsförderlich und erfolgreich verlaufen, aber eben auch entwicklungseinschränkend. Ein Beispiel hierfür wäre ein zurückhaltendes Kind, das bisher bei der Bewältigung von schwierigen Situationen oder Anforderungen eher überbehütet wurde und auf diese Weise wenig (erfolgreiche) Erfahrungen in neuen Situationen sammeln konnte. Dieses Kind wird vermutlich Angst vor dem Übertritt in die Kindertageseinrichtung entwickeln und dann, wenn es wiederum nicht adäquat unterstützt wird (durch die Eltern, ein gutes Übergangskonzept in der Einrichtung, verständnisvolle PädagogInnen), sich zurückziehen und möglicherweise aus dieser Überforderungssituation heraus noch stärkere Ängste oder psychosomatische Beschwerden entwickeln. Solche Bewältigungserfahrungen können nach Montada »Wendepunkte« im Leben sein, »sie können psychische Störungen erzeugen, aber auch zu vielfältigen Entwicklungsgewinnen führen, wenn sie gemeistert oder bewältigt werden« (Montada, 2008, S. 39). Unter der Perspektive der Passung geht es darum, die Umweltereignisse mit den Zielen des Individuums, seinen Potenzialen, aber auch Unterstützungsmöglichkeiten im Umfeld in Relation zu setzen.

Die Bewältigungsperspektive verweist noch einmal darauf, dass angesichts neuer Erfahrungen und im Besonderen neuer Herausforderungen die bisher im Leben gemachten Erfahrungen und die damit verbundenen, bisher entwickelten Fähigkeiten, aber auch Einsichten, Motivationen, Verhaltensweisen gewissermaßen selbst neu auf ihre ›Tauglichkeit‹ zur Welt-Begegnung und Welt-Bewältigung geprüft werden. Es besteht die Möglichkeit, neuen Herausforderungen mit den ›alten‹ Mustern zu begegnen, sich also z. B. ängstlich zurückzuziehen. Alternativ können durch die Herausforderungen auch neue (Denk-, Fühl- und Verhaltens-) Muster erprobt und aufgebaut werden. Dies ist, wie erwähnt, auch in der jeweiligen Aktualsituation abhängig von den zur Verfügung stehenden Ressourcen, insbesondere davon, welche anderen Menschen zur Verfügung stehen und wie passend sie Unterstützung leisten (können).

Wie schon erwähnt, wirkt die Art der Bewältigung – grundsätzlich sind zu unterscheiden eine nicht erfolgreiche, erfolgreiche oder eine Bewältigung über Umwege, z. B. Symptome – wiederum zurück auf die eigenen Erfahrungen, auf das Kompetenzerleben und natürlich die Wahrnehmung zukünftiger Herausforderungen sowie auf die eigenen Bewältigungsmöglichkeiten. Es ergibt sich hier ein Kreislauf oder besser: Entwicklungsmodell von der Bewältigung von Aufgaben und Anforderungen (solche können auch Entwicklungsaufgaben sein), die dann im Verhalten sichtbar wird, und dem Rückwirken auf innerpsychische Prozesse und Strukturen.

Die bisherigen Ausführungen machen deutlich, dass sehr viele Faktoren zusammenwirken, wenn es darum geht, die Ursachen von Verhaltensweisen auf der

Grundlage des Bio-Psycho-Sozialen Modells verstehen und erklären zu wollen. Diese Faktoren sind insbesondere in pädagogischen Alltagszusammenhängen nicht immer und vollständig zu erfassen – dennoch kann es zur Erklärung von Verhaltensweisen, die als herausfordernd erlebt werden, sinnvoll sein zu versuchen, individuell, für das jeweilige Kind Pfade zu rekonstruieren, die zur Entwicklung dieses Verhaltens geführt haben können. Dabei geht es nicht darum, eine ›Diagnose‹ zu erstellen, sondern es soll ein Verständnis für das Kind entwickelt werden – und es sollen Hinweise gefunden werden, um qualifizierte, d. h. individuell passende pädagogische Antworten zu geben.

In diesem Verständnis sind im Folgenden *Fragen* formuliert, die als Orientierung zur Rekonstruktion der Entwicklungspfade eines Kindes dienen können.

1. Biologische Ausgangsbedingungen
    1.1. Hinweise auf besondere Belastungen in der Schwangerschaft? Wenn ja: Welche?
    1.2. Hinweise auf das Aktivitätsniveau, mit dem das Kind geboren wurde? Wenn ja: Welche?
    1.3. Hinweise auf Komplikationen während der Geburt? Wenn ja: Welche?
2. Soziale Situation (Geschichte)
    2.1. Hinweise auf die Situation der Familie in den ersten beiden Lebensjahren:
    Belastungen/Herausforderungen (z. B. Trennungen, Wohnortwechsel etc.);
    Unterstützungsmöglichkeiten;
    Ressourcen.
    2.2. Hinweise auf die Bindungsentwicklung in den ersten beiden Lebensjahren:
    Verfügbarkeit der Bezugspersonen?
    Innere Präsenz der Bezugspersonen?
    Hinweise auf feinfühlige Begegnung?
    2.3. Hinweise auf den elterlichen Erziehungsstil (konkrete Beobachtungen):
    Dimension ›emotionale Unterstützung/Wärme‹;
    Dimension ›Kontrolle/Interesse, Lenkung‹:
    autoritativ/demokratisch vs. autoritär vs. vernachlässigend vs. laissez-faire.
    2.4. Soziale Unterstützung der Familie und des Kindes:
    soziale Einbettung vs. soziale Isolation (Großfamilie, Freunde, Bekannte etc.):
    Familie;
    Kind.
    2.5. Teilhabemöglichkeiten:
    finanziell;
    kulturell;
    körperlich;
    intellektuell;
    spezifische Ressourcen.

3. Innerseelische Struktur (Selbst)
   3.1. Hinweise auf Bindungsstil/-typ des Kindes;
   3.2. Entwicklungsstand der Regulation von Erregungen und Gefühlen (Ausprägung der Selbstregulation? Wie sehr? Wann?);
   3.3. Entwicklungsstand der Differenzierung der Emotionen (›Breite‹ des Emotionsspektrums);
   3.4. Stand der Fähigkeit über den eigenen Gefühlszustand Auskunft geben zu können;
   3.5. Entwicklungsstand der Fähigkeit zur Perspektivenübernahme und Empathie (Mitschwingen, Mitfühlen, Hineinversetzen, Wünsche und Absichten erkennen ...);
   3.6. Erleben von Kontrolle über Situationen (vs. Hilflosigkeit/Ohnmacht);
   3.7. Selbstwirksamkeitsüberzeugungen (»Mein Handeln bewirkt etwas«);
   3.8. Selbstwert;
   3.9. Entwicklungsstand der Problemlösekompetenzen (nur Versuchs-Irrtums-Verhalten? Systematischere Problemlöseprozesse?);
   3.10. Entwicklungsstand der Sozialen Kompetenzen. Ist das Kind in der Lage ...
   soziale Situationen wahrzunehmen (Informationsverzerrung)?
   Konflikte einzuschätzen?
   Konflikte zu bewältigen?
   Eigene Interessen/Selbstbehauptung adäquat durchzusetzen?
   Sich Hilfe/Unterstützung in schwierigen Situationen zu holen?
4. Aktuelle Situationsbewältigung
   4.1. Umgehen mit besonderen Herausforderungen:
   mutig angehen vs. vermeiden?
   Sich ermutigen lassen?
   Sich unterstützen lassen?
   Umgehen mit ›Scheitern‹?
   4.2. Welche besonderen außerpersonalen Risiko- und Schutzfaktoren lassen sich identifizieren?
   4.3. Unterstützung durch andere (Eltern, andere Erwachsene, andere Kinder).
   4.4. Teilhabemöglichkeiten:
   Möglichkeiten und Spielräume der Institution (besonders, um auf das einzelne Kind und seine Bedürfnisse eingehen zu können).

Noch einmal: Es lassen sich i. d. R. nicht alle Fragen beantworten. ›Leerstellen‹ können allerdings auch Hinweise darauf geben, welche Entwicklungsbereiche oder -phasen möglicherweise genauer betrachtet werden sollten, um das Kind und sein Aufwachsen – und damit seine innere Struktur – verstehen zu können, und worüber evtl. in einem Gespräch mit den Bezugspersonen weitere Informationen gewonnen werden können.

Die Formen systematischer, situationsbezogener wie -übergreifender Beobachtung sind ausführlich in Kapitel 4.1 dieses Buches dargestellt.

Fallbeispiel: Paula (aus Perspektive des Bio-Psycho-Sozialen Entwicklungsmodells)

Situation in der Kindertageseinrichtung

Die fünfeinhalbjährige Paula ist seit knapp zwei Jahren in der Kindertageseinrichtung (Gruppenkonzept mit täglich ein- bis zweistündiger Öffnung). Sie war anfangs, in der Eingewöhnungsphase, schüchtern, wirkte ängstlich und zurückgezogen und sie suchte wenig Kontakt zu anderen Kindern. Wenn solche Kontakte zustande kamen, wirkte sie ›unbeholfen‹, konnte ihre Wünsche schlecht äußern; manchmal zog sie sich völlig in eine Ecke zurück und war nicht ansprechbar. Zugleich war eine Anspannung spürbar: Sie verfiel bei sozialen Konflikten, wenn im Spiel etwas ›schiefging‹, sehr schnell entweder in Weinen oder wurde laut, beschimpfte andere, lief aus dem Raum. Wenn sich eine erwachsene Bezugsperson um sie kümmerte – also z. B. bei Spielen am Tisch saß, die Kontakte zu anderen Kindern ›vermittelte‹ – war Paula deutlich weniger angespannt, ließ sich auch schnell beruhigen. Zeitweise ›klammerte‹ sie sich an ihre Bezugserzieherin (Karla), verfolgte sie ›auf Schritt und Tritt‹; es fiel ihr dann schwer auszuhalten, wenn sich Karla anderen Kindern zuwandte. Es war anfangs, heute nur noch vereinzelt, sehr problematisch, wenn Veränderungen auftraten, besonders die Öffnung der Gruppen war lange Zeit eine Überforderung. Im Verlauf des ersten Jahres in der Kita konnte sich Paula nach und nach besser in die Gruppe integrieren, und die Situationen, in denen sie sich völlig zurückzog, wurden ebenso weniger wie Situationen, in denen sie laut schrie und wegrennen wollte. Paula baute eine zaghafte Freundschaft zu zwei Mädchen aus der Gruppe auf, nahm an Spielaktivitäten teil und wurde wegen ihrer motorischen Geschicklichkeit geschätzt.

Seit etwa vier Monaten erleben die pädagogischen Fachkräfte wieder eine deutliche Veränderung des Verhaltens des Kindes: Paula schwankt sehr zwischen dem (überwunden geglaubten) Klammern an die Bezugserzieherin Karla. Wenn diese länger in einen anderen Raum geht oder sich deutlich einem anderen Kind zuwendet, wird Paula wütend, versucht Karla festzuhalten oder das andere Kind wegzudrängen; es wirkt wie ›wegbeißen‹. Zu anderen Kindern hat sie zunehmend weniger Kontakt: Sie ist bei Spielen ungeduldig, will ›auf einmal‹ stark bestimmen und wird gleichfalls wütend, beschimpft die anderen Kinder, wenn sie nicht das tun, was sie möchte. Paula wird wegen ihres Verhaltens zunehmend von den anderen Kindern der Gruppe abgelehnt, sie wollen nicht mehr mit ihr spielen, bitten die Fachkräfte, sie vor Paula zu schützen.

Während es anfangs noch gelang, Paula im Kontakt mit Klara schnell zu beruhigen, ›eskaliert‹ die Situation zunehmend: Auch die pädagogischen Fachkräfte erleben sich als ›genervt‹ durch das Verhalten des Kindes und wünschen sich eine Veränderung.

Lebensgeschichtliche Entwicklung/Hintergrund

Paula lebt derzeit mit der Mutter (37) und der zweieinhalbjährigen Schwester in einer Vier-Zimmerwohnung. Die Mutter ist gelernte Ergotherapeutin und arbeitet seit Beginn des Jahres in Teilzeit (50 %). Der Vater (40) ist gelernter Bauarbeiter und war deswegen viel unterwegs. Die Familie hatte und hat wenige Kontakte nach außen.

Die Eltern waren nur eine kurze Zeit zusammen, als die Mutter schwanger wurde. Dennoch sei Paula, so erzählte es einmal die Mutter, ein ›Wunschkind‹ gewesen.

Im Verlauf des ersten Lebensjahres kam es zwischen den Eltern zu Spannungen, vor allem über die Aufgabenteilung im Haushalt, der Vater war auch kurzzeitig ausgezogen, kehrte aber zur Familie zurück. Es kam dann zu Heirat, das Familienleben sei zunächst ›entspannt‹ gewesen, auch als die zweite Tochter geboren wurde.

Zur Entwicklung von Paula in den ersten beiden Lebensjahren ist wenig bekannt; die Mutter berichtete, Paula sei anfangs oft ›quengelig‹ gewesen, hätte aber rechtzeitig laufen gelernt. Die Sprachentwicklung sei verzögert verlaufen, Paula habe lange Zeit nur Einwortsätze gesprochen und sei sehr schwer zu verstehen gewesen. Da sie ja Ergotherapeutin sei, hätte sie viel mit dem Kind geübt, so dass sie ›aufholen‹ konnte. Manchmal, besonders nach Geburt der Schwester, habe es zu Hause immer wieder Wut- und Trotzanfälle gegeben, die Kindsmutter habe sich in solchen Situationen oft überfordert und genervt vom Verhalten gefühlt.

Vor knapp zwei Jahren habe der Kindsvater einen Herzinfarkt erlitten. Ab diesem Zeitpunkt habe sich die elterliche Beziehung deutlich verschlechtert, da dieser Anfall trotz guter körperlicher Erholung eine Charakterveränderung nach sich gezogen habe. Der Vater leidet unter Antriebslosigkeit und zeigte der Mutter und beiden Kindern gegenüber verbal aggressives und ungeduldiges Verhalten. Seit etwa sechs Monaten haben sich die Eltern getrennt, der Vater ist ausgezogen, hat die Kinder alle zwei Wochen für einen Tag bei sich in der neuen Wohnung. Es gibt nach wie vor Spannungen zwischen den Eltern.

Fragen

- Wie lässt sich Paulas Verhalten vor dem Hintergrund des Bio-Psycho-Sozialen Modells erklären?
- Welche Erfahrungen haben sich im Verlauf ihrer Geschichte wie in ihrer innerseelischen Struktur niedergeschlagen?
- Wie wirken aktuelle Situation und die innerseelische Struktur mit den aktuellen Verhaltensweisen des Kindes in der Kita zusammen?

Antworten

Über den Verlauf der Schwangerschaft und Geburt ist – abgesehen davon, dass Paula ein ›Wunschkind‹ gewesen sei – nichts bekannt. Eindeutige Hinweise auf biologisch bedingte Risikofaktoren finden sich nicht.

Im Verlauf des ersten Lebensjahres kam es zu deutlichen Spannungen zwischen den Eltern. Es ist zu vermuten, dass sie aufgrund dessen innerlich weniger für das Kind präsent sein konnten und Paula möglicherweise weniger feinfühlige

Spiegelung ihrer Lebensäußerungen und Bedürfnisse erfahren hat. Stattdessen hat sie atmosphärisch die Spannungen erlebt, die für sie wahrscheinlich Stress bedeutet haben. Aufgrund der relativen Isolation der Familie standen auch keine Personen zur Verfügung, mit denen sie kompensatorische, ausgleichende Beziehungserfahrungen hätte machen können. Es ist zu vermuten, dass hier Wurzeln für ein Abbild grundlegend unsicherer Bindungserfahrungen gelegt wurden. Das Kind wird auch als ›quengelig‹ bezeichnet – vielleicht ein Hinweis auf eine manchmal schwer gelingende Abstimmung in der Regulationsentwicklung zwischen Eltern/Mutter und Kind. Insgesamt kann vermutet werden, dass durch die Erfahrungen in den ersten Lebensmonaten der Aufbau von Selbstregulationsmöglichkeiten, vielleicht auch von positiven Selbstwirksamkeitserfahrungen eingeschränkt war.

Die familiäre Situation beruhigte sich, bevor die Schwester geboren wurde. Dies bedeutet für Paula einerseits mehr ›Ruhe‹ und Sicherheit, andererseits war zumindest ein Teil der Energie und Präsenz der Bezugspersonen nach der Geburt an die Versorgung von und Beziehungsgestaltung mit dem Säugling gebunden. Paula musste wieder die Erfahrung machen, dass ihre eigenen Bedürfnisse nicht (vollständig) gesehen und adäquat beantwortet werden. Die Sprachentwicklungsrückstände können hierfür ein Anzeichen sein: Paula verbleibt – aus der Not heraus und unbewusst – zunächst auf einem ›niedrigeren‹ Entwicklungsstand und sichert sich so Zuwendung der Mutter. Sie entwickelt sich relativ schnell, als sie über das Üben die Zuwendung erhält.

In der Kita zeigt Paula am Anfang zunächst Verhaltensweisen, die auf eine unsicher(-ambivalente) Bindung hinweisen. Durch die ermöglichte Nähe zur Bezugserzieherin, die offensichtlich die Bindungsbedürfnisse des Kindes gesehen oder gespürt hat und zugleich vom institutionellen Kontext die Möglichkeiten hat, sich Paula zuzuwenden, gewinnt Paula innere Sicherheit: Sie erlebt, dass jemand zuverlässig für sie da ist, sich ›kümmert‹ und sie wertschätzt. Durch diese »emotional-korrigierenden Erfahrungen« (Cremerius, 1979) steigt der Selbstwert des Kindes, und es kann sich klarer nach außen orientieren, die Welt explorieren.

Die erneuten Spannungen in der Familie (Auseinandersetzungen der Eltern, Auszug des Vaters) sorgen für erneute, starke Verunsicherung und es kommt zu einem inneren ›Rückfall‹: Die Welt wird als unsicher, unkontrollierbar erlebt. Innere Spannungen und Gefühle, wie Angst oder auch Wut über den Streit der Eltern, können zu Hause nicht gezeigt werden. Paula trägt sie mit in die vorher als sicher erlebte Situation in der Kita. Sie sucht verstärkt Nähe und Sicherheit. Die pädagogischen Fachkräfte, die zunächst nichts von der häuslichen Situation wissen, sind irritiert, verstehen den ›Rückfall‹ bzw. das sehr starke ›Klammern‹ und auch das überwunden geglaubte aggressive/unkontrollierte Verhalten des Kindes nicht. Es wird an die ›Vernunft‹ appelliert etc. Paula merkt, dass sie das Maß an Unterstützung und Sicherheit, dass sie eigentlich in der Krise benötigt, nicht in der Kita erhalten kann, versucht ihre innere Not noch stärker zu zeigen – und erfährt noch mehr Ablehnung.

2.2 Das Modell der seelischen Grundbedürfnisse

Ein weiteres, empirisch fundiertes Konzept zum Verstehen und Erklären von menschlichem Verhalten ist das Modell der seelischen Grundbedürfnisse. Alle Verhaltensweisen – also auch die, die als herausfordernd erlebt werden – haben ihre Ursachen in einem komplexen Zusammenspielen von biologischen, sozialen und psychischen Faktoren (s. o.). Das Modell von Grawe (2004), das auf Metaanalysen einer Vielzahl von wissenschaftlichen Studien beruht, geht davon aus, dass Menschen über elementare körperliche und seelische Grundbedürfnisse verfügen, die erfüllt werden müssen, wenn dauerhaft Lebenszufriedenheit und seelische Gesundheit erreicht werden soll. Wenn diese Grundbedürfnisse von Kindern und Erwachsenen *nicht* erfüllt werden, wehren sich Menschen und drücken dies im Verhalten aus.

In Erweiterung des Konzepts von Grawe lassen sich fünf zentrale seelische Grundbedürfnisse beschreiben:[4]

- *Das Bindungsbedürfnis*: Kinder müssen das Gefühl erfahren, dass sie wertgeschätzt und anerkannt werden. Sie benötigen Bezugspersonen, die feinfühlig ihre Wünsche und Gefühlsäußerungen wahrnehmen, richtig interpretieren und dann prompt und angemessen beantworten. Auf diese Weise entstehen innere Abbilder von sicheren Bindungen, und das Kind kann selbstsicher anderen begegnen, auch kurzzeitige Trennungen verkraften. Das Eingehen auf das Kind, das ›Spiegeln‹ seiner Gefühlszustände und -ausdrücke führt dazu, dass sich Kinder selbst verstehen können und ihre Erregungszustände nach und nach selbst regulieren können. Wenn dieses Bedürfnis nach sicherer Bindung nicht angemessen befriedigt wird, werden sich Kinder (und später Erwachsene) in Beziehungen unsicher verhalten und auf verschiedene Weise, z. B. durch übermäßiges ›Klammern‹ oder durch lauten Protest, ihre Not zeigen.
- *Das Bedürfnis nach Weltaneignung und Exploration*: Kinder wollen von der ersten Lebensminute an die Welt ›erobern‹: Sie sind mit Energie ausgestattet, um zu erfahren, was außerhalb des eigenen Körpers passiert, sie wollen verstehen, welche Zusammenhänge es gibt, sie wollen ausprobieren/erforschen, was passiert, wenn sie selbst handeln. Im Besonderen wenn das Bindungsbedürfnis ›gestillt‹ ist, tritt das Explorationsbedürfnis mit großer Kraft auf. Kinder brauchen erwachsene Bezugspersonen, die ihnen Gelegenheiten und Anregungen geben, die Welt zu erforschen. Diese Anregungen müssen in der »Zone der nächsten Entwicklung« (Wygotsky, 1987) des Kindes liegen. Über- oder Unterforderung führt zu Unwohlsein und Stress – Kinder wehren sich dagegen.
- *Das Bedürfnis nach Orientierung und Kontrolle*: Kinder müssen die Welt um sich herum verstehen. Dazu brauchen sie Regelmäßigkeit und Verlässlichkeit – in

---

4 Diese Grundbedürfnisse weisen Ähnlichkeiten zum o. g. Bio-Psycho-Sozialem Modell auf. Dies ist nicht erstaunlich, denn die zugrunde liegenden Forschungsergebnisse weisen in die gleiche Richtung. Es kommt daher zum Teil zu Wiederholungen in der Darstellung.

der Art und Weise wie andere ihnen begegnen, aber auch in alltäglichen Abläufen und Rhythmen. Dann können sie Zusammenhänge verstehen und Sicherheit erleben. Sie können dadurch das Gefühl entwickeln, dass die Welt ›geordnet‹ und kontrollierbar ist; sie können sich darin orientieren. Die Erfahrung von Unregelmäßigkeit, Unzuverlässigkeit, von Nicht-Erklärbarkeit und damit Unsicherheit führt gleichfalls zu Stress, der sich im Verhalten ausdrückt. Es kann bei vielfacher Erfahrung von Unkontrollierbarkeit bspw. dazu kommen, dass Kinder sehr genau auf die Einhaltung von Regeln und Abläufen beharren und Abweichungen sie maximal irritieren. Es kann aber auch dazu kommen, dass sich Kinder in sehr vielen Situationen vorsichtig und misstrauisch verhalten, angespannt sind, weil sie die Erfahrung gemacht haben, dass nicht klar ist, was als nächstes passieren kann.

- *Das Bedürfnis nach Selbstwerterhöhung und Selbstwertschutz*: Aus den Erfahrungen von Sicherheit und dem erfolgreichen Bewältigen von Anforderungen entwickeln sich das positive Selbstwirksamkeitserleben und der Selbstwert. Kinder wollen wachsen und ihren Selbstwert erhöhen; auch Erwachsene sind i. d. R. bemüht, positive Aspekte des eigenen Selbstwertes und -bildes zu sichern. Kinder wie Erwachsene wehren sich, wenn der Selbstwert bedroht wird, wenn Niederlagen oder Demütigungen erfahren werden. Manche Menschen können eigene Stärken und Ressourcen gar nicht (mehr) wahrnehmen oder benennen, auch Kinder sind manchmal grundsätzlich entmutigt, erleben sich als Versager und trauen sich nicht zu, Neues zu lernen, neue Aufgaben anzugehen. Dann ist es wichtig, in kleinen Schritten selbstwertsteigernde Erfahrungen anzubieten und entsprechende Rückmeldungen zu geben. Manchmal ist das negative Selbstbild so stark, dass es identitätsprägend ist: Dann wird versucht, das eigene Bild als Versager zu sichern, und es ist sehr aufwändig, hier neue, gegenteilige Erfahrungen anzubieten.
- *Das Bedürfnis nach Lustgewinn und Unlustvermeidung*: Kinder (und Erwachsene!) wollen Erfahrungen, die Einschränkungen bedeuten oder schmerzhaft sind, vermeiden. Erwachsene haben einen längeren Erwartungshorizont; sie haben gelernt, dass manches, was kurzfristig wenig Spaß macht, wie das frühe Aufstehen, um zur Arbeit zu gehen, langfristig Erfolge (Gehalt) sichert. Je jünger Kinder sind, umso weniger können sie unmittelbare Bedürfnisse aufschieben und zeigen diese entsprechend. Dies bedeutet nicht, dass Kindern alle Wünsche jederzeit erfüllt werden müssen – allerdings muss von den Erwachsenen verstanden und akzeptiert werden, dass Kinder enttäuscht und/oder wütend sind, wenn ihr momentanes Interesse (am Eis im Supermarkt) nicht aufgegriffen wird. Kinder sollten die entsprechenden Gefühle zeigen dürfen und sie sollten nicht dafür verurteilt oder gar bestraft werden, dass sie sich ärgern, ›bockig‹ sind, wenn ihnen der momentane Lustgewinn verwehrt wird.

Dieses Konzept der Grundbedürfnisse gibt eine gute Orientierung, um kindliches Verhalten, das als herausfordernd erlebt wird, als angemessenen und nötigen Protest gegen die Verletzung eines seelischen Grundbedürfnisses verstehen zu können. Es ist vor diesem Hintergrund möglich zu untersuchen, ob und welches der Grundbedürfnisse verletzt ist – und was man tun kann, damit diese Verletzung verringert wird. Wenn bspw. das Bindungsbedürfnis nicht gestillt ist und das Kind häufig ›Unsinn‹ macht, so geht es nur vordergründig darum, Aufmerksamkeit zu erlangen. Das Kind drückt eine tiefe Verzweiflung aus, sucht nach Sicherheit in Beziehungen, und es ist dann nötig, zu planen, wie das Kind Beziehungssicherheit bspw. im Rahmen der Krippe erlangen kann. Sein Ringen um Aufmerksamkeit ist ein Notsignal, nicht ein Zeichen von Unreife oder ›Machtspielen‹.

Für das Verstehen des Kindes unter der Perspektive der (verletzten) Grundbedürfnisse können folgende *Fragen* hilfreich sein:

1. Bedürfnis nach sicherer Bindung:
   Wie reagiert das Kind in Trennungssituationen?
   Wie geht es auf Unbekannte zu (sehr viel vs. gar keine Vorsicht/Distanz)?
   Gibt es Anzeichen dafür, dass das Kind viel Zuwendung braucht?
   Ist die Beziehungsgestaltung sehr schwankend?
2. Bedürfnis nach Weltaneignung und Exploration:
   Spielt das Kind gern (und ausdauernd allein)?
   Braucht es viel direkte Anwesenheit erwachsener Bezugspersonen?
   Zeigt es von sich heraus Interesse an neuen Dingen/Sachverhalten?
3. Bedürfnis nach Orientierung und Kontrolle:
   Wie sehr braucht das Kind klare Abläufe, Rituale …?
   Wie geht es mit ›Abweichungen‹ davon um?
   Wie sehr braucht das Kind Rückversicherung durch Erwachsene?
   Kann das Kind Abläufe verstehen? Hat es einen Zeithorizont und kann sich auf entsprechende Erklärungen einlassen?
4. Bedürfnis nach Selbstwerterhöhung und Selbstwertschutz:
   Wie äußert sich das Kind über sich und eigene Fähigkeiten?
   Kann es Erfolge, die es erlebt, auf sich beziehen?
   Zeigt es ›Ehrgeiz‹ bzw. gibt es Hinweise, dass es Neues wagen will, dazu lernen will?
   Wie geht das Kind mit ›Niederlagen‹ (Verlieren im Spiel, Nicht-Erreichen eines Ziels etc.) um?
   Wie wehrt es sich bei Beschämungen, Beleidigungen …?
5. Bedürfnis nach Lustgewinn und Unlustvermeidung:
   Zeigt das Kind klar seine Wünsche?
   Protestiert das Kind, wenn es etwas tun muss, was ihm nicht behagt/gefällt? Wie stark?
   Wie gut lässt es sich beruhigen, wenn ein Wunsch nicht unmittelbar erfüllt wird?

Fallbeispiel: Paula (aus Perspektive des Modells der seelischen Grundbedürfnisse)

Fragen

- Welche Grundbedürfnisse des Kindes wurden in der frühen Kindheit vernachlässigt?
- Wie hat sich dies auf die Art der Weltbegegnung ausgewirkt?
- Welche Grundbedürfnisse werden aktuell nicht befriedigt?

Antworten

Paulas Bindungsbedürfnis wurde in der frühen Kindheit nicht ausreichend gestillt: Aufgrund der Spannungen zwischen den Eltern konnten diese vermutlich nicht in ausreichender Weise die psychischen Äußerungen und Bedürfnisse des kleinen Kindes beantworten, daraus resultiert ein inneres Arbeitsmodell unsicher (ambivalenter) Bindung, das sich dann später auch im Verhalten – bei der Eingewöhnung und vor allem in der aktuellen Krisensituation – zeigt. Bei empfundener Unsicherheit muss Paula ›klammern‹, sie zeigt dadurch ihre Not.

Durch die erlebte Unsicherheit von Bindungen hat Paula wenig innere Kraft, sich auf Neues einzulassen. Sie benötigt dazu die gute, passende Unterstützung anderer, vor allem erwachsener Bezugspersonen. Wenn dies erfolgt, kann sie auch explorieren. In unsicheren Beziehungssituationen ist das Explorationsbedürfnis ›blockiert‹, es steht weniger das Spielen, sondern das Schaffen von Sicherheiten – auch wenn sich dies möglicherweise durch Dominanzverhalten ausdrückt – im Vordergrund.

Paula zeigt ihr Bedürfnis nach Kontrolle dadurch, dass sie mit Unregelmäßigkeiten schlecht umgehen kann. Sie hat mehrfach starke ›Wechsel‹ und Unvorhersehbarkeiten erlebt (Trennungsabsichten der Eltern, Stabilisierung, neues Geschwisterkind, nahezu parallel Übergang in die Kita, Krankheit des Vaters, Trennung der Eltern) und wird wahrscheinlich die Welt generell als ›unkontrollierbar‹ erleben. Dies führt dazu, dass sie in Alltagssituationen nach Sicherheit, nach klaren Abläufen sucht – und sich zurückzieht oder protestiert, wenn dies nicht gegeben ist.

Wahrscheinlich ist Paulas Selbstwert grundlegend schwach: In der Interaktion mit Bezugspersonen hat sie oft erlebt, dass ›anderes‹ (Eltern waren durch die Auseinandersetzungen miteinander absorbiert, die Schwester wird als wichtiger erlebt…) wichtiger ist als sie selbst. Dies führt einerseits zu Rückzug (»Ich bin nicht wichtig«), andererseits kann sie es genießen und innerlich wachsen, wenn sie entsprechende Zuwendung und Wertschätzung erhält. In der neuen belastenden Situation zuhause erlebt sie dann, nachdem sie durch die Beziehung zur Bezugserzieherin eine neue Sicherheit verspürt hatte, eine stärkere Bedrohung durch andere Kinder, sie hat Angst, dass ihr dies auch noch ›weggenommen‹ wird, dass sie wieder ›unwichtig‹ wird. Sie versucht sich durch ihr ›Klammern‹, aber auch durch ihr als aggressiv empfundenes Verhalten zu schützen.

Die Sicherung des Bedürfnisses nach Lustgewinn bzw. Unlustvermeidung steht angesichts der hohen Bedeutung der Bindungs-, Selbstwert- und Orientierungssicherung im Hintergrund. Allerdings ist zu vermuten, dass Paula schlechter auf eine unmittelbare Befriedigung von bestimmten Wünschen verzichten kann, weil sie sich nicht darauf verlassen konnte, dass ein Bedürfnisaufschub regelhaft belohnt/befriedigt wurde (»Du bekommst nicht jetzt das Eis, aber dann, wenn wir zuhause sind«).

2.3 Sozialökologische Perspektive: Weitere Entwicklungsumwelten

In den vorangegangenen Abschnitten wurde sehr die Individualentwicklung des Kindes in seiner Familie und die Interaktion zwischen Kind und Bezugspersonen fokussiert. In der Realität ist es natürlich so, dass die Familie immer auch eingebettet ist in soziale Zusammenhänge und lokale wie gesamtgesellschaftliche Verhältnisse, die Einfluss auf die Familienentwicklung haben. Mit zunehmendem Alter des Kindes werden die Bildungsinstitutionen Kindertageseinrichtung und Schule zu wichtigen Lern- und Lebensorten für die Kinder (und die Familien) und damit zu wichtigen Sozialisationsinstanzen. Aber ebenso sind der Stadtteil, die Möglichkeiten der Stadt/Gemeinde insgesamt und auch die gesellschaftlichen Rahmenbedingungen (Gesetze, Teilhabemöglichkeiten, Chancengerechtigkeit) wichtige Einflussgrößen letztlich auch auf die Entwicklungs- und Handlungsmöglichkeiten von Individuen.

Um die Art und Weise zu beschreiben, wie Individuen in weitere soziale Bezüge eingebunden sind, konzipierte Bronfenbrenner (1981) ein Modell, das die Wirkweise der miteinander verschachtelten ökologischen Systeme beschreibt und hat damit ein bedeutendes Leitmodell bei der Betrachtung der Mensch-Umwelt-Interaktion geschaffen (▶ Abb. 7). Nach Bronfenbrenners Ökologie der menschlichen Entwicklung wirken sich diese Systeme direkt oder indirekt auf die Entwicklungsprozesse und Handlungen von Individuen aus.

Ihm zufolge stellt das Individuum eine wachsende dynamische Einheit dar, die sowohl von ihrer Umwelt beeinflusst wird, als auch selbst ihre Umgebung aktiv beeinflusst und verändert. So beeinflussen Kinder z. B. Familie und Kindertageseinrichtung, indem sie ihre Erfahrungen aus der Kindertageseinrichtung in die Familie tragen und umgekehrt (vgl. Mischo, 2016).

Wie schon von Bronfenbrenner beschrieben, stellen Übergänge zwischen den verschiedenen Systemelementen und Systemebenen – wie von der Familie zur Kita oder der Kita zur Schule – eine besondere Herausforderung für Menschen und insbesondere für Kinder dar. Die Art und das Gelingen der Bewältigung dieser Übergänge hat Einfluss auf das individuelle Herangehen an neue, strukturell ähnliche Situationen und generelle Auswirkungen auf die Selbstwirksamkeitserwartungen. Insgesamt hat dabei die Passung zwischen den vorhandenen Fähigkeiten

2.3 Sozialökologische Perspektive: Weitere Entwicklungsumwelten

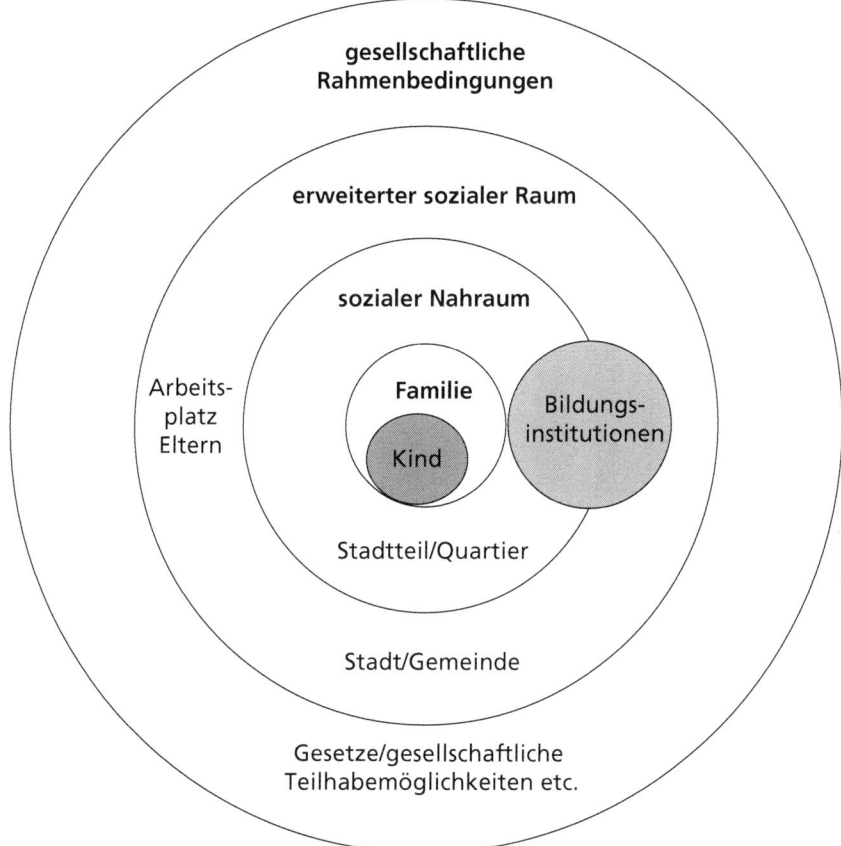

Abb. 7: Sozialökologisches Modell, modifiziert nach Bronfenbrenner (1981)

eines Individuums und seines umgebenden Systems mit den Strukturen und Anforderungen der jeweiligen ›abgebenden‹ und ›aufnehmenden‹ Institutionen eine zentrale Bedeutung. Dieser Prozess der Passung muss in koordinierter Weise durch die Fachkräfte der beteiligten Systeme bzw. Institutionen moderiert werden. In dieser Betrachtung kann die Bewältigung des Übergangs als ko-konstruktiver Prozess aller Beteiligten gesehen werden (ausführlich: Griebel & Niesel, 2004).

In diesem Abschnitt soll der Blick verstärkt auf die Möglichkeiten der Bildungsinstitutionen gerichtet werden. Dabei werden Qualitätskriterien benannt, damit diese Institutionen zu Entwicklungsressourcen für Kinder (und Familien) werden können.

Kindertageseinrichtungen und Grundschulen und die dort tätigen pädagogischen Fachkräfte können wichtige förderliche und auch kompensatorische Funktionen für die kognitive, soziale und emotionale Entwicklung von Kindern haben – wenn auf der Basis individualisierter und systematischer wie konzeptgesteuerter Beobachtung individualisierte Begegnungen in der »Zone der nächsten Entwicklung« der Kinder (Wygotsky, 1987) gestaltet werden. Dazu müssen sich die Institutionen aber auf das einzelne Kind und seine Familie beziehen.

Hierzu sind gute Rahmenbedingungen nötig, insbesondere Faktoren wie Fachkraft-Kind-Relationen, Gruppengröße, Qualifikation des Personals und Zeiten für die mittelbare pädagogische Arbeit. Die Rahmenbedingungen erklären allerdings nicht allein den Erfolg einer Institution, ebenso wichtige Faktoren sind eine »gelebte Konzeption« (Tietze, 2013) und die Realisierung einer guten Prozessqualität, insbesondere einer hohen Qualität der Fachkraft-Kind-Interaktionen auf den Dimensionen der emotionalen Unterstützung und der Lernbegleitung (Weltzien, 2014; Wadepohl, 2016; Wadepohl et al., 2017).

Aus den vorliegenden nationalen und internationalen Studien zur *Qualität in Kindertageseinrichtungen* extrahierte Fröhlich-Gildhoff (2013b) vier zentrale Bereiche, die bedeutsam für die Entwicklungsunterstützung und -begleitung von Kindern sind:

- *Beziehungsgestaltung*: Auf die Bedeutung stabiler, haltgebender und unterstützender Beziehungen für die Entwicklung von Kindern ist hingewiesen worden. In der Beziehungsgestaltung sind dabei folgende Elemente zu gewährleisten: Zuwendung, das Garantieren von Sicherheit, Stressregulierung sowie Explorationsunterstützung bzw. -assistenz.
- *Beobachtung und Handlung*: Das systematische Erkennen, Verstehen und Interpretieren des Verhaltens von Kindern ist ein wesentliches Kennzeichen von Professionalität, das dann auch das Handeln der Fachkraft steuern muss. »Beobachten meint ein aufmerksames Wahrnehmen, das darauf zielt, ein Ereignis oder Verhalten zu verstehen, eine Vermutung zu überprüfen, eine Entscheidung zu treffen« (Leu, 2006, S. 232). Neben der reflektierten Alltagsbeobachtung sind hier systematische Verfahren als Grundlage des Verstehens und darauf aufbauenden Handelns einzusetzen (Überblick: Mischo et al., 2011).
- *Förderung in spezifischen Bildungsbereichen (Domänen)*: Neben der feinfühligen Gestaltung haltgebender Beziehungen ist die Förderung des Lernens und des Weitererwerbs von Wissen und Handlungs-Kompetenzen eine Aufgabe der Bildungsinstitution Kita. Dabei ist »ein entscheidender Faktor für erfolgreiches und an den Zugangsweisen der Kinder orientiertes Lernen […], inwieweit es den PädagogInnen gelingt, an dem Vorwissen und den jeweiligen Entwicklungsständen anzuknüpfen, um die Kinder auf dem Wege zum Verstehen der Welt begleiten zu können […]. Den Erwachsenen erschließt sich die Qualität des Wissens erst in den Begründungen der Kinder für ihre ›Welt‹-Sicht« (Kasüschke & Fröhlich-Gildhoff, 2008, S. 105). Neben der Förderung des inhaltlichen Wissens in unterschiedlichen Bereichen geht es auch um die Förderung von Strategien und Metakognitionen (vgl. Mischo, 2016a).
- *Kooperation (mit Eltern, mit anderen Institutionen; sozialräumliche Vernetzung)*: Neben der direkten Arbeit mit den Kindern sind die Zusammenarbeit mit den Eltern und weiteren Bezugspersonen der Kinder sowie der Aufbau sozialräumlicher Vernetzungen Kern-Bestandteile der Arbeit von pädagogischen Fachkräften in Kindertageseinrichtungen geworden.

Aus den unterschiedlichsten Studien und Zusammenstellungen anderer AutorInnen (Rutter & Maughan, 2002; Wustmann, 2004; Opp, 2007) können *Grundprinzipien einer gesundheits- und resilienzförderlichen, aber auch effektiven Schule* wie folgt zusammenfassend beschrieben werden (vgl. Fröhlich-Gildhoff, 2013):

- klares Schulkonzept, klare, konsistente und gerechte Regeln;
- Bestärkungs- statt Bewertungskultur;
- systematische Stärkung des Gefühls der Zugehörigkeit und Partizipation;
- individualisierte Bildungsplanung, das bedeutet:
  - angemessene Leistungserwartungen, die klar kommuniziert werden; Gestalten der Erreichbarkeit von Erfolgen, verantwortliche und qualitativ hochwertige Anweisungen und Aufgabenstellungen;
  - kontinuierliche Überprüfung der Fortschritte der SchülerInnen;
  - konstruktives Feedback in Form von Anerkennung, Lob und Ermutigung;
  - individuelle soziale Unterstützung durch LehrerInnen;
- gutes LehrerIn-SchülerIn-Verhältnis innerhalb und außerhalb des Klassenzimmers, LehrerInnen sorgen sich um ihre SchülerInnen und signalisieren ihnen aktives Interesse;
- Respekt und Verständnis für die SchülerInnen;
- Übertragung von verantwortungsvollen Aufgaben;
- sinnvolle Einbeziehung von Schülerinteressen in die pädagogische Arbeit und Ermutigung zu eigenständigem Arbeiten;
- positive Rollenvorbilder (auch: Lehrkräfte als Rollenvorbilder);
- Möglichkeiten des kooperativen Lernens und Partizipation;
- Ermöglichung positiver Peer-Kontakte;
- enge Zusammenarbeit mit Eltern;
- Zusammenarbeit mit sozialen Institutionen im Umfeld der SchülerInnen.

Diese Auflistung kann als Checkliste angesehen werden, um die Bedingungen und Möglichkeiten der jeweiligen Institution zu überprüfen.

Exkurs: Klassifikation und Häufigkeiten von ›auffälligen‹ Verhaltensweisen

Klassifikation

Im medizinischen und psychotherapeutischen Bereich hat sich durchgesetzt, körperliche und seelische Auffälligkeiten bzw. Störungen oder Symptome unter Diagnose-Begriffen zusammenzufassen: So sind individuumsübergreifende Betrachtungen der Störungen oder Auffälligkeiten möglich und es können entsprechende Erkenntnisse über allgemeinere Ursachen/Erklärungszusammenhänge, zur Identifikation von Risiko- und Schutzfaktoren, aber auch zu spezifischen Therapie-

oder Unterstützungsmöglichkeiten ›gesammelt‹ werden. Diese Erkenntnisse können dann wiederum beim individuellen Vorliegen eines Problems (erste) Orientierung bieten.

Zugleich kann nur die individuelle Betrachtung, das Verstehen eines Kindes und seiner familiären Bezüge zu wirklich passgenauen Begegnungsantworten führen: Verhaltensweisen im Kindesalter sind häufig nicht in klar abgrenzbare Kategorien unterteilbar, da ihre Intensität und Häufigkeit stark variieren können und insbesondere die Entwicklung in den ersten Lebensjahren sprunghaft und innerhalb einer großen Variationsbreite erfolgt. Darüber hinaus ist das Verhalten immer von sozialen Prozessen beeinflusst, manche Verhaltensweisen treten nur in bestimmten Situationen, Umgebungen oder bei bestimmten Personen auf (vgl. Petermann et al., 2000, S. 32). Die Beurteilung von Verhalten im Kindesalter muss also noch in einem viel stärkeren Maß, als das bei Erwachsenen der Fall ist, in Abhängigkeit der individuellen Entwicklung erfolgen, aufgrund verschiedener Perspektiven (Eltern, Fachkräfte, Selbsturteil des Kindes) und unter Berücksichtigung der jeweiligen sozialen Prozesse.

Im deutschen Gesundheitssystem wird zur Einteilung einzelner Störungsbilder i. d. R. die internationale Klassifikation von Störungen (ICD – *International Classification of Diseases*) der Weltgesundheitsorganisation (WHO) verwendet. Der ICD 10 (die 10. Fassung) beschreibt verschiedene Störungsbilder und deren jeweiligen Symptome; er schafft damit die Möglichkeit, Diagnosen miteinander zu vergleichen. Der ICD 10 liefert – wie alle anderen Diagnosesysteme auch – *keine Erklärung* für die Störungsentstehung; er dient allein der Zusammenfassung und ›Ordnung‹ der Symptome zu ›Krankheitsbildern‹.

Eine weitere Möglichkeit der Einteilung neben dem ICD ist die sogenannte Dimensionale Klassifikation (Achenbach, 1991). Diese beschreibt die Auffälligkeiten auf einem Kontinuum mit weniger oder mehr Symptomausprägungen und verzichtet auf eine ›Punkt-Diagnose‹ mit klaren Grenzen, wie sie das ICD vornimmt. Die verschiedenen Verhaltensweisen werden i. d. R. in externalisierende (nach außen gerichtete), internalisierende (nach innen gerichtete) oder Mischformen kategorisiert. Die Symptome werden über Fragebögen (›Skalen‹) erfasst und eingeschätzt (vor allem CBCL, Döpfner et al., 2014). Die Dimensionen psychischer Störungen werden im Folgenden nach dem Dimensionalen Kategoriencluster von Achenbach (1991, entnommen aus Petermann et al., 2000, S. 42) beschrieben.

Internalisierende Auffälligkeiten

- Sozialer Rückzug: Kinder mit hoher Ausprägung auf der Skala möchten lieber alleine sein, sind verschlossen, weigern sich, zu sprechen, sind eher schüchtern, wenig aktiv und häufiger traurig verstimmt.
- Körperliche Beschwerden: Die Skala setzt sich aus Items zusammen, die verschiedene somatische Symptome beschreiben (Schwindelgefühl, Müdigkeit, Schmerzzustände und Erbrechen).
- Ängstlich/Depressiv: Die Skala erfasst neben einer allgemeinen Ängstlichkeit und Nervosität auch Klagen über Einsamkeit und soziale Ablehnung, Minderwertigkeits- und Schuldgefühle sowie traurige Verstimmung.

Externalisierende Auffälligkeiten

- Dissoziales Verhalten: Die Skala erfasst dissoziale Verhaltensweisen (z. B. Lügen, Stehlen, Schule schwänzen) und Verhaltensweisen, die häufig in Verbindung mit Dissozialität auftreten (z. B. »ist lieber mit Älteren zusammen«).
- Aggressives Verhalten: Die Skala erfasst verbal- und körperlich-aggressive Verhaltensweisen sowie Verhaltensweisen, die häufig in Verbindung mit aggressivem Verhalten auftreten (z. B. »spielt den Clown«, »redet viel«, »sehr laut«).

Gemischte Auffälligkeiten

- Soziale Probleme: Die Skala umfasst vor allem Ablehnung durch Gleichaltrige sowie unreifes und erwachsenenabhängiges Sozialverhalten.
- Schizoid/Zwanghaft: Die Skala erfasst neben den Tendenzen zu zwanghaftem Denken und Handeln auch psychotisch anmutende Verhaltensweisen (Halluzinationen) und eigenartiges, bizarres Denken und Verhalten. Achenbach gibt dieser Skala die Bezeichnung »Thought Problems«.
- Aufmerksamkeitsprobleme: Die Skala setzt sich aus Items zur motorischen Unruhe, Impulsivität, zu Konzentrationsstörungen und aus Items zusammen, die häufig in Verbindung mit hyperkinetischem Verhalten auftreten (z. B. »verhält sich zu jung«, »tapsig«).

> »Innerhalb der Klinischen Kinderpsychologie kann man von einer psychischen Störung ausgehen, wenn bestimmte Verhaltensweisen im Vergleich zu Kindern der gleichen Altersgruppe über einen längeren Zeitraum zu häufig oder zu schwach ausgeprägt auftreten. Die Diagnose einer psychischen Störung hängt dabei nicht nur von der Anzahl und Dauer sowie Kombination bestimmter Symptome ab, sondern setzt auch psychosoziale Beeinträchtigungen in unterschiedlichen Bereichen voraus« (Petermann et al., 2000, S. 52).

Häufigkeiten

Psychische Störungen gehören inzwischen zu den häufigsten Krankheitsbildern im Kindes- und Jugendalter und sind verbunden mit verschiedenen Gesundheits- und Entwicklungsproblemen (vgl. z. B. Hölling et al., 2014; Ravens-Sieberer, Klasen & Petermann, 2016). Auch wenn genaue Angaben aufgrund von methodischen Schwierigkeiten nur schwer zu ermitteln sind und sich die verschiedenen Studien z. T. sehr unterscheiden, geben Ihle & Esser (2002) die Prävalenz (Auftretenshäufigkeit) psychischer Störungen im Kindes- und Jugendalter mit insgesamt 18 % an. Legt man die durchschnittliche Prävalenz zugrunde, sind am häufigsten Angststörungen zu finden (10,4 %). Es folgen dissoziale (7,5 %), depressive und hyperkinetische Störungen (jeweils 4,4 %) (vgl. Fröhlich-Gildhoff, 2017, S. 29).

Seit 2008 untersucht das Robert-Koch-Institut (RKI) in einem ›Gesundheitsmonitoring‹ die Gesundheit- und Krankheitsentwicklung in Deutschland. Die *Studie zur Gesundheit von Kindern und Jugendlichen in Deutschland* (KiGGs) beschäftigt sich mit der Situation von Kindern und Jugendlichen zwischen null und 17 Jahren. Die psychische Gesundheit von Kindern und Jugendlichen wird dabei speziell in der BELLA-Kohortenstudie längsschnittartig fokussiert und erfasst »Entwicklungsverläufe für psychische Auffälligkeiten von der Kindheit und Jugend bis ins junge Erwachsenenalter, die Identifikation von Risiko- und Schutzfaktoren psychischer Auffälligkeiten sowie die Untersuchung der Inanspruchnahme von Versorgungsangeboten« (Ravens-Sieberer, Klasen & Petermann, 2016, S. 5). Die KiGGs-Studie bestätigt die Zahlen von Ihle & Esser für Deutschland: 20,2 % der Kinder und Jugendlichen im Alter von drei bis 17 Jahren wurden mit Hilfe des *Strengths and Difficulties Questionnaire* (SDQ, Goodman, 2005) einer Risikogruppe für psychische Auffälligkeiten zugeordnet – man kann also sagen, dass etwa ein Fünftel der Kinder und Jugendlichen leichtere oder schwere Anzeichen für eine psychische Auffälligkeit bzw. Verhaltensauffälligkeit zeigt. Dieser Wert ist seit 2003 stabil (vgl. Hölling et al., 2014). Symptome von ADHS und Störungen des Sozialverhaltens nahmen aber über die Kindheit und Jugend hinweg ab, während internalisierende Auffälligkeiten, wie Depression und Angst zunahmen (Klasen et al., 2016, S. 17). Dies deckt sich mit einer Studienübersicht von Costello et al. (2011). Die unterschiedlichen Verläufe der jeweiligen Störungen lassen auf »entwicklungsbedingte Phänomene« (Petermann et al., 2000, S. 50) schließen und geben Hinweise, dass insbesondere Entwicklungsübergänge und -anforderungen erhöhte Verletzlichkeiten erzeugen.

Insgesamt werden sowohl geschlechtsspezifische als auch soziale Unterschiede deutlich. Jungen sind insgesamt häufiger (Prävalenz von 23,4 %) von psychischen Auffälligkeiten betroffen als Mädchen (16,9 %). Dabei sind Altersunterschiede festzustellen: In jüngeren Jahren bis zur Pubertät werden psychische Auffälligkeiten häufiger bei Jungen festgestellt, ab dem Jugendalter sind eher Mädchen betroffen (vgl. z. B. Kämmerer, 2001). Bei Mädchen sind häufiger internalisierende Verhaltensweisen, wie Symptome von Depression und Angst zu finden, Jungen zeigen eher externalisierendes Verhalten wie Störungen des Sozialverhaltens oder ADHS. Kinder mit externalisierenden Verhaltensweisen, wie z. B. Aggressivität, Hyperaktivität, Konzentrationsmangel, Wutanfälle usw. werden schneller auffällig, da sich die Umgebung i. d. R. gestört fühlt und die Betroffenen schneller an gesetzte Grenzen gelangen wie z. B. bei Gruppenangeboten in der Kita oder bei Regeln in der Schule. Kinder mit internalisierenden Verhaltensweisen, wie Ängstlichkeit, Empfindlichkeit, psychosomatischen Beschwerden, Schüchternheit usw. haben denselben Leidensdruck, werden aber oft erst auf den zweiten Blick erkannt, da sich ihre Auffälligkeiten eher nach innen bzw. auf sich selbst richten und weniger die Umwelt belasten (vgl. Myschker, 2002, S. 50). Dies betrifft insbesondere Mädchen: Stilles und unauffälliges Verhalten wird als weniger behandlungsbedürftig eingeschätzt als das expansive Verhalten von Jungen. Vielleicht zeigen sich deshalb im internationalen Vergleich internalisierende Störungen seltener bei Kindern bis zum Alter von 13 Jahren. Die Einschätzungen der Eltern und der Kinder selber unterscheiden sich dabei: Die Eltern schätzen internalisierende Auffälligkeiten geringer ein als diese selbst (Mädchen 10 % höher als ihre Eltern), ADHS wird dagegen dreimal häufiger im Fremdurteil einschätzt als im Selbsturteil (Klasen et al., 2016, S. 17).

Deutliche Unterschiede wurden zwischen Kindern mit unterschiedlichem Sozialstatus festgestellt: Kinder mit einem niedrigen sozialökonomischen Status wurden doppelt so häufig als auffällig eingeschätzt wie Kinder aus Familien mit einem hohen Sozialstatus. Die Situation verschärft sich zusätzlich, da die meisten dieser Kinder trotz dieser Einschätzung keine adäquate Unterstützung erhalten und sich die Probleme dadurch chronifizieren.

Die BELLA-Studie befasst sich auch mit Langzeitfolgen von psychischen Auffälligkeiten. Dabei wurde insbesondere bei Kindern mit externalisierenden Auffälligkeiten deutlich, dass diese »bis zu 2 x häufiger riskanten Alkoholkonsum, illegalen Drogenkonsum, Delinquenz und Gewaltbereitschaft im frühen Erwachsenenalter auf[weisen] als solche ohne Verhaltensauffälligkeiten« (Haller et al., 2016, S. 36). Auch hier treffen wieder die Geschlechts- und Statusunterschiede zu: Jungen sind einem weitaus größeren Risiko ausgesetzt als Mädchen, insbesondere aus Familien mit niedrigem sozioökonomischen Status ein bis um 1,5fach erhöhtes Risiko« (vgl. ebd., S. 36ff.).

> **Weiterführende Literatur**
>
> Fröhlich-Gildhoff, K. (2017). *Verhaltensauffälligkeiten bei Kindern und Jugendlichen*. 3., überarb. Aufl. Stuttgart: Kohlhammer.
> In diesem Fachbuch werden die Ursachen der am häufigsten vorkommenden Verhaltensauffälligkeiten von Kindern und Jugendlichen auf der Grundlage des Bio-Psycho-Sozialen Erklärungsmodells umfassend beschrieben. Ebenso werden Begegnungs- und Antwortmöglichkeiten im fachlichen Kontext aufgezeigt.

3 Voraussetzungen und strukturelle Maßnahmen für eine professionelle Begegnung mit herausforderndem Verhalten

In diesem Kapitel erfahren Sie etwas über:

- die Bedeutung eines inkludierenden Grundverständnisses als Voraussetzung für den gemeinsamen Umgang mit herausforderndem Verhalten;
- die grundsätzliche Bedeutung der Selbstreflexion und systematischen Beobachtung für die professionelle Begegnung mit herausforderndem Verhalten;
- die Zusammenarbeit im Team als Voraussetzung für eine professionelle Begegnung mit herausforderndem Verhalten;
- die Rolle der Leitung im Teamentwicklungsprozess;
- konzeptionelle und strukturelle Maßnahmen als Voraussetzung für die professionelle Begegnung mit herausforderndem Verhalten;
- die ›Organisationsdiagnose‹ (›Status quo‹) als Voraussetzung für eine (nachhaltige) professionelle Begegnung mit herausforderndem Verhalten auf institutioneller Ebene.

Die professionelle Begegnung mit herausfordernden Verhaltensweisen stellt im pädagogischen Handlungsfeld besondere Anforderungen an die einzelne pädagogische Fach- bzw. Lehrkraft. So besteht das Ziel darin, Entwicklungsräume für Kinder mit herausforderndem Verhalten und ihren Familien zu eröffnen. Mit diesem Ziel sind auf individueller Ebene der pädagogischen Fachkräfte, aber auch auf der Ebene des institutionellen Kontextes spezifische Voraussetzungen verbunden. So wird in diesem Kapitel auf Maßnahmen und Voraussetzungen eingegangen, die PädagogInnen darin unterstützen, sich in ihrem Handeln als selbstwirksamer erleben zu können und somit Belastungen zu vermeiden.

3.1 Die Bedeutung eines inkludierenden Grundverständnisses

Wenn Verhaltensweisen als herausfordernd erlebt werden, berührt dies die Grundfrage, wie diese Verhaltensweisen bewertet und beantwortet werden sollen. Dabei sind grundlegend zwei Wege möglich: Das herausfordernd oder ›schwierig‹ erlebte Verhalten wird als ›auffällig‹, also normabweichend eingeordnet und es werden Maßnahmen ergriffen, die Betroffenen an die herrschende Norm anzupassen oder sie bei längerfristigem Fortbestehen der Auffälligkeit in besonderen Settings, z. B. Sonder-/Fördereinrichtungen, weiter zu betreuen und somit zu exkludieren. Der zweite Weg besteht darin, auf der Basis eines inkludierenden Grundverständnisses pädagogische Antworten zu entwickeln, die *jedem* Kind (und seiner Familie) Entwicklung ermöglichen, ohne es aus Regelzusammenhängen bzw. -institutionen auszugrenzen. Das Grundprinzip von Inklusion ist also die Beachtung und Beantwortung der Bedürfnisse *aller* Kinder – in diesem Kontext: derjenigen, die herausfordernde Verhaltensweisen zeigen und derjenigen, die dies nicht tun – und ihre Beteiligung in sozialräumlichen und lebensweltlichen Kontexten (Nentwig-Gesemann et al., 2015; Albers et al., 2012). So gehen mit den Grundgedanken der Inklusion, die unterschiedlichen soziokulturellen Lebenslagen von Kindern und Familien und ihre Entwicklungsbedingungen wahrzunehmen und entsprechend die Teilhabe zu ermöglichen, vielfältige Anforderungen an Fachkräfte und LehrerInnen in pädagogischen Institutionen einher (Lütje-Klose, 2013).

Für die professionelle Begegnung (mit herausforderndem Verhalten) ist im pädagogischen Handlungsfeld die Entwicklung einer inkludierenden *Grundhaltung* von Bedeutung. Diese basiert auf dem Verständnis, dass *jedes* Kind, in Anbetracht seines individuellen Hintergrundes und seiner zukünftigen Lebensperspektive, in seiner Autonomie und Selbstbestimmung unterstützt wird (Jantzen & Lanwer-Koppelin, 1996).

Verbunden ist damit darüber hinaus die Vorstellung, dass *alle* Kinder an der Bildungs- und Entwicklungsbegleitung teilhaben. Um dies zu ermöglichen, braucht es Ressourcen, Strukturen und Arbeitsweisen, die eine inklusive Bildung, Betreuung und Erziehung im Elementar- und Primarbereich ermöglichen (Seitz & Finnern, 2012; Booth et al., 2006). Gemeint ist damit die Herstellung von Lern- und Lebensbedingungen, im Besonderen eine individualisierte Bildungsplanung und eine partizipative und vorurteilsbewusste Erziehung, Bildung und Betreuung in den Bildungsinstitutionen.

Nach Sulzer und Wagner (2011) sind für eine inklusive Pädagogik spezifische Kompetenzen notwendig. So braucht es ihrer Meinung nach neben methodisch-didaktischen Kompetenzen auch Kompetenzen, die die Selbstreflexion, Analyse und Kooperation beinhalten. Neben dem Wissen um eine differenzierte Wahrnehmung einer (herausfordernden) Situation, bedarf es darüber hinaus die Kompetenz, Situationen genau zu analysieren und passgenaue Handlungsstrategien zur individuellen Begleitung des Kindes zu entwickeln, damit es in seine »Zone der nächsten Entwicklung« gelangen kann (Wygotski, 1987).

Um die Heterogenität, die Unterschiedlichkeit und »Individualität aller« (Brügelmann, 2002, S. 31f.; Warnecke, 2012, S. 28) wahrzunehmen und ihr professionell zu begegnen, besteht eine wichtige Voraussetzung im Austausch über verschiedene Kulturen, Strukturen und einer bedürfnisorientierten und entwicklungsförderlichen Alltagsgestaltung. Eine professionelle Begegnung (mit herausforderndem Verhalten) braucht zudem die (vorurteilsbewusste) Auseinandersetzung mit individuellen und teambezogenen Einstellungen, die die Verschiedenheit und Unterschiedlichkeit der Kinder (und ihrer Familien) einschließt. Für die Reflexion einer inkludierenden Grundhaltung im Team der Kindertageseinrichtung und (Grund-)Schule können die nachfolgenden Fragen hilfreich sein (Booth et al., 2006):

> Was bedeutet Inklusion für mich persönlich?
> Was bedeutet eine inkludierende Haltung für uns im Team und Kollegium?
> Wie können wir eine inkludierende Bildung, Betreuung und Erziehung der Kinder im Sinne einer gemeinsamen ›Haltung‹ (weiter-)entwickeln?
> Wie können wir konkret im Alltag die Teilhabe aller Kinder und SchülerInnen weiter fördern und sicherstellen?
> Wann haben die Kinder im Alltag die Möglichkeit der Partizipation? Können alle Kinder gleichermaßen mitbestimmen?
> Was verstehen wir im Team unter einem vorurteils- und diskriminierungsbewussten Umgang im zwischenmenschlichen Miteinander?

3.2 Selbstreflexion

Am Beginn jedes Begegnungs- und Handlungsprozesses steht das Wahrnehmen bzw. Beobachten von Situationen und Verhaltensweisen. Wahrnehmung ist immer ein mehrschrittiger Prozess: Ausgehend vom sensorischen Input (Aktivierung der Sinnesorgane) kommt es zu »der Verknüpfung des entsprechenden Sinnesreizes mit einer gespeicherten Erinnerung, die uns die Möglichkeit des Wiedererkennens gibt« (Palmowski, 2010, S. 83). Wahrnehmungsprozesse sind somit niemals losgelöst von eigenen Werten und Prägungen. Deutlich wird dies auch darin, dass wir »Entscheidungen darüber treffen, welchem Input wir Bedeutung beimessen« (ebd., S. 83), d. h., wohin wir unseren Blick richten und wie wir den Beobachtungsgegenstand auf Grundlage unserer Erfahrungen und je individuellen psychischen Strukturen deuten und bewerten.

Für den professionellen Umgang mit herausforderndem Verhalten ist somit – neben einer systemisch-ganzheitlichen Betrachtung und der Auseinandersetzung mit Beziehungsmustern (Palmowski, 2010, S. 70ff.) – die Reflexion eigener Wahrnehmungs- und Beurteilungsprozesse besonders bedeutsam. Wenn bspw. wahrgenommen wird, dass zwei Jungen raufen, kann dies bei unterschiedlichen Beobachtern unterschiedlich wirken: So sieht der eine Beobachter in der Rauferei die Lebendigkeit und Ausdauer, ein Messen von Kräften, das zwischen den beiden Jungen stattfindet. Ein anderer Beobachter kann diese Situation aber auch als Kampf und Aggression deuten, was dann wiederrum zu anderen Handlungsstrategien in der Situation führen würde.

Professionalität im pädagogischen Handeln besteht also in diesem Zusammenhang darin, die eigenen Beobachtungen auch mit eigenen Werten und eigenen biografischen Erfahrungen in ein Verhältnis zu setzen (Cloos & Becker-Stoll, 2015, S. 13; Schmude & Pioch, 2015, S. 61).

Folgende Fragen können bei der Auseinandersetzung mit der eigenen Einstellung und mit handlungsleitenden Orientierungen, die bei der Wahrnehmung und Bewertung herausfordernder Verhaltensweisen Einfluss nehmen, behilflich sein:

> Was hat das wahrgenommene herausfordernde Verhalten mit mir zu tun?
> Weshalb fällt das Verhalten bei mir (so extrem) ins Gewicht? (Weshalb nehme ich es überhaupt wahr?)
> Wie nimmt mein Kollege das Verhalten wahr?

Insbesondere Werte und Normen wirken sich auf die Wahrnehmung, Deutung und Bewertung sowie auf das konkrete Handeln in einer Situation aus. Die Auseinandersetzung mit eigenen Werten und Normen trägt dazu bei, sich (besser) kennenzulernen und zu verstehen, weshalb gerade *dieses* Verhalten als herausfordernd wahrgenommen wird und ermöglicht dadurch einen bewussteren Umgang mit herausforderndem Verhalten im pädagogischen Alltag.

> **Weiterführende Übung**
>
> Auseinandersetzung mit eigenen Werten und Normen:
> Welche Werte und Normen sind mir für den pädagogischen Alltag am Wichtigsten?
> Warum sind mir besonders diese Werte und Normen wichtig? Welche Erfahrungen bzw. Erlebnisse haben mich geprägt, dass ich diese als bedeutsam empfinde?
> Wenn jemand diese Werte und Normen nicht einhält, wie reagiere ich dann?
> Welche drei Werte und Normen möchte ich den Kindern auf ihrem Weg in die Gesellschaft mitgeben? Begründen Sie für sich, warum es gerade diese sind.
> Überlegen Sie sich ein Beispiel, in dem ein kindliches Verhalten Sie aufgrund Ihrer Normen herausgefordert hat.

Neben den eigenen Normen und Werten spielen bei der Wahrnehmung und Einschätzung von Verhaltensweisen anderer Menschen spezifische Wahrnehmungsphänomene sowie ›Projektion‹ und ›Übertragung‹ eine Rolle:

Wahrnehmungsphänomene wie die ›Bedeutung des ersten Eindrucks‹ oder ›Überstrahlungseffekte‹ – ein Merkmal (z. B. schlechter Geruch) lässt andere in den Hintergrund treten – dienen dazu, die Vielfalt von Eindrücken im Wahrnehmungsprozess zu strukturieren und damit Komplexität zu reduzieren. Sie können aber auch verbunden sein mit Zuschreibungen, indem bspw. von optischen Wahrnehmungen (Krawatte) auf personenbezogene Charaktereigenschaften (›ordentlicher Mensch‹) geschlossen oder auch eine (voreilige) Klassifizierung von Verhaltensweisen und Bewertungen vorgenommen wird (Zimbardo, 2004).

> **Weiterführende Übung**
>
> Die nachfolgenden Fragen können für die Auseinandersetzung mit eigenen Wahrnehmungsfaktoren hilfreich sein. Denken Sie bei der nachfolgenden

> Übung an ein Kind, das Sie seit einiger Zeit in unterschiedlichen Situationen immer wieder herausfordert. Überlegen Sie sich:
> Was ist Ihr erster Eindruck bzw. was ist Ihr letzter Eindruck von dem Kind? Was hat es in Ihnen ausgelöst?
> Welche Ihnen bekannten (positiven und negativen) Eigenschaften ›überstrahlen‹ alle (oder einige) anderen Merkmale dieses Kindes?
> Welche (positiven und negativen) Erwartungshaltungen haben Sie an das Kind?

Mit *Übertragung* ist gemeint, dass Erfahrungen, die man in der Vergangenheit mit anderen Personen gemacht hat, (meist unbewusst) auf jemanden in der aktuellen Begegnung übertragen werden. Übertragung findet aufgrund von Hypothesen statt, die jeder Mensch in sich trägt: »Übertragung ist eine Angleichung der Wahrnehmungen an die aus der Biographie erwachsenen eigenen subjektiven Vorstellungen von der Welt« (Maurer, 2000, S. 36). So kann bspw. ein Kind aufgrund seines Aussehens, seiner Ausdrucksweise, seines Sprachmodus etc. die professionelle Fachkraft an Personen aus der Vergangenheit (die kleine Schwester, die immer genervt hat) erinnern, und es werden entsprechende Erfahrungen in die Wahrnehmung und Interpretation der Begegnung hineingetragen.

Projektion bedeutet, dass die wahrnehmende Person eigene Eigenschaften, Wünsche etc. auf eine andere Person überträgt. Das ›klassische‹ Beispiel ist der Vater, der gern selber ein guter Fußballer geworden wäre, in seinem kleinen Kind den zukünftigen Profi sieht und entsprechenden ›Druck‹ aufbaut. Entsprechend werden auch negative Eigenschaften zugeschrieben (»Der ist tollpatschig wie sein Vater«). Auch Projektionen erfolgen i. d. R. unbewusst.

Im Alltag werden viele Eigenschaften und Verhaltensweisen wahrgenommen, die wir registrieren, ohne dass sie uns in einer herausfordernden Weise auffallen. Wir können allerdings auch davon ausgehen, dass etwas, das uns beim Gegenüber empört, stört oder aufregt, darauf beruht, dass es etwas mit uns zu tun hat.

> **Weiterführende Übung**
>
> Achten Sie in den kommenden Tagen auf Ihre Projektionen (etwas, das sie – unbewusst – durch eigene Emotionen, Wünsche und Impulse auf andere Personen übertragen) und notieren Sie Ihre Erkenntnisse.
> Was stört sie, was bringt Sie zur Weißglut?
> Worüber regen Sie sich unheimlich auf?
> Wer/was begeistert Sie? Warum?
> Überlegen Sie sich in einem zweiten Schritt, welche Zusammenhänge Sie zwischen den Eigenschaften des anderen und Ihnen selbst entdecken.

3.3 Der institutionelle Kontext

Der Kontext der jeweiligen Institution hat eine wesentliche Bedeutung, wie Fachkräfte mit Herausforderungen umgehen (können). Im Folgenden werden dazu drei relevante Faktoren genauer untersucht: Die Bedeutung der Zusammenarbeit im Team, die Rolle der Leitung und weitere konzeptionelle und strukturelle Maßnahmen, die eine Voraussetzung für eine professionelle Begegnung mit herausforderndem Verhalten darstellen.

3.3.1 Die Bedeutung der Zusammenarbeit im Team

Die Zusammenarbeit im Team stellt eine wesentliche Voraussetzung und zugleich wichtige Ressource für die professionelle Begegnung mit herausforderndem Verhalten dar. So sieht Cloos ein zentrales Kennzeichen von Professionalität darin, »eine Einheit zu bilden und im Team an einem kollektiven Ziel zu arbeiten« (Cloos, 2008, S. 197).

Nach van Dieck und West ist ein Team aus einer »Arbeitsgruppe von Individuen« (Van Dieck & West, 2013, S. 3) zusammengesetzt, die geteilte Ziele verfolgen, gemeinsam für deren Erreichbarkeit verantwortlich sind und dabei eindeutig zugeordnete Rollen übernehmen (Cloos, 2008, S. 3f.).

In Zusammenhang dieses Buches sollte das *kollektive Ziel* eines Teams in einem gemeinsamen, sich gegenseitig unterstützenden Umgang mit herausforderndem Verhalten bestehen. Dabei kann die geteilte Verantwortung und gemeinsame Gestaltung von Schlüsselsituationen, die direkte Begegnung mit dem herausfordernden Verhalten eines Kindes oder die Vorbereitung eines ›schwierigen‹ Elterngesprächs zur Entlastung aller Teammitglieder beitragen. Wichtig ist, dass die einzelne Fachkraft im Umgang mit herausforderndem Verhalten nicht allein gelassen und ein systematischer Austausch im Team und mit der Leitung über hausfordernde Situationen verankert wird.

Die Bedeutung der geteilten Verantwortung und eine auf Wertschätzung beruhende Zusammenarbeit im Team lässt sich in verschiedenen Untersuchungen nachweisen. So weisen Viernickel et al. (2013, S. 54) in ihrer Studie *Schlüssel zu guter Bildung, Erziehung und Betreuung* darauf hin, dass der Austausch von Informationen, eine auf Wertschätzung beruhende Zusammenarbeit im Team und die »Wertschätzung und Akzeptanz der Unterschiedlichkeit von MitarbeiterInnen« einen wesentlichen Einfluss auf die professionelle Alltagsgestaltung nimmt.

Weltzien et al. widmeten sich der Untersuchung von Chancen und Herausforderungen, die mit multiprofessionellen Kita-Teams einhergehen (können). Dabei zeigten sich bei der wissenschaftlichen Begleitung von 25 multiprofessionell zusammengesetzten Kita-Teams positive Zusammenhänge zwischen der Häufigkeit eines Austausches im Team (z. B. über die Zusammenarbeit und/oder Konflikte im Team) und der subjektiv empfundenen Arbeitszufriedenheit: »Je mehr Zeit in den Einrichtungen zur Verfügung steht bzw. dafür genutzt wird, das Thema ›Zusammenarbeit‹ konstruktiv anzugehen, desto günstiger werden Zielklarheit/Aufgabenverteilung, Arbeitszufriedenheit, die Bedeutsamkeit der Arbeit sowie die Lebenszufriedenheit bewertet« (Weltzien et al., 2016, S. 153). Darüber hinaus wird die Teamsituation als wertschätzender und konstruktiver bewertet, je mehr Besprechungen zur Zusammenarbeit im Team durchgeführt werden (ebd.).

Unter Berücksichtigung des inkludierenden Ansatzes verstehen Friederich et al. die Unterschiedlichkeit im Team als Bereicherung und die Weiterentwicklung der Zusammenarbeit auch im Sinne eines Teamentwicklungsprozesses (Friederich et al., 2015). Gemeint ist damit die Bedeutung der Interdisziplinarität und Vernetzung für die professionelle Begegnung mit herausforderndem Verhalten. So geht es bspw. darum, sich im Rahmen einer kollegialen Beratung zum Wohle des Kindes auszutauschen und gemeinsam »erweiterte Handlungs- und Entscheidungsspielräume in der pädagogischen Praxis« (Weltzien et al., 2016, S. 275) zu entwickeln und umzusetzen.

Zur Bündelung von Ressourcen und Kompetenzen im Team, die für das gesamte System der Kita die optimale Unterstützung ermöglichen, kann eine Stärkenanalyse hilfreich sein. Bei dieser Übung besteht das Ziel darin, verschiedene Stärken der einzelnen Teammitglieder (an) zu erkennen und in einem nächsten Schritt gemeinsam zu überlegen, wie diese im Alltag eingebracht und genutzt werden können. Indem den wachsenden Aufgaben und Anforderungen an die pädagogischen Institutionen mit der Differenzierung von Aufgaben begegnet wird, kann die kompetenzorientierte Anerkennung und (multiprofessionelle) Zusammenarbeit im Team der Prävention von Belastungen und Erhaltung der Fachkräfte-Gesundheit dienen (Weltzien et al., 2016; Seitz & Finnern, 2012).

Übung: Stärkenanalyse

Nehmen Sie sich im Team und Kollegium für diese Übung etwa 120 Minuten Zeit.

1. *Identifikation von ›versteckten‹ Ressourcen im Team*: Im ersten Schritt notiert jeder für sich seine Ressourcen und Stärken.
   Über welche Stärken, Ressourcen und Kompetenzen verfügt jeder Einzelne?
2. *Anerkennung der Ressourcen im Team*: Im zweiten Schritt werden die Ressourcen in der Gruppe gesammelt.
   Wer verfügt über welche speziellen Kompetenzen, (Zusatz-)Qualifikationen, Stärken und Fähigkeiten?
   Welche verborgenen Ressourcen finden sich im Team? Woher kommen diese Stärken und Kompetenzen?
3. *Einbringen und Nutzen der Ressourcen im Team*: Im dritten Schritt erfolgen Überlegungen, welche (spezifischen) Ressourcen wann eingebracht werden. Hilfreich sind für diese Überlegungen folgende Fragen:
   In welchen Bereichen braucht es bei uns spezifische Ressourcen und Kompetenzen?
   Wer ist Ansprechpartner und Experte für welchen Bereich?
   Wie werden die speziellen Kompetenzen eingebracht? Welchen Nutzen haben das Team, die Kinder und Eltern?

4. *Nachhaltigkeit und Bilanzierung*: Nehmen Sie sich im Anschluss daran Zeit, um die Ergebnisse schriftlich festzuhalten. Wichtig ist, nach einer vorher festgelegten Erprobungsphase, die Ressourcen und deren Einsatz im Rahmen einer Prozessbeschreibung zu verankern und Kriterien zur Überprüfung festzulegen.
Was (welche Ziele) sollten wir wann umsetzen?
Wer ist dafür zuständig?
Wer überprüft die Umsetzung?

3.3.2 Die Rolle der Leitung im Teamentwicklungsprozess

Mehrere Untersuchungen zeigen deutlich, dass die Gestaltung von Teamentwicklungsprozessen wesentlich von der Leitung beeinflusst werden. Unter der Berücksichtigung der Qualität von Teamentwicklungsprozessen weist die Autorengruppe um Viernickel (2013) darauf hin, dass eine wichtige Aufgabe der Einrichtungsleitung darin besteht, für eine funktionierende Kooperation und Kommunikation im Team zu sorgen. Daneben wird der Einrichtungsleitung, insbesondere bei der Gestaltung der Aufgabenverteilung, eine besondere Rolle zugeschrieben. Diese beinhaltet, neben allgemeinen Kompetenzen, auch spezielle theoretische und praktische Wissensbestände aller Teammitglieder zu kennen und für deren Anerkennung und Nutzung im pädagogischen Alltag Strategien bereitzuhalten (Weltzien et al., 2016, S. 17). So liegt eine wesentliche Voraussetzung für die professionelle Begegnung mit herausforderndem Verhalten darin, Möglichkeiten zu schaffen, dass sich Kompetenzen der pädagogischen Fachkräfte entfalten und dadurch für die jeweilige Situation differenzierte Handlungsstrategien entwickelt und umgesetzt werden können.

Personal- und Teamführung

Strehmel und Ulber (2014) weisen darauf hin, dass in pädagogischen Institutionen ›Führungserfolg‹ i. d. R. auf sozialen ko-konstruktiven Prozessen gründet, die auf einem auf Partizipation und Zusammenarbeit im Team beruhenden Führungskonzept basieren (von Rosenstiel & Nerdinger, 2011).

In einer Untersuchung zur Erfassung der Leitungsqualität arbeiteten Nentwig-Gesemann et al. im Rahmen von Gruppendiskussionen, die mit 140 Leitungskräften geführt wurden, drei Leitungstypen heraus: Typ 1 zeichnet sich durch ein eher fürsorgliches Verhalten, Typ 2 durch ein managementorientiertes Verhalten und Typ 3 durch ein struktur- bzw. teambezogenes Führungsverhalten aus. Insbesondere der zuletzt genannte Typ behält, neben Impulsen zur »Förderung einer kooperativen, der Professionalität förderlichen kritisch-reflexiven Teamkultur«, auch die »Weiterentwicklung der Einrichtung« im Blick. Diese ist orientiert an den Bedürfnissen einzelner Teammitglieder und am eigenen Verhalten als »handlungspraktisches Vorbild« (Nentwig-Gesemann et al., 2015, S. 9).

So zeichnet sich nach Senge (2011) eine »Lernende Organisation« dadurch aus, dass der Transfer von Wissens- und Kompetenzbereichen sichergestellt wird. Dabei ist besonders bedeutsam, dass innerhalb einer Einrichtung die Bereitschaft zur Weiterentwicklung der Professionalität aller Beteiligten besteht. Gemeint sind damit Teamentwicklungsmaßnahmen, in deren Rahmen eine anregende Begleitung gruppendynamischer Prozesse initiiert und die Integration bzw. Rollenfindung aller Teammitglieder bearbeitet werden (Poggendorf, 2012; Horn-Heine, 2003; Migge, 2014). Auch an dieser Stelle ist die Führungsqualität der Leitung gefragt, die einen offenen Umgang mit Grenzen und Belastungen anregt, individuelle Bedürfnisse der MitarbeiterInnen erkennt und »für die Passung zwischen Aufgabenbereich und Interesse der MitarbeiterInnen […] aber auch für die konzeptionelle Weiterentwicklung« (Fröhlich-Gildhoff et al., 2014b, S. 206) sorgt. Unter der Voraussetzung, die eigene Rolle als Leitung im Sinne des handlungspraktischen Vorbildes zu reflektieren, geht es auch um die Auseinandersetzung mit dem berufsbiografischen Selbstverständnis, das »von habituellen, ›eingespielten‹ und nur zum Teil bewussten Mustern des Denkens, Deutens und Handelns durchdrungen ist« (Nentwig-Gesemann et al., 2015, S. 5).

Auch wenn es um Konflikte im Team geht, bspw. aufgrund von unterschiedlichen Wertevorstellungen von pädagogischen Fachkräften, hat die Leitung eine wichtige Funktion. So ist es für die eine Kollegin völlig in Ordnung, dass die Kinder während des Essens hin und wieder aufstehen, während die andere Fachkraft dies nur schwer tolerieren und mit ihren Einstellungen (während des Essens am Tisch sitzen zu bleiben) nicht in Einklang bringen kann. Ein Nicht-Ansprechen dieser biografisch geprägten Einstellungen kann zu (unterschwelligen) Teamkonflikten führen. Vor dem Hintergrund der professionellen Begegnung mit herausforderndem Verhalten im Team besteht eine wichtige Funktion der Leitung darin, bereits möglichst früh unterschwellige ›Unstimmigkeiten‹ im Team zu erkennen und diese in Form eines regelmäßigen Austausches über individuelle Einstellungen und Werte sowie deren Einfluss auf die Bewertungsmaßstäbe und das eigene pädagogische Handeln zu begleiten. Die Reflexion der eigenen Biografie und deren Austausch im Team setzt ein großes Maß an Offenheit voraus, aus der sich, unter Einhaltung persönlicher Grenzen und ggf. mithilfe einer externen Begleitung, eine sehr wertschätzende, stärkenorientierte Zusammenarbeit im Team entwickeln kann (Weltzien et al., 2016, S. 243).

Zusammenfassend geht es vor dem Hintergrund eines teambezogenen und partizipativen Führungsstiles darum, gemeinsam mit den Beteiligten Strategien für den konstruktiven Umgang mit Konflikten im Team zu finden.

3.3.3 Konzeptionelle und strukturelle Maßnahmen

Auf der Grundlage einer inkludierenden Grundhaltung auf institutioneller Ebene besteht die Notwendigkeit, Rahmenbedingungen für die Umsetzung einer inklusiven Pädagogik zu schaffen (Viernickel et al., 2015). Dies bedeutet zunächst, dass die pädagogische Fachkraft ihr Handeln auf die je spezifischen Bedingungen und Erfordernisse einer Situation und eines jeden Kindes (und seiner Familie) abstimmen kann. Damit sind konkrete konzeptionelle Anforderungen an das gesamte System der Institution verbunden (vgl. auch Seitz &

Finnern, 2012). Es gilt, Handlungsstrategien auf Ebene der Institution zu entwickeln, jeweils vor dem Hintergrund, »wie sich eine Einrichtung verändern muss«, so dass Kindern in ihrer Einzigartigkeit im pädagogischen Kontext begegnet werden kann (Albers 2012, S. 51; s. a. Booth et al., 2006) – und dass wirkungsvolle ›Antworten‹ auf das als herausfordernd empfundene Verhalten entwickelt werden können:

Die Entwicklung einer gemeinsamen Grundhaltung im Team

Nach Viernickel et al. sind ein gemeinsamer »pädagogischer Wertekern und eine professionelle Haltung als zentraler Orientierungshorizont« (Viernickel et al., 2013, S. 14) entscheidend. Gemeint ist damit, »ein Bündel an reflexiv zugänglichen, im Team kollektiv geteilten pädagogischen Orientierungen, die sich auf das Bild vom Kind, von Eltern und Familien, auf kindliche Bildungsprozesse und die Rolle der pädagogischen Fachkräfte sowie auf die Angemessenheit und Bedeutsamkeit pädagogischer Ziele und Methoden beziehen und sich in organisationalem Handeln widerspiegeln« (ebd.; s. a. Garske, 2003). Wichtig ist, eine ressourcenorientierte Haltung allen Beteiligten in der Institution einzunehmen und einen wertschätzenden diversitätsbewussten Umgang im Team zu pflegen (Viernickel et al., 2013).

Organisationsentwicklung und Diversity Management

Hilfreiche Anregungen können Verfahren zur Organisationsentwicklung bieten, die im Rahmen des Diversity Management verwendet werden (Pauser & Pinetz, 2009, S. 252). Bei der Entwicklung hin zu einer multikulturellen Organisation stehen sowohl »strukturelle Veränderungen an der Oberflächenstruktur«, aber auch tiefgreifende Weiterentwicklungsprozesse im Vordergrund (Wiltzius, 2011, S. 37). Dabei lassen sich zwischen dem Ansatz des Diversity Managements und dem systemischen Denken Parallelen ziehen: Beiden Ansätzen liegt die Vorstellung zugrunde, dass Systeme wie Organisationen Gebilde sind, die in eine Umwelt eingebettet sind und aus Mitgliedern bestehen, die anhand »festgelegter Strukturen und Regeln« interagieren (ebd., S. 39). Dabei fragt systemisches/vernetztes Denken danach, wie spezifische Faktoren eines Systems miteinander zusammenhängen und sich gegenseitig beeinflussen (ebd.). Entsprechend gilt es, Organisationsprozesse in ihrer Tiefenstruktur näher zu betrachten und eine fachliche Reflexion zwischen Teammitgliedern zu initiieren.

Ein geeignetes Verfahren zur Unterstützung des Inklusionsprozesses bietet in Kindertageseinrichtungen und Schulen bspw. die Reflexion der eigenen Arbeit anhand des »Index für Inklusion« (Booth et al., 2006). In den letzten Jahren haben sich insbesondere die Autorengruppe um Hinz (z. B. Hinz, 2015; Boban & Hinz, 2015) mit Verfahren zur Reflexion und Evaluation inkludierender Prozesse speziell auf Ebene der schulischen Institutionen auseinandergesetzt; im Bereich der Kindertageseinrichtungen gilt dies für die Forschergruppe um Albers (z. B. Albers et al., 2016, 2012).

Die Gestaltung sicherer und wertschätzender Beziehungen

Wie schon in Kapitel 2 dieses Buches ausgeführt wurde, stellen sichere Bindungen und Beziehungen zwischen Eltern/PädagogInnen und Kindern die Basis für konkrete Maßnahmen im Umgang mit herausforderndem Verhalten dar. Nach Grawe sind sichere Bindungen eines der am besten belegten spezifischen seelischen Grundbedürfnisse, die bei einer andauernden »Nichtbefriedigung zu Schädigungen der psychischen Gesundheit und des Wohlbefindens führen« (Grawe, 2004, S. 185).

Im Sinne konkreter Maßnahmen und Strategien braucht es somit gerade im Umgang mit herausforderndem Verhalten die feinfühlige Begleitung der Emotionsregulation und Affekte und Unterstützung der Bewältigungskompetenz, die auf einer positiven und sicheren Beziehung zwischen PädagogIn und Kind beruht. So können sich Handlungsstrategien für die direkte Interaktion mit herausforderndem Verhalten daher auf die Unterstützung der Emotionsregulation, im Rahmen der Ko-Regulation als begleitendes und unterstützendes Element, beziehen (Geddes, 2009). Fonagy et al. weisen zudem auf die Relevanz des ›Spiegelns‹ von Emotionen und Affekten des Kindes durch Bezugspersonen, mit dem Ziel der Entwicklung einer »sekundären Repräsentanz« hin (Fonagy et al., 2004, S. 219).

Die Institution muss dafür Bedingungen schaffen, damit Kinder und Bezugspersonen Zeit und Raum für eine entwicklungsförderliche Beziehungsgestaltung – auch und gerade in Eins-zu-Eins-Situationen – haben.

Die Unterstützung des Selbstwerts und der Selbststruktur

Wichtige Voraussetzungen und Maßnahmen für eine professionelle Begegnung mit herausforderndem Verhalten beziehen sich neben einer sicheren Beziehung auf die Unterstützung der psychischen Widerstandsfähigkeit der Kinder. Von zentraler Bedeutung sind dabei eine ressourcenorientierte pädagogische Grundhaltung sowie die Kompetenz pädagogischer Fachkräfte, entsprechend der kindlichen Bedürfnisse, Handlungsimpulse zur Förderung der Resilienz einzubringen (Rönnau-Böse & Fröhlich-Gildhoff, 2014; ▶ Kap. 5). Gemeint ist damit auch, den Kindern im Alltag etwas zuzutrauen, sie zu ermutigen, in ihnen Stärken und Fähigkeiten zu sehen und diese immer wieder auf unterschiedliche Weise zum Ausdruck zu bringen (z. B. durch die Übernahme von Aufgaben, Patenschaften u. v. m.).

Entsprechend geht es um Kompetenzen hinsichtlich einer professionellen Entwicklungs- und Bildungsbegleitung durch pädagogische Fachkräfte, die sich am Selbstwert und der Selbststruktur des Kindes, aber auch an seiner körperlichen und psychischen Entwicklung orientiert, die an Interessen im kindlichen Spiel und seiner Explorationsfreude anknüpft und das Bewusstsein einer experimentellen inklusiven Didaktik einschließt (Bree, 2012).

Die Unterstützung von Peer-Interaktionen

Daneben können sich, wenn es um die Begleitung von Peer-Interaktionen im Alltag geht, individuelle Handlungsstrategien in der Unterstützung »kommunikativer Initiativen« im sozialen Spiel der Kinder sowie im Wissen um die Verknüpfung von verschiedenen pädagogischen sowie therapeutischen Angeboten im Gruppengeschehen liegen (Friederich et al., 2015). Seitz & Finnern (2012) beschreiben darüber hinaus die Relevanz der Begleitung von Ko-Konstruktionen und die Initiierung von sozialen Lernprozessen insbesondere auch bei Interaktionen zwischen Kindern mit unterschiedlichem Entwicklungsstand. Dabei benötigen pädagogische Fachkräfte »subtile und effektive Strategien« (Casey, 2011; Albers, 2012). Dies ist nicht selten ein Balanceakt, da die Gefahr besteht, dass ein zu frühes Eingreifen in die Peer-Interaktion mit dem »Zusammenbruch des Spielmotivs und zur Auflösung der ursprünglichen Gruppe führt« (Albers, 2012, S. 55). Eine passgenaue Unterstützung besteht somit i. d. R. in der Unterstützung der Peer-Interaktion zum richtigen Zeitpunkt, d. h. wenn Kinder untereinander keine eigene Lösung finden bzw. wenn Spielpartner »keine befriedigenden Interaktionsprozesse etablieren oder aufrechterhalten können« (ebd.).

Die Initiierung gemeinsamer Aushandlungsprozesse und die Bedeutung von Regeln

Gemeint ist damit, im Dialog mit Kindern Regeln und Alltagsstrukturen auszuhandeln, sie aber auch zu hinterfragen und regelmäßig auf ihren Nutzen und ihre Relevanz zu prüfen. Möglichkeiten zur aktiven Beteiligung der Kinder im Alltag bietet hierbei die Etablierung von Kinderkonferenzen oder ein Beschwerdemanagement (Schubert-Suffrian & Regner, 2014). Nicht selten zeigt sich in der pädagogischen Praxis eine undifferenzierte Verwendung und somit Relevanz der Auseinandersetzung mit dem Regelbegriff.

Regeln und Vereinbarungen lassen sich begrifflich wie folgt differenzieren:

- pädagogische Vereinbarungen = (echte) Regeln;
- Werte und Normen;
- organisatorische Notwendigkeiten;
- Appelle oder Anweisungen/Verbote.

Für ein gelingendes Zusammenleben in einer Gemeinschaft sollten alle Beteiligten Regeln festlegen und diese verbindlich in den Alltag integrieren (Landesjugendamt Brandenburg, 2009). Demzufolge legen pädagogische Vereinbarungen fest, welches Verhalten akzeptiert werden kann und welches nicht. Sie bieten Orientierung und die Sicherheit, sich in einem vorgegebenen Rahmen zurechtzufinden. Um sich gemeinsam auf pädagogische Vereinbarungen zu einigen und diese einzuhalten, sind Kenntnisse über die Entwicklung des moralischen Urteils und Regelverständnisses bei Kindern notwendig. Dabei muss beachtet werden, dass sich moralisches Denken erst mit der Fähigkeit zur Perspektivenübernahme entwickeln kann (▶ Kap. 2). Studien zeigen, dass Kinder bereits im Kindergartenalter zu moralischen Urteilen und Aushandlungsprozessen fähig sind. Dies ist allerdings an die Voraussetzung gebunden, wichtige positive Erfahrungen in der Auseinandersetzung mit Regeln und Vereinbarungen in der Gruppe zu sammeln und in Aushandlungsprozesse mit Gleichaltrigen einbezogen zu werden (Ministerium für Bildung, Jugend und Sport, 2005).

3 Voraussetzungen und strukturelle Maßnahmen

Grundsätzlich ist von Bedeutung, sich im Team und Kollegium damit auseinanderzusetzen, welche Regeln und pädagogische Vereinbarungen, Grenzen und Konsequenzen für jeden individuell, aber auch auf Ebene der Institution wichtig sind und welche Rolle dabei persönliche Prägungen spielen.

Die nachfolgenden Fragen können dabei unterstützen, sich mit den strukturellen Maßnahmen als Voraussetzung für die professionelle Begegnung mit herausforderndem Verhalten in Ihrem Alltag auseinanderzusetzen.

1. Entwicklung einer gemeinsamen Grundhaltung im Team:
   Welche Situation fällt mir ein, in der ich das Kind weniger/nicht herausfordernd wahrgenommen habe? Was ist an dieser Situation anders?
   Welche Stärken hat das Kind?
2. Organisationsentwicklung und Diversity Management:
   Wie können wir die Betreuungsstabilität mit Bezugspersonen (insbesondere bei Kindern im Alter von ein bis drei Jahren) sicherstellen?
   Wie können wir Rahmenstrukturen verändern, damit herausfordernde Verhaltensweisen in Schlüsselsituationen vermieden werden können? Welche strukturellen Veränderungen können/sollten wir als erstes vornehmen?
   Wie können wir Raum und Materialien bedürfnisorientiert (mit den Kindern) gestalten?
3. Gestaltung sicherer und wertschätzender Beziehungen:
   Welche Beziehungserfahrungen macht das Kind in der Kita?
   Wie ist meine Beziehung zum Kind? (Was zeichnet eine gute Beziehung zum Kind aus?)
   Was kann ich ganz konkret tun, um die Beziehung zum Kind zu stärken?
4. Unterstützung des Selbstwerts und der Selbststruktur:
   Wie kann die Selbstwirksamkeit, das Selbstvertrauen, die Selbst- und Fremdwahrnehmung im Alltag ganz konkret gefördert werden bzw. was machen wir bereits, um diese zu fördern?
5. Unterstützung von Peer-Interaktionen:
   Wann und wo entstehen bei uns in der Einrichtung positive Peer-Interaktionen und wie kann ich ganz konkret positive Peer-Interaktionen im Alltag unterstützen?
6. Initiierung gemeinsamer Aushandlungsprozesse – die Bedeutung von Regeln:
   Wann haben die Kinder im Alltag die Möglichkeit mit zu entscheiden?
   Was trauen wir den Kindern zu? Haben alle Kinder im Alltag die Möglichkeit zu partizipieren?
   Wie können wir Strukturen in der Einrichtung schaffen, die es zulassen, möglichst viel Freiraum und Flexibilität für kindliche Bedürfnisse zu ermöglichen?
   Welche Regeln, Grenzen und Konsequenzen sind mir persönlich und uns im Team und Kollegium besonders wichtig? Welche Regeln können/sollten neu ausgehandelt werden? Welche Regeln, Vereinbarungen, Grenzen und Konsequenzen möchten wir konzeptionell verankern?

> **Weiterführende Literatur**
>
> Albers, T., Bree, S., Jung, E. & Seitz, S. (Hrsg.) (2012). *Vielfalt von Anfang an. Inklusion in Krippe und Kita*. Freiburg: Herder.
> Albers, T., Amirpur, D. & Platte, A. (2016). *Handbuch Inklusive Kindheit*. Leverkusen: Budrich.
> Boban, I. & Hinz, A. (2015). Zukunftsplanung in Schulentwicklungsprozessen. In: R. Kruschel & A. Hinz (Hrsg.): *Zukunftsplanung als Schlüsselelement von Inklusion. Praxis und Theorie personzentrierter Planung*. (S. 153–164). Bad Heilbrunn: Klinkhardt.
> Booth, T., Ainscow, M. & Kingston, D. (2006). *Index für Inklusion (Tageseinrichtungen für Kinder)*. Dt. Übers.: T. Hermann. Hrsg. der deutschsprachigen Fassung: Gewerkschaft Erziehung und Wissenschaft (GEW). Frankfurt am Main: GEW.
> Rosenstiel, L. von & Nerdinger, F. (2011). *Grundlagen der Organisationspsychologie: Basiswissen und Anwendungshinweise*. 7. Aufl. Stuttgart: Schäffer-Poeschel.
> Schubert-Suffrian, F. & Regner, M. (2014). *Beschwerdeverfahren für Kinder: Kindergarten heute praxis kompakt*. Freiburg: Herder.
> Zimbardo, P. G. & Gerrig, R. J. (2004). *Psychologie*. 18. aktual. Aufl. München: Pearson Studium.

Exkurs: Der ›Status quo‹ zur Erfassung struktureller Voraussetzungen und Maßnahmen für die professionelle Begegnung mit herausforderndem Verhalten

Die Erfassung des ›Status quo‹ bedeutet, eine Organisationsdiagnose mit dem Ziel zu erstellen, auf der gesamten institutionellen Ebene strukturelle Voraussetzungen für die professionelle Begegnung mit herausforderndem Verhalten zu registrieren. Diese Erkenntnisse dienen dann in einem nächsten Schritt dazu, für die (nun sichtbaren) Bedarfe weiterführende Handlungsstrategien abzuleiten. Durch diese ›Ist-Analyse‹ zeigt sich also auf der gesamten Ebene der Institution, welche weiterführenden wichtigen Strategien und strukturelle Maßnahmen für den professionellen Umgang mit herausforderndem Verhalten und (nachhaltigen) Weiterentwicklungsprozessen notwendig sind.

Nach Büssing (1995, S. 445) dient die psychologische Organisationsdiagnose dazu, »die psychologischen Aspekte des Erlebens und Verhaltens von Mitgliedern in Organisationen zu diagnostizieren, um Regelhaftigkeiten im Erleben, im Verhalten und in den Interaktionen zu beschreiben, zu erklären und zu prognostizieren«. Kleinmann und Wallmichrath beschreiben zudem, dass das Ziel der Organisationsdiagnose in der »Aufdeckung organisationaler Handlungsfelder und der Vorbereitung von Organisationsentwicklungsmaßnahmen« (Kleinmann & Wallmichrath, 2004, S. 654) besteht. Somit geht es also um die Wirkungsanalyse von relevanten »Organisationsmerkmalen auf Organisationsmitglieder« (Sonntag et al., 2006, S. 179), um das Erkennen von Handlungsbedarfen und die Vorbereitung von Veränderungsmaßnahmen innerhalb einer Organisation.

Dabei verdeutlichen wichtige Erkenntnisse aus der Präventions- und Wirkungsforschung (z. B. im Bereich der Resilienzförderung), dass möglichst alle in der Organisation Beteiligten einbezogen werden sollten (Fröhlich-Gildhoff et al., 2011; Greenberg, 2000; Durlak, 2003, Heinrichs et al., 2002). Ulber spricht dabei von einem »Screening über die relevanten Dimensionen« der Organisation, welche die Perspektiven der PädagogInnen, Kinder/Schüler und Eltern umfasst (Ulber, 2006, S. 100).

Im Bereich der Resilienz wurde, in Zusammenarbeit einer Expertengruppe der »Resilienzförderung in der Grundschule« (Landesinstitut für Schulentwicklung Baden-Württemberg, 2013), eine Checkliste zur Umsetzung der Resilienzförderung entwickelt. Dafür wurden Leitfragen und Indikatoren abgeleitet, die sich den nachfolgenden Bereichen zuordnen lassen:

1. Ebene der Organisation;
2. Ebene der PädagogIn;
3. Ebene der Gruppe/Klasse;
4. Ebene der Kinder/Jugendlichen;
5. Ebene der Eltern;
6. Ebene der externen Institutionen.

Im nun folgenden Abschnitt wird eine Checkliste (▶ Anhang) zur Umsetzung der professionellen Begegnung mit herausforderndem Verhalten beschrieben, die in Anlehnung an das Analyseinstrument zur Resilienzförderung in Grundschulen der genannten Expertengruppe entwickelt wurde. Die Checkliste soll dazu dienen, auf einer dreistufigen Skala (›realisiert‹, ›teilweise realisiert‹, ›nicht realisiert‹) den aktuellen ›Ist-Stand‹ zu erheben, um dann Weiterentwicklungsbedarfe (Ausprägungsgrad von ›keinen‹, ›niedrig‹, ›hoch‹) für die gesamte Organisation einzuschätzen. Die Checkliste kann von Mitgliedern aller Ebenen der Organisation ausgefüllt und dann als Diskussionsgrundlage für die Entwicklung weiterer Maßnahmen und Schritte verwendet werden.

Das Analyseinstrument beinhaltet im ersten Teil Indikatoren zur Erfassung relevanter Maßnahmen zur professionellen Begegnung mit herausforderndem Verhalten auf organisationaler Ebene. Dazu gehört die Einschätzung von Strategien sowohl von konzeptionell verankerten Leitlinien und Verfahrensabläufen, aber auch von direkten Handlungsoptionen, um die Kinder und Jugendlichen direkt in (allen, auch herausfordernden) Situationen angemessen zu unterstützen (z. B. Indikator 1.06: »Es besteht ein explizit ausformuliertes Konzept zur systematischen Vorgehensweise mit herausforderndem Verhalten«).

Die Indikatoren im darauffolgenden Abschnitt zielen auf die Erfassung von Strategien und Maßnahmen auf der Ebene der PädagogInnen ab. Dabei geht es um die Einschätzung von Kompetenzen im Umgang mit herausforderndem Verhalten sowie um die Reflexion der eigenen pädagogischen Arbeit. z. B. Indikator 2.07: »Die PädagogInnen verfügen über Strategien der Reflexion ihrer pädagogischen Arbeit (z. B. Auseinandersetzung der individuellen Bildungs- und Entwicklungsbegleitung, Planung und Vorbereitung des Alltags und Unterrichts an den Bedürfnissen der Kinder und Jugendlichen orientiert, Einplanung von Rückzug und Bewegungspausen etc.)«.

Der nächste Bereich erfasst Maßnahmen für die professionelle Begegnung auf den Ebenen der Gruppe/Klasse bzw. der Kinder und Jugendlichen. Die Indikatoren fokussieren Strategien zur Konfliktbewältigung und Resilienzförderung, aber auch Möglichkeiten der Partizipation im Alltag. Darüber hinaus wird ermittelt, inwieweit die Auseinandersetzung mit den die Institution betreffenden und bereits etablierten demokratischen Grundsätzen, Vereinbarungen und Regeln, erfolgt (z. B. Indikator 4.03: »Die Klarheit der Rollen und Regeln ermöglicht den einzelnen Kindern und Jugendlichen Orientierung, z. B. Vereinbarungen, die für alle Kinder, Jugendlichen und PädagogInnen Gültigkeit besitzen, Auseinandersetzung mit demokratischen Grundsätzen«).

Im nächsten Abschnitt erfassen zwölf Indikatoren die Gestaltung der Zusammenarbeit mit den Eltern. Dabei wird die ›Qualität‹ der Kooperation durch konkrete Maßnahmen, bspw. die aktive Kontaktaufnahme, die regelmäßige Durchführung von Elterngesprächen und Entwicklung von Unterstützungsmaßnahmen, ermittelt (z. B. Indikator 5.12: »Es existieren kontinuierlich Beratungsmöglichkeiten zu Erziehungsfragen für die Eltern – unabhängig von akuten Problemlagen«).

Der letzte Teil der Checkliste umfasst Strategien der Kooperation und Vernetzung der Institution mit externen Fachdiensten. Dabei erfolgt zum einen die Einschätzung der Qualität der Kooperation (z. B. Indikator 6.04: »Kooperationen werden regelmäßig hinsichtlich ihrer Qualität überprüft, z. B. Nutzen, Zielerreichung, Funktion, Niedrigschwelligkeit«). Zum anderen werden aber auch Vernetzungsstrukturen zu Kooperationspartnern erfasst, die zur Unterstützung der PädagogInnen und Eltern im Umgang mit herausforderndem Verhalten beitragen (z. B. Indikator 6.06: »Externe Institutionen bieten Angebote für PädagogInnen (z. B. Unterstützung in speziellen Fragen zum Umgang mit herausforderndem Verhalten) in Form von niederschwelligen Kontakten (z. B. Besprechung in der Teamsitzung, Supervision) an«).

Zusammenfassend gilt es noch einmal festzuhalten, dass die Checkliste insbesondere an bereits erfolgten Maßnahmen der Institution im Hinblick auf die professionelle Begegnung mit herausforderndem Verhalten anknüpfen sollte. So geht es bei der Einschätzung der Indikatoren nicht darum, dass pädagogische Institutionen »ihre strukturellen und curricularen Grundsätze neu definieren müssen oder weitere Präventionsprogramme implementieren sollen« (Landesinstitut für Schulentwicklung Baden-Württemberg, 2013, S. 8). Vielmehr besteht das Ziel darin, anhand der dargestellten Indikatoren Strategien im Umgang mit herausforderndem Verhalten systematisch zu reflektieren und zu erfassen (›Ist-Analyse‹), um dann Maßnahmen zur Weiterentwicklung der Professionalität, eingebettet in die organisationalen Strukturen, abzuleiten und umzusetzen (ebd.). Dies bedeutet dann auch, sich im Team bzw. Kollegium systematisch (im besten Fall zu regelhaft fest vereinbarten Zeitpunkten) damit auseinanderzusetzen, welche nächsten Schritte auf den unterschiedlichen Ebenen für den Prozess der institutionellen Weiterentwicklung anstehen und festzulegen, wer für die Umsetzung und Überprüfung zuständig ist.

3.4 Anwendung: Die Gestaltung eines Teamentwicklungsprozesses am Beispiel von Teamfortbildungen

Im nachfolgenden Abschnitt folgt die Darstellung von Erkenntnissen aus der Implementation des Forschungsprojekts *Herausforderndes Verhalten in Kitas – HeVeKi)*, das im Zeitraum von Juni 2014 bis September 2016 am Zentrum für Kinder- und Jugendforschung an der Evangelischen Hochschule Freiburg durchgeführt wurde. Im Rahmen des Forschungsprojektes wurde ein selbst entwickeltes Curriculum zum Umgang mit herausforderndem Verhalten in Kindertageseinrichtungen in Baden-Württemberg über einen Zeitraum von eineinhalb Jahren in Form von Inhouse-Schulungen (Ganztagsfortbildungen) implementiert. Neben der Erfassung kompetenzbasierter Veränderungsprozesse auf der Ebene der teilnehmenden pädagogischen Fachkräfte[5] hat die kontinuierliche (auch wissenschaftliche) Begleitung des Umsetzungsprozesses wesentlich dazu beigetragen, ein letztendlich überarbeitetes Rahmencurriculum zur professionellen Begegnung mit herausforderndem Verhalten in der Kindertageseinrichtung vorlegen zu können.

Das Rahmencurriculum besteht aus sechs Modulen, die kompetenzbasiert aufgebaut sind. Bedeutsam ist, dass jeder Baustein an den verschiedenen Kompetenzbereichen des Kompetenzmodells frühpädagogischer Fachkräfte (vgl. Fröhlich-Gildhoff et al., 2014b) anknüpft.

Somit besteht in jeder Fortbildung das Ziel darin, die vorhandenen Kompetenzen der pädagogischen Fachkräfte im Umgang mit herausfordernden Verhaltensweisen zu stärken und zu erweitern. Wichtige Anknüpfungspunkte sind, vorhandene Wissensbestände der TeilnehmerInnen aufzugreifen und diese gezielt um theoretische Inhalte zu ergänzen (z. B. Informationen zur Bedeutung der biografischen Auseinandersetzung und der systemischen Perspektive oder bio-psychosozialen Erklärungen (▶ Kap. 2), um herausforderndes Verhalten (besser) zu verstehen). Daneben besteht das Ziel der Fortbildungen darin, herausfordernde Verhaltensweisen vor dem Hintergrund einer ressourcenorientierten und ganzheitlichen Perspektive zu analysieren, um dann anhand von konkreten Methoden (›Handwerkszeug‹) und eigenen Fallbeispielen aus dem pädagogischen Alltag Handlungsstrategien zu entwickeln.

Es werden zentrale Erkenntnisse aus der Implementation des entwickelten Curriculums zur Weiterbildung pädagogischer Fachkräfte zum Thema ›Herausforderndes Verhalten in Kindertageseinrichtungen‹ dargestellt. Beispielhaft werden diese mit Auszügen aus Interviews untermauert, die etwa fünf Monate nach der letzten Fortbildung mit Kita-Leitungen geführt wurden, die am Projekt teilgenommen hatten. Aus den Gesprächen mit den Einrichtungsleitungen sowie der Aus-

---

[5] Der Dank gilt an dieser Stelle den elf Kita-Teams sowie ihren ReferentInnen, die mit viel Engagement über eineinhalb Jahre die Umsetzung des Curriculums zum Umgang mit herausforderndem Verhalten gestaltet haben.

wertung der prozessbegleitenden Evaluation (in Form von standardisierten Evaluationsbögen und Protokollen, die nach jeder Fortbildung von den TeilnehmerInnen sowie Referentinnen ausgefüllt wurden) lassen sich wichtige Hinweise ableiten, die Einfluss auf die Umsetzung der HeVeKi-Fortbildung im Sinne eines nachhaltigen Teamentwicklungsprozesses nehmen.

3.4.1 Entwicklung eines inkludierenden Grundverständnisses

Deutlich wird in den Gesprächen mit den Kita-Leitungen die Bedeutung und Notwendigkeit der professionellen Weiterentwicklung der pädagogischen Fachkräfte im Umgang mit herausforderndem Verhalten. Dazu gehört bspw. die Entwicklung eines gemeinsamen inkludierenden Grundverständnisses, das von einer Leitung wie folgt beschrieben wird:

> »Als wir mit HeVeKi angefangen haben, war der Stand der Haltungen im Team sehr unterschiedlich, eine bunte Mischung. Da gab es auch, das, was mich an meine Grenzen bringt, dem Kind zuzuschreiben und nicht erst bei sich selbst zu gucken.«

Weiter beschreibt die Leitung:

> »Nicht das Kind muss sein Verhalten ändern, sondern wir als pädagogische Fachkräfte […]. Diese Haltung zu haben und das Wissen, das alles was das Kind in dem Moment tut, für das Kind in dem Moment Sinn macht. Diese Haltung hat sich am meisten verändert. Das Wissen, das Kind kann ich nicht verändern, aber ich kann an einer Schraube drehen: Wir betrachten die Mikrotransitionen und die Beziehungsqualität, verändern aber auch unser Verhalten.«

3.4.2 Die grundsätzliche Bedeutung der Selbstreflexion und systematischen (ressourcenorientierten) Beobachtung

Unter Berücksichtigung der Entwicklung einer gemeinsamen Grundhaltung beschreiben die Leitungen in den Gesprächen immer wieder auch ihre Wahrnehmung eines ›veränderten‹ Blickes. Gemeint sind damit einerseits die Orientierung an den Ressourcen und Stärken der Kinder, die sie herausfordern. Demnach bietet dabei die Erstellung von ›Ressourcen- und Stärkenprofilen‹, in deren Rahmen auch bewusst die Reflexion der Beziehung zum Kind erfolgt, eine wichtige Unterstützung.

Andererseits geben die Einrichtungsleitungen an, dass mit dem ›veränderten‹ Blick auch die regelmäßige Auseinandersetzung mit der eigenen, subjektiv geprägten Wahrnehmung und deren Einfluss auf die Bewertung von und den Umgang mit herausfordernden Verhaltensweisen im pädagogischen Alltag einhergeht. So stellen die befragten Leitungen fest, dass sich KollegInnen vermehrt mit der Frage auseinandersetzen: »Was muss ich an mir verändern, mit welchem Blick geh ich denn da jetzt dran?«

Diese Auseinandersetzung ermöglicht dann auch, so die Leitungen im Gespräch, sich systematisch im Team über individuelle Wahrnehmungsprozesse auszutauschen, gemeinsam herausfordernde Situationen zu analysieren, um dann Handlungsstrategien zu entwickeln. So wird die Zusammenarbeit im Team im Umgang mit herausforderndem Verhalten bewusst als Chance aufgefasst:

»Die Wahrnehmung hat sich verändert, die Sensibilität, aber schon auch der Umgang, die Ansätze vom Umgang. […] Dass man wirklich auch überlegt, wie kann ich denn das Kind im Alltag teilhaben lassen. Und dass man dann auch guckt, wenn man so das Gefühl hat, man kommt an seine Grenzen, lass uns mal gemeinsam drauf gucken […].«

Die Veränderung der Wahrnehmung hin zum systemischen Blick, vom Individuum zu allen im System Beteiligten, bezieht sich darüber hinaus auch auf die Zusammenarbeit mit Eltern und die intensive Vorbereitung von ›herausfordernden‹ Elterngesprächen, indem bewusst vor dem Gespräch, so die Einrichtungsleitung, »die eigenen Gefühle und Erwartungen« reflektiert werden. Weiter beschreibt die Leitung im Gespräch:

»Wenn ich zurückdenke, am Anfang, noch vor dem Projekt, man hat es fast nicht gedreht gekriegt, und da denk ich, da war für uns dieses Projekt und diese Fortbildungen echt Gold wert. Weil dadurch haben wir jetzt wirklich ein Handwerkszeug in die Hände bekommen, […] nach den Stärken zu gucken; und dieses Systematische, noch mal genau zu gucken, aus welcher Familie kommt das Kind denn, was kriegt es, was für Bedingungen hat es. Gerade bei T. (Anm.: Name des Kindes geändert), bei der wir immer wieder gucken, was wissen wir über die Familie, wie funktioniert es gerade zu Hause. Wir erkennen: Ihr fehlt die Sicherheit zu Hause. Daher war besonders die Vertrauensgeschichte zu P. (Anm.: Name der pädagogischen Fachkraft geändert), also diese Verlässlichkeit in der Beziehung zu P. so wichtig.«

3.4.3 Die Zusammenarbeit im Team als Voraussetzung für eine professionelle Begegnung mit herausforderndem Verhalten

Neben der Entwicklung eines gemeinsamen Grundverständnisses (›Haltung‹) bestand das Ziel der Fortbildungen darin, im Team ein systematisches Vorgehen im Umgang mit herausforderndem Verhalten zu entwickeln. Im Gespräch beschreiben die Einrichtungsleitungen, dass insbesondere die Arbeit mit eigenen Fallbeispielen sehr positiv empfunden wurde. Dadurch bestand die Möglichkeit, herausfordernde Situationen aus dem Alltag bewusst aufzugreifen, im Team (meist zuerst in kleinen Gruppen) zu analysieren und Handlungsstrategien zu entwickeln, die dann im Alltag umgesetzt und in der darauffolgenden Fortbildung reflektiert und evaluiert wurden. So beschreiben die Leitungen die verschiedenen Methoden (z. B. die Erarbeitung des systematischen Vorgehens anhand des Prozessmodells; ▶ Kap. 5) oder das Bio-Psycho-Soziale Erklärungsmodell mit der Erfassung von Risiko- und Schutzfaktoren) als »hilfreiches Handwerkszeug im Umgang mit herausforderndem Verhalten«, das dabei hilft, das Kind und sein Verhalten besser zu verstehen und individuelle Handlungsstrategien für den Umgang abzuleiten:

»Auch das Verständnis der Bewältigungsstrategien hat richtig geholfen, dass man weiß, das ist der Umgang des Kindes mit dem, was es mitbringt, und dann zu fragen, wie kriegt man das erklärt, was könnten wir da tun, was braucht das Kind von uns?«

Durch die intensive Auseinandersetzung mit eigenen Fallbeispielen, die Reflexion eigener Wahrnehmungs- und Bewertungsweisen sowie die systematische Entwicklung von passgenauen Handlungsstrategien in Kleingruppen und im Team haben, so die Leitungen, zur Steigerung der »eigenen Selbstwirksamkeit der Kolleginnen im Umgang vor allem mit den Fallkindern« beigetragen, indem sich gezeigt hat, dass »die Beziehung zum Kind positiver wahrgenommen« und »im Team gemeinsam an einem Strang« gezogen wird. Weiterführend beschreibt eine Leitung diesen Prozess:

> »Der Grundkonsens im Team hat sich auf jeden Fall verändert, auch wenn es immer wieder Situationen gibt, die uns an die Grenze bringen. […] Aber, dass dann der Zug vom Team nicht nach unten geht, sondern dass es so getragen wird, nach oben, und dass man dann einfach guckt, was Positives draus zu entwickeln. Das ist so die Grundhaltung, die hat sich verändert.«

Besonders wichtig dabei ist im Rahmen der Fortbildungen dem Team viel Raum für Austausch und Diskussion zur Verfügung zu stellen. So zeigte sich, dass eine Verständigung im Team über die (subjektiv geprägte) Wahrnehmung von herausfordernden Verhaltensweisen besonders wichtig ist. Sich zu verständigen bedeutet dann einerseits, sich über eigene biografische Prägungen und deren möglichen Einfluss auf den Umgang mit herausforderndem Verhalten auszutauschen, zu kommunizieren und informieren. Andererseits kann die Verständigung im Team dazu beitragen, ein ›gegenseitiges Verstehen‹ und Verständnis füreinander aufzubringen, das dann wiederum, gerade in sehr herausfordernden Situationen, eine große Erleichterung und Ressource darstellen kann. Den Prozess der Verständigung beschreibt eine Leitung im Gespräch wie folgt:

> »Das ist ja so ein Haltungsthema, das man im Team gemeinsam entwickelt. Das hat was mit der Wahrnehmung zu tun, mit der eigenen Beobachtung und Biografie […] und wie man damit umgeht im Team. Also, diese Dialogfähigkeit, diese Diskussionsfähigkeit.«

3.4.4 Die Rolle der Leitung im Teamentwicklungsprozess

Die Bedeutung der Rolle der Leitung im Teamentwicklungsprozess wurde bereits in Kapitel 3.3 ausführlich dargestellt. Im Gespräch beschreibt eine Einrichtungsleitung ihre Rolle im Teamentwicklungsprozess (auch im Hinblick auf die Umsetzung von HeVeKi) wie folgt:

> »Ich würd' mich in der Mitte des Teams sehen. Ich glaub, ich kann ganz gut aus dem Team rausgehen, aber ich hab' schon immer auch den Überblick, wie der Prozess läuft, wie wir was hinkriegen und was ich mir überlegen muss. Weil ich schon denke, ich bin dafür verantwortlich, dass die Zeit gegeben wird. Ich bin verantwortlich, dass die Wichtigkeit deutlich wird, also, dass es auch umgesetzt wird. […] Ich glaub schon, dass man die Fäden in der Hand haben muss ohne zu gängeln, sondern eher zu gucken, dass es am Laufen bleibt und dass alle davon profitieren können. Auch die Kolleginnen, die sich schwerer tun, also, dass man alle im Blick hat. Deswegen stell ich mich in die Mitte.«

Die Orientierung an den Bedürfnissen und der Individualität des Teams setzt voraus, sein Team sehr gut zu kennen und genau zu wissen, wer über welche Kompetenzen verfügt und diese wie einbringen kann. Den Prozess der kompetenzorientierten Anerkennung im Team und der Wahrnehmung der Bedürfnisse jedes Einzelnen beschreibt eine Leitung folgendermaßen:

> »Wir haben auch Kolleginnen hier, die immer wieder sagen, über die zwei Kinder müssen wir auch reden – das sind nicht ihre Bezugskinder. Also, dass man auch so im Team einen unterschiedlichen Blick hat und jeder so was anderes mitbringt und das auch nutzt. Das ist aber auch ein Job für mich als Leitung, die verschiedenen Blicke zu sammeln.«

Um ›nah am Team‹ zu sein und die verschiedenen Kompetenzen zu erkennen und zu nutzen, benötigen Einrichtungsleitungen spezifische Kompetenzen (vgl. Weltzien et al., 2016). In den Gesprächen zeigte sich, dass eine Unterstützung der Leitung im Teamentwicklungsprozess und während der Umsetzung in Form von externen Prozessbegleitungen sinnvoll ist. Durch die regelmäßige Reflexion des Umsetzungsprozesses kann die nachhaltige Verankerung von Anfang an gemeinsam mitgedacht und gestaltet werden, was die beteiligten Leitungskräfte in ihrer Rolle stärken und zugleich entlasten kann.

3.4.5 HeVeKi als Chance für einen (andauernden) Teamentwicklungsprozess

Im Gespräch stellten die Einrichtungsleitungen dar, dass das Projekt HeVeKi als Chance aufgefasst wird, um sich im Team immer wieder weiterzuentwickeln. Dabei gilt es, einerseits vorhandene Strategien aufzugreifen (▶ Kap. 3.3, Organisationsdiagnose) und diese systematisch mit HeVeKi zu verknüpfen. So beschreibt eine Einrichtungsleitung die Strategie, HeVeKi mit dem vorhandenen Beobachtungskonzept (*Infans*) zu verknüpfen:

> »HeVeKi und Infans müssen ineinander verschmelzen, beziehungsweise ich bin auch sicher, dass wir das hinkriegen, wenn wir da auch richtig dranbleiben. Das passt einfach so gut, wenn ich bei einem Kind genauer gucken möchte, kann ich die Situation beobachten und beschreiben und versuchen, zu gucken, was steckt dahinter, aber auch Ideen entwickeln. Auch das könnte ich in ein IC[6] einfließen lassen, von daher passt das immer sehr gut, finde ich.«

Zugleich zeigt sich aber auch der prozesshafte Charakter, der andauernde (und fortlaufende) Teamentwicklungsprozess, der durch die (systematische) Auseinandersetzung mit herausforderndem Verhalten erfolgt und der Zeit, also eine intensive Vorbereitung und Begleitung sowie Reflexion im Team, voraussetzt:

> »Durch die Teamdiskussion wird das immer wieder hochgeholt. Die Arbeitspapiere, die auch schon während der Fortbildung auf jeden Fall immer gemeinsam in Kleingruppen ausgefüllt wurden, und wir hatten ja immer direkt am nächsten Tag Teamsitzung mit Platz dafür. Zwei Wochen später dann nochmal, also wir hatten es eigentlich kontinuierlich drin wegen den Veränderungen, Veränderungen von Sichtweisen und Verhalten, da haben wir immer was ausprobiert. Das war, glaube ich, richtig wichtig als Teamentwicklungsprozess, und ich glaube, wir sind wirklich auf diesem Level, dass wir das auch weitertragen können.«

---

6 Das ›Individuelle Curriculum‹ ist Teil der Weiterentwicklung des *Infans*-Handlungskonzepts (Laewen & Andres, 2011) und wird in Kindertageseinrichtungen im Rahmen der Beobachtung kindlicher Entwicklungsprozesse durchgeführt.

Die Leitung beschreibt den Teamentwicklungsprozess weiter auch als einen individuellen und andauernden Prozess:

»Die Haltungs- und Einstellungsveränderung ist ein Prozess und der läuft nicht bei allen Menschen gleich […]. Steter Tropfen höhlt den Stein, also, dass das schon etwas in Gang gebracht hat oder dieses Samenkorn, das man dann doch irgendwann zum Wachsen bringt, das sehe ich jetzt, kann ich sagen, durchgängig bei allen Kolleginnen. Dass die da anders drangehen, dass sich auch was verändert hat. Und auch die Bereitschaft über DIE Kinder positiv in den Dialog zu gehen.«

So sind es auch die sichtbar werdenden Veränderungen (bspw. das gemeinsame Handeln im Sinne der Prävention), die die Teams dazu anhalten, sich immer weiter mit dem Thema ›Herausforderndes Verhalten‹ auseinanderzusetzen und die eigene Professionalität im Umgang mit herausforderndem Verhalten weiterzuentwickeln:

»Das hat dieses ganze Projekt, glaube ich, auch bewirkt, also, dass die Bezugserzieherinnen für ihre Kinder frühzeitiger quasi dran denken, lass uns da nochmal bitte mit einem anderen Blick draufgucken […]. Also dafür, dass man die Kinder nicht in eine Rolle bringt, halt nicht ›der schon wieder‹ […]. Auch die Selbstwirksamkeit von T. einfach erleben zu lassen und das als positiv zu nutzen, das Selbstbild zu stärken […]. Das wird sicher noch ein weiterer Prozess sein, […] dass wir dann immer wieder auf unser Handwerkszeug zurückgreifen, das wäre so unser Denken fürs nächste Jahr, dass das in Fleisch und Blut übergeht.«

Gemeint ist damit, dass die Entwicklung einer professionellen ›Haltung‹ in der Begegnung mit herausforderndem Verhalten nicht nur weiter gefestigt und neuen KollegInnen und MitarbeiterInnen vorgelebt wird. Darüber hinaus beschreibt eine Leitung im Gespräch das weitere Ziel der konzeptionellen Verankerung:

»Ich als Leitung hab' schon den Anspruch, dass wir das hier komplett verankern, weil ich einfach auch sehe, dass wir uns viel leichter tun mit HeVeKi. Also wenn ich jetzt die Wirkung nicht hätte, die Veränderungen in der Haltung, in diesem Selbstverständnis der Erzieherinnen, dann würde ich das vielleicht nicht so sehen.«

3.4.6 Konzeptionelle und strukturelle Maßnahmen als wichtige Voraussetzung für die (nachhaltige) Umsetzung von HeVeKi

Zuletzt zeigt sich, dass spezifische Rahmenbedingungen eine wichtige Voraussetzung für die Umsetzung von HeVeKi darstellen. So beschreiben die Leitungen, dass die ganzen Fortbildungstage in Form von Inhouse-Schulungen für das gesamte Team dazu beigetragen haben, als Team ›zusammenzuwachsen‹:

»Also, durch das Miterleben im Team, in der Gruppe grundsätzlich, dieser Umgang miteinander, und mitzukriegen, dass es getragen wird im kompletten Team, so dass man mit herausforderndem Verhalten auch umgehen kann. Und wenn jetzt mal eine Kollegin nicht in der Lage ist, dass das andere dafür übernehmen, ohne dass man vorher großartig Abmachungen treffen müsste.«

Neben dem Vorliegen eines vorhandenen Beobachtungskonzeptes, das mit HeVeKi und den Methoden systematisch verknüpft wird (s. o.), wird die Notwendigkeit beschrieben, sich während des Implementierungsprozesses kontinuierlich mit den

Inhalten und deren Übertragung in den Alltag auseinanderzusetzen. Diesen Prozess der ständigen Umsetzung beschreibt eine Leitung wie folgt:

> »Ich glaub, das Wichtigste ist, das wirklich kontinuierlich in den Teamsitzungen zu verankern als festen Bestandteil. Das hat uns, glaub ich, echt geholfen. Die Hausaufgaben gleich zu machen, gemeinsam draufzugucken und Kleingruppen zu bilden, je nachdem, wie groß das Team ist, aber immer da dranzubleiben und der feste Punkt in der Teamsitzung, ich glaub, das ist das A und O.«

Die Auswertungen zeigen, dass durch die Reflexion und den intensiven Austausch über eigene subjektive Prägungen, Wahrnehmungs- und Bewertungsprozesse sowie Handlungsweisen im Umgang mit herausforderndem Verhalten, Teamentwicklungsprozesse initiiert und die Entwicklung einer gemeinsamen Grundhaltung für die professionelle Begegnung mit herausforderndem Verhalten angestoßen werden.

4 Professionelle Begegnungsmöglichkeiten der pädagogischen Fachkräfte

In diesem Kapitel erfahren Sie etwas über:

- das Prozessmodell zur Entwicklung professioneller Begegnungsmöglichkeiten für herausforderndes Verhalten;
- die Bedeutung einer sorgfältigen und systematischen Beobachtung von Verhaltensweisen und Situationen, die als herausfordernd erlebt werden;
- die Diagnostik in der pädagogischen Praxis, um herausforderndem Verhalten professionell begegnen zu können;
- die Bedeutung der Situationsanalyse als wichtige und notwendige Kompetenz und Voraussetzung, um herausforderndes Verhalten besser verstehen zu können;
- die Notwendigkeit einer ausführlichen Handlungs-Planung auf mehreren Ebenen;
- Möglichkeiten, Kindern, die ihre innere Not durch herausforderndes Verhalten ausdrücken, so zu begegnen, dass ihnen neue Entwicklungsanregungen gegeben werden.

Wie bereits dargestellt, besteht das Ziel dieses Buches darin, die Kompetenzen pädagogischer Fachkräfte und LehrerInnen in der Begegnung mit Kindern (und ihren Familien), deren Verhalten als herausfordernd erlebt wird, zu stärken und weiter auszubauen.

In diesem Kapitel wird zunächst der Kreislauf des professionellen pädagogischen Handelns (▶ Abb. 8) vorgestellt und im Anschluss daran in Form von Fallbeispielen (▶ Kap. 5) angewendet. Dabei wird in einem ersten Schritt auf die Bedeutung der systematischen Beobachtung des Kindes und seiner ›Lebensäußerungen‹ eingegangen (▶ Kap. 4.1.1). Anschließend wird in Kapitel 4.1.2 der Fokus auf die Diagnostik gerichtet. Dabei geht es insbesondere um die Vorstellung von Strategien des diagnostischen Vorgehens für das pädagogische Handlungsfeld, die einen wichtigen Teil der differenzierten Beobachtung darstellen und bedeutend für die weitere Analyse und Handlungsplanung sind.

In Kapitel 4.2 wird auf die Analyse, den zweiten Schritt des Prozessmodells, eingegangen. Es wird die Bedeutung der Analyse dargestellt, die als ein wichtiger Bestandteil für das tiefere Verstehen des Verhaltens des Kindes zu sehen ist. Anknüpfend an Kapitel 2 wird dabei auf alle relevanten Bereiche Bezug genommen, die in den Verstehensprozess einbezogen werden sollten.

Im darauffolgenden Kapitel 4.3 wird die Handlungsplanung vorgestellt, die den dritten Schritt des Kreislaufs zum professionell-pädagogischen Handeln darstellt.

4 Professionelle Begegnungsmöglichkeiten

In diesem Kapitel werden wichtige Grundprinzipien und Ebenen beschrieben, die bei der Handlungsplanung relevant sind.

In Kapitel 5 werden dann anhand von Fallbeispielen exemplarische Handlungsmöglichkeiten vorgestellt, um entwicklungsförderliche und passgenaue Begegnungsantworten auf verschiedene Formen von herausforderndem Verhalten zu planen und umzusetzen.

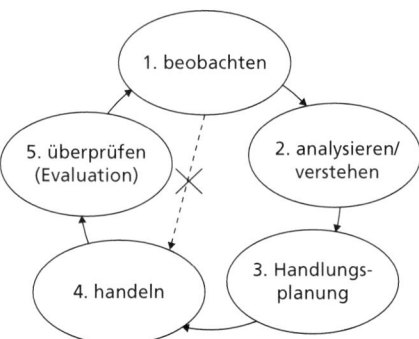

Abb. 8: Prozessmodell zum professionellen Umgang mit herausforderndem Verhalten

4.1 Beobachtung und Diagnostik

Im ersten Schritt des Kreislaufs zum professionell-pädagogischen Handeln steht die systematische Beobachtung (▶ Kap. 4.1.1). Diese sollte neben der Reflexion subjektiv geprägter Wahrnehmungsprozesse (▶ Kap. 3.1) und einem regelmäßigen Austausch im Team im Alltag fest verankert sein.

Wenn die aus den Beobachtungen gewonnenen Informationen zum Verstehen nicht ausreichen, ist es nötig, die kindlichen Verhaltensweisen genauer und vertiefter mit verschiedenen Methoden zu ›untersuchen‹. Deshalb wird im zweiten Teil dieses Kapitels (▶ Kap. 4.1.2) auf wichtige Grundprinzipien und Leitlinien der Diagnostik im pädagogischen Handlungsfeld eingegangen.

4.1.1 Die Bedeutung systematischer Beobachtung

Das Ziel einer bedürfnisorientierten und individuellen Entwicklungs- und Bildungsbegleitung eines Kindes besteht darin, für Situationen, die als herausfordernd wahrgenommen werden, passgenaue Handlungsstrategien zu entwickeln und im Alltag umzusetzen.

Wie bereits dargestellt, bezieht sich die Beobachtung im professionellen Umgang mit herausforderndem Verhalten darauf, einerseits die Subjektivität der eigenen

Wahrnehmung zu berücksichtigen; so ist jede Beobachtung eines Kindes von ›Wahrnehmungsbrillen‹ geprägt, die sich je nach BeobachterIn, sehr unterschiedlich auf die Bewertung von Verhaltensweisen auswirken. Andererseits ist im Umgang mit herausforderndem Verhalten die systematische Beobachtung bedeutsam, die sich nach Fröhlich-Gildhoff et al. (2011) darauf bezieht, herausforderndes Verhalten ...

- zielgerichtet,
- über einen bestimmten Beobachtungszeitraum,
- in unterschiedlichen Situationen,
- von unterschiedlichen Personen
- und unter einer ressourcen- und stärkenorientierten Perspektive wahrzunehmen.

So kann durch die regelmäßige Beobachtung eines Kindes und seines Verhaltens in unterschiedlichen Situationen durch verschiedene Personen ein möglichst ganzheitliches und zumindest teilweise wertneutrales Bild einer Situation entstehen. Dazu gehört, eine Beobachtung in einem ersten Schritt interpretationsfrei und unter Berücksichtigung der eigenen Handlungen, Gefühlsäußerungen sowie Kontextfaktoren zu beschreiben. Da sich die Beschreibung einer Beobachtung immer nur auf einen kurzen Ausschnitt einer Situation bezieht, sollte die eigene Wahrnehmung mit der anderer, zunächst vor allem der KollegInnen, abgeglichen werden. Dadurch können Beobachtungen ergänzt und eigene subjektiv geprägte Wahrnehmungsprozesse reflektiert werden.

Die professionelle Beobachtung im Umgang mit herausforderndem Verhalten zeichnet sich zudem dadurch aus, dass der eigene Blick bewusst auf die Stärken und Fähigkeiten des Kindes gelenkt wird und auch die ›stillen‹ Kinder wahrgenommen werden, die im häufig turbulenten Alltag Gefahr laufen, ›unterzugehen‹. Folgende Fragen können helfen, die Beobachtung zu strukturieren:

> Wann habe ich das Verhalten als herausfordernd wahrgenommen?
> Was genau habe ich beobachtet?
> Wer war in der Situation beteiligt (hier sollte auch der Einbezug der Gruppe erfolgen)?
> Was war vor der Situation (z. B.: Kam Martin schon gestresst in die Kita? Was ist derzeit zu Hause los?)?
> Was passierte danach?
> Sonstige Anmerkungen, z. B. unterschiedliche Beobachtungen des Kindes durch verschiedene Fachkräfte in der Situation, das Fehlen einer Kollegin, Ressourcen in der Situation, sehr unruhige und chaotische Situation usw.

Mit nachfolgend dargestellter Tabelle (▶ Tab. 2) können Beobachtungen weiter systematisiert werden. Dies kann dazu beitragen, im Alltag relativ schnell Informationen und Erkenntnisse über herausfordernde Verhaltensweisen in immer wiederkehrenden (›anstrengenden‹) Situationen zu erhalten. Das Ziel besteht darin, Wahrgenommenes differenziert zu erfassen, Zusammenhänge zwischen Verhaltensweisen in bestimmten Situationen zu erkennen und Ressourcen zu identifizieren. Die systematische Dokumentation kann zudem dazu beitragen, ›auslösende‹ Situationen, in denen herausforderndes Verhalten deutlich wird, frühzeitig wahrzunehmen und diese langfristig präventiv zu vermeiden.

Tab. 2: Systematische Dokumentation von herausforderndem Verhalten

Tag/ Uhrzeit	Kurze Situationsbeschreibung	WER war beteiligt?	Was passierte VORHER?	Was passierte NACHHER?	Sonstiges

4.1.2 Diagnostik

Wenn Informationen zum Verstehen des Kindes und seines Verhaltens nicht ausreichen, ist es nötig, vertiefter mit verschiedenen Methoden relevante Informationen über das Kind und sein Umfeld zu generieren. Wichtig ist dann, mit den Eltern Vereinbarungen zu treffen, dass weitere Untersuchungen von externen Fachkräften, z. B. in Erziehungsberatungsstellen, Frühförderzentren, von (spezialisierten) KinderärztInnen oder Kinder- und JugendlichenpsychotherapeutInnen, durchgeführt werden.

Dieser Prozess der weiterführenden Ursachensuche wird als Diagnostik bezeichnet. Das Ziel ist die Entwicklung weiterführender und mit allen Beteiligten abgestimmter Handlungsstrategien. Diese resultieren aus der dann noch genaueren Analyse der Faktoren, die den als herausfordernd erlebten Verhaltensweisen eines Kindes zugrunde liegen.

Immer wieder werden im Bereich der Pädagogik kritische Stimmen deutlich, wenn es um die Diagnostik im pädagogischen Handlungsfeld geht. Aus diesem Grund wird hier näher darauf eingegangen, was Diagnostik in den Bereichen Kita und Schule bedeutet und welche Ziele damit für die professionelle Begegnung mit herausforderndem Verhalten einhergehen. Auf diese Weise werden wichtige diagnostische Grundprinzipien und Leitlinien für eine professionelle Begegnung mit herausforderndem Verhalten in Kita und Schule dargestellt.

Im letzten Abschnitt dieses Kapitels (▶ Kap. 4.1.3) folgt die Vorstellung unterschiedlicher diagnostischer Verfahren, die in der pädagogischen Praxis die präzise Einschätzung von herausfordernden Verhaltensweisen und die Entwicklung von

Handlungsstrategien für den Umgang mit herausfordernden Verhaltensweisen im Alltag unterstützen.

Bedeutung und Ziele von Diagnostik

In Anbetracht der verschiedenen Handlungsfelder bestehen unterschiedliche begriffliche Bezugspunkte der Diagnostik (Eckert, 2013). Im Zusammenhang mit diesem Buch – dem Umgang mit herausforderndem Verhalten im pädagogischen Bereich – wird in diesem Kapitel das pädagogische Verständnis von Diagnostik beschrieben.

Das Ziel des diagnostischen Prozesses besteht darin, genau hinzuschauen und Diagnostik als »das systematische Sammeln und Aufbereiten von Informationen mit dem Ziel, Entscheidungen und daraus resultierende Handlungen zu begründen, zu kontrollieren und zu optimieren« aufzufassen (Jäger & Petermann, 1995, S. 11). Möller und Kotte (2013) verstehen das diagnostische Vorgehen in der Annäherung an einen Sachverhalt und in dessen Erkundung und Systematisierung, um das daran anknüpfende Handeln passgenau abzuleiten. Dabei geht es ausdrücklich *nicht* darum, ein Endprodukt, eine Diagnose, im Sinne einer »klaren Charakterisierung auf der Basis von Wahrscheinlichkeitsaussagen« (Kleber, 2006, S. 105) zu erhalten.

Im Bereich der (Früh-)Pädagogik standen (und stehen) sich Positionen gegenüber, die sich einerseits eher auf die pädagogisch-psychologische (Test-)Diagnostik und andererseits auf eine eher offene und prozessorientierte Beobachtung beziehen (Mischo et al., 2011). Beiden Positionen liegen Vor- und Nachteile inne: so sind Beobachtungs- und Dokumentationsverfahren (z. B. das »Infans-Handlungskonzept«, Laewen & Andres, 2011) in enger Verbindung zum pädagogischen Handlungsfeld entstanden und i. d. R. auf eine gute und praktikable Weise in den Alltag zu integrieren (Mischo et al., 2011). Deutlich wird beim Einsatz dieser individuumszentrierten Instrumente, dass eher der phänomenologisch/hermeneutische Zugang und somit eine starke UntersucherInnen-Abhängigkeit einfließt (ebd., S. 15).

Psychometrische Verfahren, die meist aus dem Bereich der (Pädagogischen) Psychologie entstammen, wurden dabei eher auf Basis eines naturwissenschaftlichen Wissenschaftsverständnisses entwickelt (z. B. DESK 3–6 R; *Dortmunder Entwicklungsscreening für den Kindergarten*; Tröster et al., 2016). Dadurch bedienen diese Verfahren zumindest zu einem großen Teil eher die Unabhängigkeit des Untersuchers (Objektivität; ebd., S. 15). Die Grenze standardisierter und normierter Verfahren liegt allerdings meist darin, dass nur ein geringer Teil von bedeutsamen individuumsspezifischen Merkmalen erfasst wird.

Zusammenfassend zeigt sich, dass sowohl psychometrische Verfahren, als auch Beobachtungs- und Dokumentationsverfahren »nicht per se ›gut‹ oder angemessen sind« (Mischo et al., 2011, S. 16). Bedeutsam ist vielmehr, in Anbetracht eines spezifischen Ziels bzw. zu dessen Erreichung das jeweils passende Verfahren zu wählen. Je nach Situation kann auch die Verwendung unterschiedlicher Verfahren notwendig sein, um ein ganzheitliches und ressourcenorientiertes Verständnis des Verhaltens zu ermöglichen. Über die ›alltägliche‹ Beobachtungsmethodik hinaus können Screeningverfahren durch deren Standardisierung und Normierung bei gezieltem Einsatz dazu beitragen, eigene Hypothesen zu überprüfen und Verhaltensweisen von Kindern noch einmal sehr viel differenzierter zu erfassen (z. B. im Bereich ›Aufmerksamkeit – Konzentration – Ausdauer‹ oder ›Soziale Kontakte/Stellung in der Gruppe‹; BEK; *Beobachtungsbogen zur Erfassung von Entwicklungsrückständen und Verhaltensauffälligkeiten bei Kindergartenkindern*; Mayr, 1998; weitere ▶ Kap. 4.1.3).

Nach Leutner zielt die Diagnostik im schulpädagogischen Bereich darauf ab, »in einer bestimmten pädagogischen Situation aktuell anstehende Entscheidungen hinsichtlich des Lernens bzw. der Erziehung des jeweils betrachteten Individuums« (Leutner, 2006, S. 559) zu fällen. Im Diagnostikprozess sollen unterschiedliche Lernvoraussetzungen und Fähigkeiten der Kinder erfasst werden, mit dem Ziel, den verschiedenen Bedürfnissen Rechnung zu tragen und angepasste Strategien zur Intervention und Begegnung zu entwickeln (Eckert, 2013).

Prengel versteht die pädagogische Diagnostik insbesondere in der Beschreibung einer »pädagogischen Lernprozessanalyse« und meint damit den Einbezug standardisierter Instrumente, die Durchführung von Beobachtungen und Dokumentationen von Portfolios, um individuelle Lernprozesse der SchülerInnen in der Schule abzubilden. Bedeutsam für Prengel ist zudem ein kompetenzorientierter Blick auf die SchülerInnen, die Analyse des familiären Umfeldes sowie die Selbstevaluation durch die Kinder (Prengel, 2006, S. 26). Auch beschreibt die Autorin das Vorgehen der »didaktischen Diagnostik« (ebd., S. 27) als weitere diagnostische Form, um eine enge Verbindung zwischen einer Diagnose und Förderung zu ermöglichen.

Hartke (2012) beschäftigt sich in seiner Untersuchung mit der »Diagnostik und Förderung am Beispiel des Ziels der Inklusiven Schule im Vergleich zur jahrzehntelangen Praxis sonderpädagogischer Diagnostik« (ebd., S. 66). So betrachtet er Diagnostik in der inklusiven Schule als Instrument zur Früherkennung von Entwicklungsschwierigkeiten mit dem Ziel, Fähigkeiten zu ermitteln und Ziele zu finden, um anschließend Entwicklungsprozesse zu planen und zu reflektieren (ebd.). Dabei können auch diagnostische Verfahren zum Einsatz kommen, die auf Kompetenzentwicklungsmodellen beruhen und Kompetenzstufen zugeordnet werden können (z. B. May & Bennöhr, 2013, KEKS-Aufgaben).

Schlussfolgernd zeigt sich, dass das diagnostische Prozessgeschehen zur Professionalität von (früh-)pädagogischem Handeln im Umgang mit herausforderndem Verhalten beitragen kann. Dies ist dann der Fall, wenn auf der Basis abgesicherter Verfahren und Methoden und unter Einbezug verschiedener Perspektiven differenzierte und passgenaue Handlungsstrategien entwickelt werden, die zur Entwicklung von Impulsen führen, durch die das Kind in die »Zone der nächsten Entwicklung« (Wygotski, 1987) gelangen kann (Mischo et al., 2011).

Diagnostische Grundprinzipien für Kita und Schule

Nach Fröhlich-Gildhoff (2017, S. 63) beinhaltet der diagnostische Prozess vier wichtige Grundprinzipien, die für den Umgang mit herausforderndem Verhalten in Kita und Schule hilfreich sind. Diese lassen sich wie folgt zusammenfassen:

1 Hypothesengeleitetes Vorgehen

In einem ersten Schritt werden systematisch Informationen gesammelt und Hypothesen gebildet (▶ Kap. 2 und 4.1). Die Hypothesen stellen erste vorsichtige Interpretationen der Verhaltensweisen dar, die regelmäßig überprüft und dann entweder weiterverfolgt oder verworfen werden. Vierhaus stellt in diesem Zusammenhang fest, dass es sich bei einem diagnostischen »Ergebnis« zum Sozialverhalten eines Kindes bzw. Jugendlichen um eine »Momentaufnahme« (Vierhaus 2014, S. 124) und jeweils um einen wiederholenden Prozess handelt, bei dem neue Annahmen aufgestellt bzw. evaluiert und im nächsten Schritt dann verifiziert oder falsifiziert werden.

2 Multimodales Vorgehen

Ein weiteres wichtiges Kriterium besteht in einem multimodalen Vorgehen; dabei sollen also Informationen mittels unterschiedlicher Zugänge gewonnen werden. Dies bedeutet im Besonderen, Beobachtungen von unterschiedlichen Personen in/aus unterschiedlichen Bezügen zusammenzutragen und gemeinsam zu reflektieren und auszuwerten. Ein multimodales Vorgehen zeichnet sich somit dadurch aus, dass möglichst vielfältige Perspektiven und Daten gewonnen werden. Besonders wichtig sind:

- die Beobachtung des Kindes in unterschiedlichen Situationen;
- die Beobachtung durch unterschiedliche Personen;
- die Beachtung von Kontextfaktoren.

3 Multimethodales Vorgehen

Das multimethodale Vorgehen besteht darin, zur differenzierten Beobachtung von kindlichen Verhaltensweisen verschiedene Verfahren einzusetzen. So können Gespräche, bspw. mit den Bezugspersonen des Kindes, dazu dienen, weitere Informationen über das Verhalten des Kindes im häuslichen Kontext zu erhalten.

Im Rahmen der systematischen Beobachtung und Dokumentation im pädagogischen Alltag eignet sich die Erstellung eines »Individuellen Curriculums« (IC; Laewen & Andres, 2011) um Strategien der Bewältigung von »zugemuteten Themen«[7] eines Kindes zu erfassen. Bedeutsam ist darüber hinaus, (valide) Instrumente zur systematischen Beobachtung des kindlichen Entwicklungsstandes (z. B. Bellers Entwicklungstabelle; Beller & Beller, 2010) sowie Bögen zur Erfassung spezieller Bedarfe (z. B. *Seldak. Sprachentwicklung und Literacy bei deutschsprachig aufwachsenden Kindern*; Mayr & Ulich, 2006) einzusetzen. Bei Anzeichen von Entwicklungsverzögerungen oder ›anhaltenden‹ herausfordernden Verhaltensweisen

---

7 »Zugemutete Themen« können Impulse von Seiten der pädagogischen Fachkräfte auf beobachtete aktuelle Interessen und Themen des Kindes darstellen (Laewen & Andres, 2011).

sollten Screeninginstrumente (z. B. *Grenzsteine der Entwicklung*; Laewen, 2009) verwendet werden, die, wie bereits dargestellt, zu einem noch differenzierteren Erfassen der Verhaltensweisen des Kindes in unterschiedlichen Bereichen beitragen. Ggf. besteht dann, in Absprache mit den Eltern, die Notwendigkeit, das Kind für eine weitere medizinische Diagnostik (z. B. kinderneurologische Diagnostik, bei Verdacht auf Verhaltens- und Kommunikationsstörungen, Autismus, ADHS/ADS usw.) an externe Fachdienste weiterzuleiten.

4 Ganzheitlichkeit und Ressourcenorientierung

Eine professionelle Begegnung mit herausforderndem Verhalten in Kita und Schule zeichnet sich durch eine stärkeorientierte Beobachtung der PädagogInnen aus. Gemeint ist, den Blick bewusst auf die Ressourcen der Kinder, bspw. die Bewältigungsstrategien oder Regulationsfähigkeiten, zu richten und somit, insbesondere im Umgang mit herausforderndem Verhalten, die Gefahr der Defizitorientiertheit und Stigmatisierung (»Der David war's schon wieder, wusste ich es doch«) zu vermeiden.

Die Orientierung an den Ressourcen im diagnostischen Prozess zeichnet sich dadurch aus, dass verschiedene Methoden zur Identifikation von Ressourcen von Kindern mit herausforderndem Verhalten angewendet werden. So können Kenntnisse über personale, familiäre und soziale Schutzfaktoren eines Kindes dazu beitragen, Verhaltensweisen auf Basis ihres Entstehungshintergrundes (s. Bio-Psycho-Soziales Ursachenmodell, ▶ Kap. 2) besser zu verstehen. Personale Ressourcen eines Kindes, bspw. Interesse an spezifischen Dingen, motorische Geschicklichkeit etc. ermöglichen nicht nur eine Vervollständigung der Sichtweise, sondern erleichtern den ›Zugang‹ zum Kind. Ressourcen wie ausgeprägte soziale Kompetenzen, eine positive Selbstwahrnehmung oder Selbstwirksamkeitserwartungen können dazu beitragen, akute Krisensituationen besser zu bewältigen.

Eine weitere Methode der Ressourcenorientierung stellen »Ressourcenkarten« (Petzold, 1997) dar. Diese können dabei helfen, einen Überblick über personale und soziale Ressourcen eines Kindes zu erhalten. Dabei handelt es sich um

- wahrgenommene/nicht wahrgenommene Ressourcen,
- nutzbare/nicht nutzbare Ressourcen,
- nutzbare, aber nicht als nutzbar bewertete Ressourcen,
- verfügbare, aber nicht genutzte Ressourcen,
- genutzte, aber nicht optimal genutzte Ressourcen etc. (ebd., S. 455).

Zusammenfassend lässt sich festhalten, dass im Umgang mit dem Kind die Aktivierung (vorhandener) Ressourcen und deren Nutzen und Einsatz in optimaler Weise ermöglicht werden sollte. Über Zutrauen und Zumutungen von Seiten der PädagogInnen (z. B. den Zugang zu ›schwierigen‹ Elementen im Kita-Außengelände) haben Kinder dann die Möglichkeit, psychisch zu wachsen und Selbstwirksamkeitserfahrungen zu machen, um dann auch zu erkennen: Mir wird etwas zugetraut und ich selbst kann mir etwas zutrauen.

4.1.3 Konkrete diagnostische Verfahren und (Screening-)Instrumente

Der diagnostische Prozess zeichnet sich unter Berücksichtigung der o. a. Grundprinzipien und Leitlinien auch durch den Einsatz konkreter Verfahren und Instrumente aus. Durch ihren Einsatz lassen sich die aus den Alltagsbeobachtungen entwickelten Hypothesen überprüfen und erste vorsichtige Erklärungsansätze ableiten. Bedeutsam ist, möglichst frühzeitig ›Auffälligkeiten‹ zu identifizieren. ›Auffälligkeiten‹ sind deutliche Abweichungen des Entwicklungsstandes eines Kindes in einem spezifischen Kompetenzbereich, wie z. B. der Emotionsregulation, von den Daten der Altersvergleichsgruppe. Durch den Einsatz von spezifischen diagnostischen Verfahren besteht die Chance, mit herausfordernden Verhaltensweisen einhergehende (eventuelle) Entwicklungsrückstände (möglichst frühzeitig) zu erkennen. Auf dieser Grundlage müssen dann ebenfalls bedürfnisorientierte Strategien der Intervention und entsprechende Maßnahmen entwickelt werden (Hermann & Holodynski, 2014).

In der Literatur finden sich vielfältige Verfahren und Screeninginstrumente, die in Kindertageseinrichtungen und (Grund-)Schulen zur Hypothesenprüfung beitragen können. Dabei werden Verfahren für die Bereiche der Verhaltens- und Psychodiagnostik sowie Entwicklungs-, Intelligenz- und Leistungsdiagnostik voneinander abgegrenzt.

Diese Verfahren lassen sich wie folgt in die Gesamtsystematik (▶ Abb. 9) des Beobachtungs- und Diagnostikprozessen einordnen:

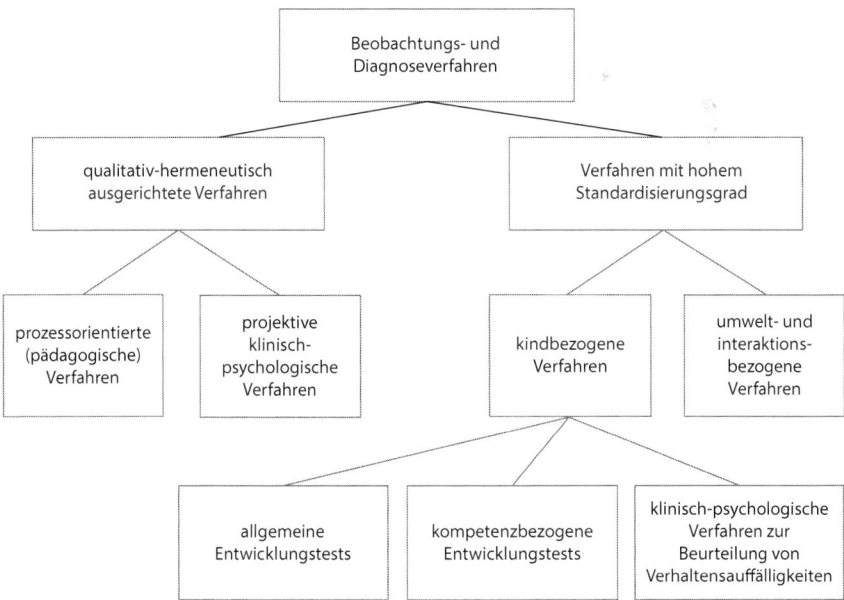

Abb. 9: Übersicht über Beobachtungs- und Diagnoseverfahren (aus Fröhlich-Gildhoff, 2017)

Die verschiedenen Quellen weisen eine Vielfalt an Verfahren auf, auf die an dieser Stelle nicht in der Fülle eingegangen werden kann (vgl. Mischo, Weltzien & Fröhlich-Gildhoff, 2011). Neben standardisierten Tests werden im Folgenden projektive Verfahren, Beobachtungsverfahren sowie die Spieldiagnostik kurz erläutert. Einige Instrumente werden beispielhaft jeweils für die Ebenen Kindertageseinrichtung und Schule aufgeführt, insbesondere mit Blick auf Verfahren zur vertieften Erfassung von herausfordernden Verhaltensweisen der Kinder und Jugendlichen.

Beobachtungen über das Spiel/interaktive Spieltechniken

Die Beobachtung des kindlichen Spiels stellt aufgrund der ›alltagsnahen Situation‹ eine wertvolle Ressource dar, um Informationen über das Kind zu erhalten. Daneben kann die aktive Teilnahme pädagogischer Fachkräfte im Rahmen von Rollen- und Fantasiespielen oder die gemeinsame Gestaltung von Regel- und Tischspielen Aufschluss darüber geben, wie Kinder Affekte und Impulse regulieren und in Beziehung gehen (Döpfner & Petermann, 2012). Darüber hinaus besteht die Möglichkeit, anhand des interaktiven Spiels »flexibel und einfühlsam auf das kognitive, sprachliche und sozial-emotionale Entwicklungsniveau des Kindes abgestimmt« (ebd., S. 61) zu reagieren und somit weitere Informationen über das kindliche Verhalten zu erfassen. Hilfreich ist hier eine systematische Dokumentation der Beobachtungen, ähnlich des Vorgehens in Tabelle 2 (▶ Kap. 4.1.1).

Standardisierte Tests

Es liegen verschiedene standardisierte Testverfahren zur Selbst- und Fremdeinschätzung vor, die sich in der Erfassung von (herausfordernden) Verhaltensweisen auch in Bezug auf die verschiedenen Altersstufen unterscheiden. Dabei werden unterschiedliche Verfahren für pädagogische Fachkräfte in Kindertageseinrichtungen, Lehrkräfte und Eltern entwickelt, die zur Einschätzung kindlicher Verhaltensbereiche dienen. Der Einsatz von Screeninginstrumenten ist nach Vieraus wichtig, da sie »erste Hinweise auf verhaltensbezogene Auffälligkeiten« (Vieraus, 2014, S. 125) geben.

Nicht selten wird die Kritik aus der pädagogischen Praxis geäußert, dass die Verfahren zur Einschätzung der Verhaltensweisen zu defizitorientiert ausgerichtet sind und insbesondere Bereiche erfasst werden, die das Kind *nicht* kann. Die Kritik ist durchaus berechtigt, da immer noch ein Großteil der Einschätzverfahren verhältnismäßig wenig Skalen zur Erfassung der Fähigkeiten bzw. prosozialen Verhaltensweisen beinhalten. Im Folgenden werden daher standardisierte Tests vorgestellt, die auch die Kompetenzen und Stärken der Kinder erfassen.

- *Kindergartenalter*: Der KOMPIK *(Kompetenzen und Interessen von Kindern)* stellt einen ressourcenorientierten Beobachtungs- und Einschätzungsbogen zur Erfassung von Kompetenzen und Interessen von Kindern in Kindertageseinrichtungen dar. Mayr und KollegInnen haben hier ein umfassendes Instrument zur Einschätzung zentraler Entwicklungsbereiche entwickelt, die bspw. die Erfassung von motorischen, sozialen und emotionalen Kompetenzen beinhaltet (Mayr, Bauer & Krause, 2011). Ebenso umfassende Instrumente stellen der BEK (*Beobachtungsbogen zur Erfassung von Entwicklungsrückständen und Verhaltensauffälligkeiten*; Mayr, 1998), die *Grenzsteine der Entwicklung* (Laewen, 2009) sowie das Verfahren EBD (*Entwicklungsbeobachtung und -dokumentation*; Petermann et al., 2012) dar, die z. T. für unterschiedliche Altersstufen vorliegen und die kindliche Entwicklung sowie Verhaltensweisen von Kindern in Kindertageseinrichtungen erfassen.

- *Grundschulalter*: Mutzeck und Kollegen haben ein *Screening für Verhaltensauffälligkeiten im Schulbereich* (SVS; Mutzeck, Fingerle & Hartmann, 2000) entwickelt. Dabei handelt es sich um ein normiertes Verfahren, um Verhaltensauffälligkeiten (externalisierender sowie internalisierender Verhaltensweisen) sowie Fähigkeiten und Ressourcen über Beobachtungen im Schulalltag zu erfassen. Daneben haben Petermann und Petermann (2006) die *Lehrereinschätzliste für Sozial- und Lernverhalten* entwickelt. Die LSL stellt einen ressourcenorientierten Beurteilungsbogen für LehrerInnen dar, über den das Arbeits- und Sozialverhalten von SchülerInnen im Alter von 6–19 Jahren anhand von zehn Skalen (insgesamt 50 Items) zugeordnet wird.

Für Eltern und PädagogInnen haben sich zudem für die Bereiche Kindertageseinrichtung und Schule Screeninginstrumente etabliert, die auch im Rahmen von wissenschaftlichen Untersuchungen regelmäßig zum Einsatz kommen. Hierbei handelt es sich um normierte und hinsichtlich des Ökonomiegrades um schnell zu bearbeitende und in ihrer Handhabung relativ einfache Verfahren. So erfasst der Fragebogen SDQ (*Strengths and Difficulties Questionnaire*; Goodman, 2005)[8] die Stärken und Schwächen eines Kindes bzw. Jugendlichen. Dabei handelt es sich um einen kurzen Fragebogen für das Verhalten von Kindern und Jugendlichen im Alter von 4–16 Jahren durch Eltern bzw. Lehrer und Erzieher. Zwischenzeitlich liegt auch ein Selbstbeurteilungsbogen für Jugendliche vor.

Daneben wurde ein ausführliches Fragebogensystem von Achenbach (1991) zur allgemeinen Erfassung von Verhaltensauffälligkeiten und Verhaltenskompetenzen entwickelt. Die Bögen wurden von der Arbeitsgruppe *Deutsche Child Behavior Checklist* (1998) ins Deutsche übersetzt. Es liegt ein Elternfragebogen über das Verhalten von Kindern und Jugendlichen (CBCL/4–18), ein Lehrerfragebogen über das Verhalten von Kindern und Jugendlichen im Alter von 6–18 Jahren (TRF/6–18) sowie ein Fragebogen für ErzieherInnen von Klein- und Vorschulkindern (C-TRF 1,5–5) vor. Durch den identischen Aufbau der Bögen können die verschiedenen Perspektiven verglichen werden.

Ebenso gibt es eine Reihe von Verfahren zur Selbsteinschätzung, die nach unterschiedlicher Literatur i. d. R. ab einem Alter von etwa zehn Jahren empfohlen wird. Grob und Smolenski (2009) haben bspw. einen Fragebogen zur Erhebung der Emotionsregulation bei Kindern und Jugendlichen (FEEL-KJ 10–20) entwickelt.

---

8 Das Verfahren ist frei zugänglich: www.sdqinfo.org.

Dabei werden die Regulation von Wut, Angst und Trauer sowie adaptive und maladaptive Strategien (z. B. Suche nach sozialer Unterstützung und Emotionskontrolle) erfasst.

Projektive Verfahren

Neben standardisierten Testverfahren ermöglichen projektive Verfahren die Einschätzung der Kreativität und Motivation eines Kindes bzw. Jugendlichen sowie seiner tiefergehenden, vorbewussten Wünsche und innerseelischen Konflikte. Dabei werden Verhaltensweisen, Interaktionen und die Affektivität beobachtet (Lehmkuhl & Petermann, 2014; Wienand, 2016). Den projektiven Verfahren liegt das Ziel zugrunde, Hypothesen zu generieren, die aber auch »neue Einsichten liefern, bislang Unverstandenes verstehen helfen und so durchaus auch Hypothesen bestätigen« (Wienand, 2016, S. 18). Wie bei den standardisierten Tests gibt es bei den projektiven Verfahren eine Reihe von Anwendungsmöglichkeiten, wie z. B. den Sceno-Test (von Staabs, 1964), die allerdings auch in ihrer Auswertung Erfahrung und fachliches Wissen erfordern und nur von entsprechend ausgebildeten Kinder- und JugendlichenpsychotherapeutInnen eingesetzt werden sollten (vgl. z. B. Wienand, 2016).

Zusammenfassend zeigt sich, dass diagnostische Prozesse im pädagogischen Handlungsfeld unter einer inkludierenden Betrachtung dazu dienen, die Verhaltensweisen der Kinder (unter Berücksichtigung ihrer Kompetenzen) über die systematische Beobachtung im Alltag hinaus genauer zu erfassen.

Weiterführende Literatur

Döpfner, M. & Petermann, F. (2012). *Diagnostik psychischer Störungen im Kindes- und Jugendalter.* 3., überarb. Aufl. Göttingen: Hogrefe.
Eckert, M. (2013). *Formen der Diagnose und Förderung: Eine mehrperspektivische Analyse zur Praxis pädagogischer Fachkräfte in der Grundschule.* Münster: Waxmann.
Hermann, S. & Holodynski, M. (2014). Emotionale Kompetenz. In: A. Lohaus, & M. Glüer (Hrsg.). *Entwicklungsförderung im Kindesalter.* Göttingen: Hogrefe.
Mischo, C., Weltzien, D. & Fröhlich-Gildhoff, K. (2011). *Beobachtungs- und Diagnoseverfahren in der Frühpädagogik.* Kronach: Wolters Kluwer Carl Link.
Wienand, F. (2016). *Projektive Diagnostik bei Kindern, Jugendlichen und Familien. Grundlagen und Praxis – ein Handbuch.* Stuttgart: Kohlhammer.

4.2 Analyse und Verstehen als Kernkompetenz

Der Begriff ›Analyse‹ meint im Wortsinne die genaue Untersuchung, bzw. die ›Zergliederung‹ und Zerlegung eines Sachverhalts in einzelne Bestandteile. Im Umgang mit herausforderndem Verhalten in Kita und Schule zielt die Analyse auf eine

›Enträtselung‹ ab: Über die Entwicklung von Hypothesen wird das Ziel verfolgt, Verhaltensweisen besser zu verstehen und passgenaue Handlungsstrategien abzuleiten, die zur »Stärkung und Begleitung des Kindes in seinem Umfeld« (Seitz & Finnern, 2012, S. 21) beitragen. Die Analyse ist somit, auch unter Berücksichtigung einer möglichst ganzheitlichen und ressourcenorientierten Betrachtung von kindlichen Verhaltensweisen, ein wichtiger Bestandteil des systematischen Vorgehens für die professionelle Begegnung mit herausforderndem Verhalten.

Wie bereits in Kapitel 2 dargestellt, lässt sich menschliches Verhalten am besten durch ein Bio-Psycho-Soziales Modell erklären. So tragen die Berücksichtigung von biologischen Ausgangsbedingungen, der sozialen Situation und Bewältigung (aktueller) Entwicklungsaufgaben sowie die innerseelische Struktur des Kindes dazu bei, herausfordernde Verhaltensweisen besser zu verstehen. Aber auch das Wissen über die Befriedigung der seelischen Grundbedürfnisse (Grawe, 2004; ▶ Kap. 2), die in die Analyse von herausforderndem Verhalten einbezogen wird, kann zum breiteren Verstehen des Verhaltens eines Kindes dienen.

Neben allgemeinen Wissensbeständen über die Verhaltensentstehung sowie spezifischem Wissen über das Kind und seine Familie erfordert die Analyse von herausfordernden Verhaltensweisen eine sehr empathische und feinsinnige Erklärungssuche der pädagogischen Fachkräfte und LehrerInnen. So können vorsichtige Versuche der Interpretation in Form von Hypothesen dazu beitragen, die Funktion und den Sinn des Verhaltens für das Kind (in der Situation) zu erkennen. Gemeint ist damit, sich in die Perspektive des Kindes einzufühlen und sein Verhalten unter einer systemischen Betrachtung, also auch unter dem Einbezug relevanter Kontextfaktoren, zu analysieren (▶ Kap. 2).

Ein feinfühliges Verhalten ist im Kontakt und darüber hinaus in der Zusammenarbeit mit den Eltern und Familien wichtig, wenn es um das gemeinsame Verstehen der Verhaltensweisen des Kindes und in der Folge um die Entwicklung von Handlungsstrategien und ggf. weiterer diagnostischer Untersuchungen geht.

Vor dem Hintergrund einer ressourcenorientierten Begegnung sollte auch die Reflexion von Verhaltensweisen und Situationen erfolgen, in denen das Kind ›anders‹ erlebt wird. Gemeint ist einerseits, wie bereits in Kapitel 3 dargestellt, sich mit der eigenen Wahrnehmung vor dem Hintergrund individuell geprägter Bewertungsprozesse und Wahrnehmungsfaktoren auseinanderzusetzen (vgl. Tücke, 2005). Dies kann bspw. im systematischen Austausch mit KollegInnen erfolgen, die ebenfalls das Kind in der Situation beobachtet haben. Andererseits geht es auch darum, die Beziehung zum Kind zu reflektieren und im Team ›Ressourcenpersonen‹ zu identifizieren. ›Ressourcenpersonen‹ sind bspw. KollegInnen, die eine gute Beziehung zum Kind haben und bei Bedarf auch in akuten herausfordernden Situationen unterstützen können.

Bei Verhaltensweisen, die immer wieder als herausfordernd wahrgenommen werden, sollte die Analyse struktureller Rahmenbedingungen nicht ausbleiben. Durch diese Auseinandersetzung können Einflussgrößen identifiziert und Strategien entwickelt werden, um herausfordernde Situationen präventiv zu vermeiden. So sind es in der Kita häufig Schlüsselsituationen wie bspw. der Übergang vom Essen zum Schlafen die mit längeren Wartezeiten verbunden sind und mit Hilfe einer genauen Analyse verändert werden können (z. B. durch das ›gestaffelte‹ Aufstehen). In der Schule sind es häufig Situationen, in denen alle Kinder das

Gleiche tun. Dabei können bspw. Übungsphasen entsprechend entzerrt werden, indem Kinder (Zusatz-)Aufgaben erhalten, die speziell an ihre Bedürfnisse und Kompetenzen angepasst sind.

Im Folgenden sind Fragen formuliert, die dazu beitragen, herausfordernde Verhaltensweisen eines Kindes besser verstehen zu können. Die Fragestellungen sind allen relevanten Ebenen (▶ Kap. 2) zugeordnet, die in den Analyse- und Verstehensprozess einbezogen werden und zur Entwicklung gezielter und passgenauer Handlungsstrategien beitragen.

1. Ebene des Kindes
   Welche Bindungserfahrungen macht das Kind zu Hause, in der Kita und in seinem weiteren Umfeld (z. B. Sport- und Musikverein)?
   In wie weit/wann schafft es das Kind, seine Emotionen zu regulieren, sich in die Absichten anderer hineinzuversetzen?
   Wie bewältigt das Kind Situationen, die es herausfordern (besondere Aufgaben etc.)?
   Welche Emotionen und Gefühlszustände kommen dabei zum Ausdruck?
   In wie weit/wann schafft es das Kind, über den eigenen Gefühlszustand Auskunft zu geben?
   In wie weit/wann schafft es das Kind, sich in die Perspektive des anderen hineinzuversetzen?
   Wann hat das Kind die Möglichkeit, sich als ›Urheber‹ seiner Handlungen, als selbstwirksam, zu erleben?
   Welche Stärken hat das Kind, das im Alltag immer wieder herausfordert? Wie kann ich die Stärken des Kindes stützen?
   Welche Strategien zur ›Problemlösung‹ kommen dabei zum Einsatz?
2. Ebene der Fachkraft(-Kind-Interaktion)
   Wie nehme ich das Kind im Alltag wahr?
   In welchen Situationen nehme ich das Kind als herausfordernd wahr?
   Wann nehme ich es *nicht* als herausfordernd wahr und was ist dann anders (Einbezug der Situation, des eigenen Verhaltens usw.)?
   Wie nehmen meine KollegInnen das Verhalten des Kindes (in dieser Situation) wahr?
   Weshalb verhält sich das Kind gerade in dieser Situation herausfordernd?
   Was hat das wahrgenommene herausfordernde Verhalten mit mir zu tun?
   Welche Normen, Werte und Prägungen könnten damit zu tun haben?
   Welche Funktion könnte hinter dem Verhalten des Kindes stecken?
   Welche (wiederkehrenden) Muster kann ich in meiner Interaktion mit dem Kind erkennen?
3. Ebene Kind und Gruppe sowie des institutionellen Kontextes
   Wie nehmen die Kontextfaktoren Einfluss auf die Situation?
   Welche nehmen besonders Einfluss und wie können sie verändert werden?
   Weshalb verhält sich das Kind in dieser bestimmten Situation so, dass andere ›gestört‹ oder herausgefordert werden?

> Was sind auslösende Bedingungen?
> Wer hat Einfluss darauf?
> Welche situationsübergreifenden Motive und Intensionen der handelnden Personen gibt es?
> Welche (strukturellen) Veränderungen sind notwendig, um möglichst jedem Kind passgenaue Unterstützung bieten zu können?
> 4. Ebene der Kooperation mit Eltern und Familien
> Wie ist die Beziehung zu den Eltern des Kindes?
> Was weiß ich über die Familie des Kindes?
> Welchen Risiko- und Schutzfaktoren ist das Kind derzeit in der Familie ausgesetzt?
> Welche Beziehungserfahrungen macht das Kind im familiären Umfeld?
> Was wünsche ich mir für die Zusammenarbeit mit den Eltern?
> Welche Erwartungen und Ziele habe ich an die Zusammenarbeit mit den Eltern des Kindes oder konkret an ein anstehendes Elterngespräch?
> Welche Strategien habe ich, um die Ziele gemeinsam mit den Eltern zu verfolgen?
> 5. Ebene der Zusammenarbeit mit externen Institutionen
> Was bedeutet eine gute/gelingende Kooperation mit externen Fachdiensten für mich – in Bezug auf das Kind?
> Welche Kooperation bräuchte ich noch/würde mich entlasten?
> Welche Kooperationen bestehen bezogen auf das Kind?
> Wer könnte Kontakt aufnehmen und wer ist Ansprechpartner?

Exkurs: Möglichkeiten und Grenzen von ›Programmen‹ und ›Trainings‹[9]

In der vorliegenden Literatur zur Angewandten Entwicklungspsychologie (z. B. Petermann & Schneider, 2007), aber auch zur Prävention von Entwicklungsstörungen (z. B. von Suchodoletz, 2007) oder von Verhaltensauffälligkeiten (z. B. Fingerle & Grumm, 2012) finden sich eine Vielzahl von Präventions- und Interventionsprogrammen für verschiedenste Alters- und Zielgruppen zur ›Anwendung‹ bei den verschiedensten Problemlagen (Überblick bei Lohaus & Domsch, 2009; Fröhlich-Gildhoff, 2013; Hasselhorn & Schneider, 2016). Diese Programme oder ›Trainings‹ sind weit verbreitet und gelten als eine Möglichkeit, auch herausfordernden Verhaltensweisen zu begegnen. Daher sollen Möglichkeiten und Grenzen anhand von sechs Fragstellungen diskutiert werden:

---

9 Dieser Abschnitt ist eine neu bearbeitete, ergänzte und zentrierte Fassung des Kapitels 1.5 aus Fröhlich-Gildhoff (2013).

1 Generelle Wirksamkeit

In den vergangenen 25 Jahren wurden auf körperlicher wie seelischer Ebene eine Vielzahl von Präventions- und Förderprogrammen realisiert (und evaluiert). Meta-Analysen, also programmübergreifende Vergleichsstudien, belegen allgemein eine gute Wirksamkeit, zumindest in der Evaluation der Erstanwendungen (z. B. Beelmann & Lösel, 2007).[10] Interventions- und Präventionskonzepte, die im frühen Lebensalter einsetzen, sind besser, wenn sie entwicklungsangemessen konzipiert wurden. »Dementsprechend sollte das Fazit nicht ›so früh wie möglich‹, sondern ›rechtzeitig und entwicklungsangemessen‹ lauten« (Beelmann & Schmitt, 2012, S. 132). Dabei stellt nach Wettstein und Scherzinger »eine differenzierte Diagnostik eine Grundvoraussetzung für eine erfolgreiche Intervention dar. Die entsprechende differenzierte Problemwahrnehmung ist die zentrale Ausgangsbasis für Programmauswahl und Anwendung«; es kommt auf die »Passung zwischen Präventionsangeboten und der individuellen und interaktionalen Problemsituation« an (Scherzinger, 2012, S. 174).

Im Übrigen haben sich Programme, bei denen primär Information und Aufklärung im Mittelpunkt stehen, als relativ unwirksam erwiesen. »Wenn Verhaltensänderungen erreicht werden sollen, dann sind Trainingsprogramme effektiver, die neue Verhaltensmuster z. B. mit Rollenspielen, einüben« (von Suchodoletz, 2007, S. 8; ebenso: Beelmann, 2006).

2 Das Verhältnis zwischen isolierter Programmimplementierung und Setting-Ansätzen

Zwar sind einzelne Programme einfacher zu evaluieren und erreichen daher aus methodischen Gründen oft zufriedenstellendere Effekte; dennoch betont eine Vielzahl von AutorInnen (z. B. Beelmann & Lösel, 2007; Röhrle, 2008), dass die Programme im Optimalfall Kinder, deren Eltern und das soziale Umfeld erreichen müssen (multimodale oder systemische Perspektive) und in deren Lebenswelt ansetzen sollten (Setting-Ansatz). Dabei erweisen sich langfristig eingesetzte Programme erfolgreicher als kurze Programme oder einzelne Trainings. So betont von Suchodoletz (2007, S. 8): »Um relevante Effekte zu erreichen, ist es oft erforderlich, mehrere Lebensbereiche (Schule, Familie, weiteres Umfeld) einzubeziehen«.

3 Die Frage der guten Implementierung

Bei der Implementation eines Programms oder einer Maßnahme/Intervention sind eine Reihe von Kriterien zu beachten (vgl. z. B. Petermann, 2014); diese sind im Besonderen:

---

10 Von Suchodoletz (2007) weist allerdings auf das Problem hin, dass viele Programme, die unter Erprobungsbedingungen positiv evaluiert wurden, an der langfristigen Umsetzung in die Praxis scheitern.

- die Motivierung der Zielgruppe (Kinder müssen ein Interesse haben, an einem spezifischen Programm zur Förderung der sozialen Kompetenzen teilzunehmen);
- die Akzeptanz durch die Zielgruppe, dazu muss auch »der zeitliche Aufwand im Verhältnis zum subjektiv erlebten Nutzen stehen« (Grumm et al., 2012, S. 158);
- die Passung zwischen Programm und AdressatInnen, die »Berücksichtigung der Adressatenperspektive« (Fingerle et al., 2012, S. 9);
- damit verbunden: Die spezifische Adaptation eines Programms auf die Zielgruppe (z. B. auf Kinder mit Migrationshintergrund, s. u.);
- eine gute Schulung der Programmanbieter;
- ausreichende Rahmenbedingungen (Zeit, Räume etc.).

4 Alltagsintegrierte Förderung und/oder Programme

Im pädagogischen Bereich wird z. T. sehr kontrovers diskutiert, ob eher alltagsintegrierte Interventionen und Fördermaßnahmen – z. B. die Schulung sozialer Kompetenzen direkt in der Unterrichtssituation – oder eben spezifische (Gruppen-) Programme mit vorhergehender spezifischer Diagnostik sinn- und wirkungsvoller sind. Es liegen für beide Vorgehensweisen positive Studienergebnisse vor. Petermann (2015) hat diese Frage exemplarisch in Bezug auf Sprachfördermaßnahmen diskutiert und kommt zu dem Schluss, dass letztlich die Situation jedes einzelnen Kindes und die Rahmenbedingungen für eine entsprechende Vorgehensweise zu beachten sind.

Es hat sich gezeigt, dass eine isolierte Förderung von Kompetenzen ohne Transfer in Alltagssituationen wenig wirkungsvoll ist. Die im geschützten Rahmen einer Kleingruppe erarbeiteten Strategien der Selbststeuerung müssen in der Kitagruppe bzw. Schulklasse von den PädagogInnen aufgegriffen und konsequent verstärkt/bestätigt werden, sonst werden die Strategien nicht genutzt und wieder abgebaut. Andererseits ist es jedoch manchmal nötig, ein Kind, das seine aufkommenden Erregungen und Gefühle nur sehr schlecht selbst regulieren/ steuern kann, mittels wissenschaftlich gesicherter Programmschritte zum Aufbau dieser Fähigkeit *außerhalb* des pädagogischen Alltags in Einzel- oder Kleingruppensituationen zu unterstützen – und diese dann wieder im pädagogischen Alltag (Gruppe) aufzugreifen.

5 Universelle vs. spezifische Programme/Maßnahmen

Generell sollten vorrangig Programme zur Intervention genutzt werden, die (vorher) evaluiert sind. Eine mit dem Punkt 4 zusammenhängende Frage besteht darin, ob bestimmte Kompetenzen in Gruppen/Klassen allgemein gefördert werden sollen – die Förderung sozialer Kompetenzen sollte das Auftreten von herausforderndem Verhalten im Allgemeinen verringern – oder ob ganz spezifische Fertigkeiten bei einzelnen Kindern gefördert werden sollen. Die vorliegenden Forschungsergebnisse zeigen einerseits, dass die Effekte »universeller Präventionskonzepte [tendenziell] geringer sind als die Wirkungen gezielter […] Maßnahmen« (Beelmann & Schmitt, 2012, S. 129). Andererseits hängt dies in erster Linie mit methodischen Aspekten zusammen: So kommt z. B. Problemverhalten in nicht ausgewählten Stichproben in geringerem Maße vor, es verändert sich dann entsprechend auch nicht. Bei selektiven/spezifischen Programmen für umschriebene Zielgruppen (z. B. ausschließlich Kinder mit Selbstregulationsproblemen) sind die zu erfassenden Variablen als Erfolgsmaße i. d. R. enger zu fassen und näher/enger auf das Programmziel zu beziehen (die Kinder sollen primär ihre Selbstregulation verbessern). Der Vorteil universeller Maßnahmen besteht in »ihrer geringen Stigmatisierungstendenz und ihrer in der Regel sehr niedrigen Zugangsschwelle« (ebd., S. 130): Es machen alle Kinder beim ›Kurs‹ zur Stärkung sozialer Kompetenzen mit. Darüber hinaus wäre dann ein Einstieg in umfassendere und gezielte Maßnahmen möglich.

Es erscheint angemessen, ›stufenweise‹ vorzugehen. »Kostengünstigere universelle Präventionsansätze (mit begleitender Diagnostik) wären dabei ein Einstieg in verschiedene Programmpfade, die mit den Hochrisikogruppen zu individuell zugeschnitten intensiven Maßnahmen führen« (Beelmann & Lösel, 2007, S. 250). Die Programmintensität sollte gestaffelt und aufbauend über Kindergarten, Grundschule und weiterführende Schule immer wieder aufgefrischt werden.

Bei Programmen oder Maßnahmen für Kinder mit spezifischen Problemlagen werden Gruppeninterventionen zumindest in der Präventionsforschung allerdings eher kritisch diskutiert: Das Zusammenführen mehrerer Kinder oder Jugendlicher mit deutlichen Verhaltensauffälligkeiten bzw. -störungen kann zu negativen Effekten der gegenseitigen ›Ansteckung‹ führen (Dodge et al., 2006; Perren & Graf, 2012).

6 Handhabung: Fragen der Standardisierung, Manualisierung und des Transfers

Ein bedeutender Diskussionspunkt ist die Frage, wie sehr ein Programm standardisiert – und entsprechend konzepttreu umgesetzt – werden muss, damit es seine Wirkung entfalten kann. So verweisen einerseits Beelmann und Schmitt (2012) auf verschiedene Studien, denen zufolge die Effekte umso höher ausfallen, je besser die Vorgaben eines Programms umgesetzt werden. Wettstein und Scherzinger (2012, S. 182) betonen andererseits, dass »Standardisierung [...] die Trainings inhaltlich und didaktisch unflexibel [macht] und die Gefahr besteht, dass gelernte Inhalte nicht in den Alltag transferiert werden«. Die Autoren plädieren für einen Bezug zwischen Programm und (pädagogischem) Alltag: »Für einen besseren Transfer ist es deshalb sinnvoll, Probleme in der *Arbeit an realen Situationen* anzugehen. Dabei wird unmittelbar dort interveniert, wo die Probleme im Alltag auftreten [...]. Manualgetreue Anwendung von Programmen oder adaptives Handeln können in Widerspruch stehen« (ebd.). Es geht also um »eine adaptive Gestaltung von Inhalten standardisierter Programme auf die individuellen Hintergründe der Schüler« (Grumm et al., 2012, S. 171).

Reicher und Jauck haben in diesem Zusammenhang den Begriff der »adaptiven Trainerkompetenz« (Reicher & Jauck, 2012, S. 39) geprägt. Adaptive Trainerkompetenz bedeutet, »dass nicht nur Inhalte thematisiert werden, sondern auch flexibles Reagieren und Fragen des Wann-und-Wie-Reagierens. Ein Gespür der Trainer für die Balance zwischen ›Manualtreue und individueller Durchführungsstil‹ ist erforderlich« (ebd.). Die Konsequenz daraus ist, dass nicht nur die TrainerInnen sorgfältig ausgebildet werden, sondern auch eine supervidierende Begleitung erfolgen sollte.

Die referierten Ergebnisse lassen sich wie folgt zusammenfassen:

- Für theoretisch gut begründete und systematisch aufgebaute Programme kann i. d. R. eine gute Wirksamkeit nachgewiesen werden, wobei der Nachweis der Wirksamkeit durch sorgfältige Evaluation geführt sein sollte.
- Die Auswahl eines Programms muss differenziell und spezifisch für eine Ziel- und Altersgruppe erfolgen; der Aspekt der Passung hat zentrale Bedeutung.
- Multimodale Programme, die mehrere Ebenen (z. B. Kinder, Eltern und Fachkräfte) ›ansprechen‹ sind wirkungsvoller als isolierte Trainings.
- Spezifische und universell ausgerichtete Programme haben ihre jeweiligen Vorteile: Spezifische Programme sind auf eingeschränkte Zieldimension bezogen und erweisen sich dabei als erfolgreicher; universelle Programme haben niedrigere Zugangsschwellen und wirken breiter. Im optimalen Fall sind beide Formen bedarfsgerecht zu kombinieren.
- Bei der Implementierung ist die Adressatenperspektive zu berücksichtigen, die KursleiterInnen (TrainerInnen) sind zu qualifizieren und sollten supervidierend begleitet werden.
- Bei der Programmdurchführung muss ein Bezug zu Alltagssituationen hergestellt werden und das Programm muss an die Zielgruppe angepasst werden; die besondere Kompetenz der AnwenderInnen liegt im Halten der Balance zwischen größtmöglicher Manualorientierung und der Adaptation an die jeweilige Zielgruppe und ihre einzelnen Mitglieder.

4.3 Handlungsplanung

Im dritten Schritt des Kreislaufs professionell-pädagogischen Handelns kommt es nach dem sorgfältigen, systematischen Beobachten und der Analyse bzw. dem Verstehen der beobachteten Phänomene des als herausfordernd empfundenen Verhaltens zu einer dezidierten Handlungsplanung. Diese sollte auf das Kind, seine Bezugspersonen, die Einrichtung und die dort tätigen PädagogInnen sowie möglicherweise das weitere Umfeld des Kindes bezogen sein.

4.3.1 Grundprinzipien

Grundsätzlich sind bei der Handlungsplanung zunächst zwei miteinander zusammenhängende Prinzipien zu beachten: (a) Die Begegnung in der ›Zone der nächsten Entwicklung‹ des Kindes (und seiner Familie) und (b) das Prinzip der Passung.

›Zone der nächsten Entwicklung‹

Kinder müssen (Entwicklungs-)Angebote in ihrer jeweiligen »Zone der nächsten Entwicklung« (Wygotsky, 1987) erhalten: Diese Zone der nächsten (proximalen) Entwicklung beschreibt den Entwicklungsraum oder die Funktionen, die das Kind noch nicht völlig aus sich heraus erschließen kann, die es sich aber mit der Unterstützung anderer aneignen kann:

> »Das Kind verfügt über ein aktuelles Entwicklungsniveau und über Lernfähigkeiten, die sich unter der Anleitung von anderen weiterentwickeln. Der Begriff ›proximale Entwicklung‹ bezeichnet daher die nächst mögliche Entwicklung, d. h. die Entwicklung, die sich in naher Zukunft zeigen kann. Das, wozu das Kind heute noch Anleitung benötigt, wird es bald selbst ohne Anleitung können. Auch wenn zwei Kinder das gleiche Ausgangsniveau haben, können sie doch eine unterschiedlich weite Zone der proximalen Entwicklung haben. Das bedeutet, sie können in unterschiedlichem Ausmaß von einer vergleichenden Anleitung profitieren« (Mischo, 2016, S. 104).

Damit einher geht die Erkenntnis, dass sich Entwicklung und Bildung in einem gegenseitigen, ko-konstruktiven Prozess vollziehen. Das Lernen des Kindes und ggf. seiner Bezugspersonen in seiner ›Zone der nächsten Entwicklung‹ muss also aufgegriffen und unterstützt werden:

> »Die zentrale Herausforderung für [PädagogInnen] besteht somit darin, die Grenzen der Zone zu definieren ihre Unterstützung entsprechend anzupassen bzw. abzustimmen und Hilfestellungen zu geben […], die einem Lernen an einem Punkt gerade jenseits der derzeit unabhängigen Fähigkeiten des Kindes ermöglichen« (Siraj-Blatchford, 2007, S. 106; die Autorin hat hierfür den Begriff des »Scaffolding« eingeführt).

Lernen ist in dem Sinne ein gemeinschaftliches, situationsbezogenes Handeln von Kindern und PädagogInnen.

Passung

Eine andere Perspektive auf eine kindsangemessene und entwicklungsförderliche Unterstützung ist die der ›Passung‹ zwischen dem pädagogischen Begegnungsangebot bzw. der Intervention einerseits und dem Kind andererseits:

Bei der Planung jedweden pädagogischen Handelns – also auch der ›Antworten‹ auf als herausfordernd empfundenes Verhalten – ist zu beachten, dass dieses Handeln für das jeweilige Kind, sein spezifisches Entwicklungsthema und seine Umwelt passend ist. Auf die Bedeutung der ›Passung‹ von Interventionen ist in diesem Buch schon mehrfach hingewiesen worden – dabei ist das Prinzip der Passung differenziert zu betrachten. Orlinsky und Howard haben schon 1987 für den Bereich der Psychotherapie ein Model entwickelt, das den komplexen Prozess der Passung in vier Kategorien unterteilt:

- die Passung zwischen Therapeut und Patient;
- die Passung zwischen Behandlungsmodell und ›Störung‹ des Patienten;
- die Passung zwischen Patient und Behandlungsmodell;
- die Passung zwischen Therapeut und ›Störung‹ des Patienten (vgl. Fröhlich-Gildhoff, 2017, S. 240f.).

Dieses Modell lässt sich auch auf pädagogische Zusammenhänge übertragen (▶ Abb. 10):

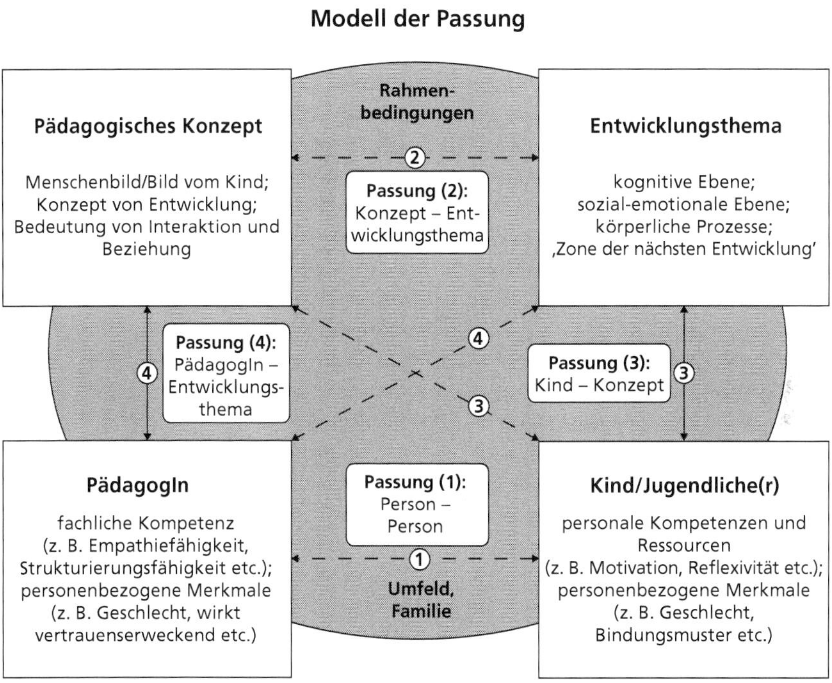

Modell der Passung

	Rahmen-bedingungen	
Pädagogisches Konzept Menschenbild/Bild vom Kind; Konzept von Entwicklung; Bedeutung von Interaktion und Beziehung	② Passung (2): Konzept – Entwicklungsthema	**Entwicklungsthema** kognitive Ebene; sozial-emotionale Ebene; körperliche Prozesse; ‚Zone der nächsten Entwicklung'
④ Passung (4): PädagogIn – Entwicklungsthema	④ ③	Passung (3): Kind – Konzept ③
PädagogIn fachliche Kompetenz (z. B. Empathiefähigkeit, Strukturierungsfähigkeit etc.); personenbezogene Merkmale (z. B. Geschlecht, wirkt vertrauenserweckend etc.)	Passung (1): Person – Person ① Umfeld, Familie	**Kind/Jugendliche(r)** personale Kompetenzen und Ressourcen (z. B. Motivation, Reflexivität etc.); personenbezogene Merkmale (z. B. Geschlecht, Bindungsmuster etc.)

Abb. 10: Das Modell der Passung von pädagogischen Interventionen (nach Orlinsky & Howard, 1987)

Ein/e PädagogIn mit einem eigenen pädagogischen Konzept tritt in Interaktion mit einem Kind, das ein je spezifisches Entwicklungsthema oder -anliegen zeigt. Die *PädagogIn* zeigt personenbezogene Merkmale (Geschlecht, vertrauenserweckende Wirkung etc.) und verfügt über fachliche Kompetenzen (z. B. Strukturierungsfähigkeit, Gesprächsführungskompetenz, Empathiefähigkeit); ein/e solche/r Pädagogin verfügt über ein explizites, zumindest jedoch implizites *pädagogisches Konzept* und eine entsprechende Grundhaltung bzw. handlungsleitende Orientierungen.

Das *Kind* bzw. der oder die Jugendliche – als Begegnungspartner – tritt gleichfalls mit personenbezogenen Merkmalen (Geschlecht, bisher entwickelte Bindungsmuster, …) sowie überdauernden wie situativ aktivierten Kompetenzen und Ressourcen in die Begegnung ein; eine besondere Bedeutung hat dabei die Motivation des Kindes. Das Kind hat ein oder mehrere *Entwicklungsthemen* auf kognitiver, sozial-emotionaler oder körperlicher Ebene, möglicherweise auf weiteren. Dieses Entwicklungsthema ist beobachtbar, es drückt sich zumeist im Verhalten, manchmal auch durch körperliche Prozesse (Bauchschmerzen o. Ä.) aus – ein Entwicklungsthema wäre bspw. das schon mehrfach angesprochene Nicht-Befriedigen seelischer Grundbedürfnisse.

Eine Passung sollte optimaler Weise auf vier Ebenen erfolgen:

1. *Passung zwischen den Personen*: Hiermit sind Aspekte wie ›Sympathie‹, mögliche Gemeinsamkeit von Interessen, Geschlechtshomogenität (oder gerade nicht) gemeint. Umgangssprachlich geht es darum, dass sich zwei Menschen mögen müssen. Im pädagogischen Alltag kann es sein, dass jemand für ein Kind zuständig ist, sich aber wechselseitige Sympathie nicht einstellt. Es ist dann sinnvoll, zu reflektieren, warum dies so ist. Wenn dieser ›Zustand‹ nicht zu ändern ist, sollte im Team geschaut werden, ob nicht jemand anderes als Hauptbezugsperson fungieren kann und/oder die geplante pädagogische Intervention realisiert.
2. *Passung zwischen dem pädagogischen Konzept und dem Entwicklungsthema des Kindes*: Pädagogische Grundorientierung und daraus abgeleitete Handlungsweisen müssen zum jeweiligen Entwicklungsthema des Kindes passen. Wenn es bspw. nach sorgfältiger Analyse erforderlich scheint, dass ein Kind ein systematisches Feedback mittels eines Verstärkerprogramms zur Veränderung seiner Selbregulation und seines impulsiven Verhaltens erhalten sollte, muss die zuständige pädagogische Fachkraft auch grundlegend bereit und Willens sein, ein solches Programm umzusetzen.
3. *Passung zwischen dem Kind und dem pädagogischen Konzept*: Manche Kinder brauchen eine etwas stärker unterstützende Entwicklungsbegleitung, manche eher ›Spielräume‹ – das grundlegende Konzept der pädagogischen Intervention muss zur Persönlichkeit, der Motivation und den Kompetenzen des Kindes passen.
4. *Passung zwischen dem/der PädagogIn und dem Entwicklungsthema des Kindes*: Der/die PädagogIn muss grundsätzlich bereit sein, sich auf das Entwicklungsthema des Kindes einzulassen und damit zu arbeiten. Wenn bspw. eine Fachkraft eher sehr aktiv und extrovertiert ist, dann kann es sein, dass es ihr schwerer fällt, ein sehr zurückgezogenes Kind zu erreichen, also ihm Entwicklungsräume zu eröffnen, ohne es zu bedrängen oder zu überfordern.

Die hier beschriebenen vier Ebenen sollten zumindest bei der professionell-pädagogischen Handlungsplanung sorgfältig reflektiert werden; sie stellen zugleich einen Rahmen zur Reflexion des Handlungsverlaufs dar: Wie gut ist die Passung auf den vier Ebenen gelungen? Dabei sollte bei der Planung und Reflexion nicht nur das Kind allein betrachtet, sondern ebenso seine Umwelt einbezogen werden.

4.3.2 Planung auf verschiedenen Ebenen

Bei der auf der Analyse basierenden Handlungsplanung wird zunächst die *pädagogische Begegnung mit dem Kind*, dessen Verhalten als herausfordernd erlebt wird, im Vordergrund stehen. Hierzu sind klare Schritte und Verantwortlichkeiten zu benennen. Wenn ein Kind zu seiner Sicherheit bspw. besondere Nähe benötigt, ist zu überlegen, wie dem Kind diese Nähe gegeben werden kann. Dies umfasst Zeiten und Orte – manchmal ist es hilfreich, wenn das Kind über einen längeren Zeitraum nach jeder Schulstunde fünf ›Extraminuten‹ Zuwendung durch die jeweilige Lehrkraft erhält.

Damit ist unmittelbar die *Rolle der pädagogischen Fachkräfte* angesprochen: Wenn das Kind eine besondere Nähe braucht, dann ist zu klären, wer dem Kind diese gewähren kann, wer ›vertretungsweise‹ einspringt, wenn die ›Nähespendende‹ Person verhindert ist etc.

Das zeigt, dass mit der Handlungsplanung i. d. R. auch immer die *Institution und die dortigen Abläufe* tangiert werden: Es müssen ›Freiräume‹ bzw. Voraussetzungen geschaffen werden, damit das geplante Handeln umgesetzt werden kann. Wenn ein Kind auch in der Pause eine intensive Begleitung benötigt, kann die PädagogIn, die diese Begleitung gewährt, nicht gleichzeitig Pausenaufsicht machen.

Ebenso wichtig ist es, die *Bezugspersonen, die Eltern* und ggf. weitere Familienmitglieder in die Handlungsplanung einzubeziehen. Dies betrifft schon den Verstehensprozess – hier werden oft weitere Informationen von den Eltern benötigt –, es betrifft aber auch die Möglichkeiten sowie Notwendigkeiten eines ›abgestimmten‹ Vorgehens (Wer soll bspw. bei der Stärkung des kindlichen Selbstwirksamkeitserlebens konkret welche Aufgaben übernehmen?). Auf den Bereich der Zusammenarbeit mit den Eltern wird in Kapitel 5 ausführlich eingegangen.

Oft ist nötig, das *weitere Umfeld* des Kindes und seiner Familie einzubeziehen. Dies können Peer Groups, Vereine usw. sein, aber auch andere Dienste wie Ergotherapie, Frühförderungsstelle etc. Auch hier kann es sinnvoll sein, ein koordiniertes und kooperatives Vorgehen – immer unter Hinzuziehung der Bezugspersonen und in altersangemessener Form auch des Kindes – zu planen. Wenn der Trainer im Fußballverein weiß, welche Möglichkeiten zur Verbesserung der Selbststeuerungsfähigkeit in der Grundschule realisiert werden, kann er diese ebenfalls nutzen/einsetzen. Ebenso wichtig kann natürlich die Initiierung weiterer diagnostischer Untersuchungen bspw. im sozialpädiatrischen Zentrum sein – oder nach der Abklärung die Unterstützung bspw. durch externe TherapeutInnen.

Exkurs: Handeln in Krisensituationen

In diesem Buch werden vorrangig langfristige und systematische Strategien beschrieben, um professionelle Antworten auf Verhaltensweisen, die über einen längeren Zeitraum als herausfordernd erlebt werden, zu entwickeln und umzusetzen. Daneben treten im pädagogischen Alltag immer wieder Situationen auf, in denen ein oder mehrere Kinder ganz akut und intensiv Verhaltensweisen zeigen, in denen entsprechend direkt – und dennoch entwicklungsförderlich für das Kind – gehandelt werden muss. Dieser Exkurs gibt Hinweise zu Handlungsmöglichkeiten in derartigen Situationen – dabei muss jedoch zugleich betont werden, dass es für

Interaktionsprozesse, seien sie emotional aufgeladen oder höchst kooperativ, keine Rezepte gibt. Jede Einzelsituation stellt sich neu her, ist nur begrenzt vorhersehbar und erfordert ein situations- wie personengerechtes Handeln. Dieses ist in der ›Hektik‹ von Krisensituationen nicht immer präzise zu planen, aber es sollte im Nachhinein reflektiert und analysiert werden. Für das Handeln in Krisensituationen gibt es aus den Erkenntnissen aus der Entwicklungspsychologie sowie der pädagogischen Psychologie orientierende Hinweise; diese werden im Folgenden vorgestellt.

Von einer ›Krise‹ wird in diesem Zusammenhang gesprochen, wenn ein Kind sehr deutlich seine Verzweiflung zeigt und für den Moment keine anderen Ausdrucksweisen als bspw. extrem und laut schreien, beißen, um sich schlagen oder sich ängstlich ›verkriechen‹ bzw. nicht-ansprechbar-Sein zur Verfügung hat. Grundsätzlich kann das Handeln in Krisensituationen danach unterschieden werden, ob ein Kind sich eher externalisierend, also nach außen gerichtet, oder internalisierend, also zurückgezogen/auf sich bezogen, verhält.

Für beide Situationen gilt *grundsätzlich*, dass sie als Not-Reaktions-Situationen verstanden werden müssen. In der Begegnung ist es wichtig, das Kind in seiner Not zu sehen und zu achten und ihm Sicherheit anzubieten. Dazu gehört zunächst, dem Kind auf Augenhöhe zu begegnen, sich also auch körperlich auf die Höhe des Kindes zu begeben. Ebenso bedeutsam ist es, mit ruhiger Stimmlage zu sprechen, um die in der Situation starken Gefühle nicht noch ›anzuheizen‹. Beim Sprechen sollte das Kind direkt angeschaut werden – es sei denn, es gibt Signale, dass ihm der direkte Blickkontakt Angst macht. Oft kann es helfen, das Kind (vorsichtig) zu berühren – aber auch dabei ist darauf zu achten, ob das Kind die Berührung ertragen kann und nicht in unangemessener Weise seine Grenzen verletzt werden.

Krisenhaftes externalisierendes Verhalten

Wenn ein Kind sehr stark erregt ist, nach ›außen‹ agiert und die Bezugsperson den Eindruck hat, dass das Kind sich nicht selbst beruhigen und seine Handlungen sowie Impulse kontrollieren kann, muss sie angemessen auf das Kind eingehen und es – auch zur Vermeidung von Verletzungen bei sich und/oder anderen – beruhigen. Bei intensiven körperlichen Konflikten zwischen zwei Kindern oder wenn ein Kind ein anderes schlägt, beißt etc. muss zunächst eine Trennung, ein Schaffen von Distanz erfolgen. Dies erfordert klare körperliche Präsenz, ein Dazwischen gehen (z. B. Arme ausbreiten) und das Herstellen von Abstand.

Kinder benötigen in solchen Hocherregungssituationen oft Halt, der auch durch Berühren, wenn nötig auch (Fest-)Halten gewährt werden kann. Dabei ist allerdings die körperliche Integrität des Kindes zu achten (kein brutales Umklammern ...). Oft hilft der mehrmalige Wechsel von Halten – Loslassen/Raumgeben – Halten. Wichtig ist die eindeutige Zentrierung der Bezugsperson auf das Kind (Anschauen, Blickkontakt, Ansprache etc.). Manchmal ist es sinnvoll, dem Kind Rückzugsmöglichkeiten zu geben (ruhige Ecke, den Raum verlassen), es aber dabei *nicht allein* zu lassen. Das vorrangige Ziel ist De-Eskalation und Beruhigung – hier hilft oft ein beruhigendes ›Auf-das-Kind-Einreden‹.

I. d. R. nutzt es in Hocherregungssituationen nichts, pädagogische oder moralische Erklärungen abzugeben, vom Kind zu erwarten, dass es Einsicht in sein Verhalten zeigt, sich in die Perspektive des anderen versetzen kann (»Du musst doch fühlen, dass es Peter weh tut, wenn du ihn beißt«). Selten wirken Strafandrohungen in Krisensituationen. Kognitive Prozesse sind in emotional aufgeladenen Situationen blockiert, eine Verhaltensänderung erfolgt in diesen ›Zuständen‹ nicht. Wichtig ist allerdings eine Nachbereitung der Eskalation in ruhigen Situationen – dann können bspw. auch Selbstregulationsfähigkeiten aufgebaut werden.

Bei ›ausufernden‹ Konflikten zwischen zwei Kindern sollte ebenfalls der Konflikt *im Nachhinein* im ruhigen Kontext altersgerecht bearbeitet werden. Es kann sein, das im Konflikt eines der Kinder ein ›Opfer‹ ist. Es ist dann nicht einfach, auf das stark agierende Kind *und* das Kind, das angegriffen wird, gleichzeitig angemessen einzugehen. Hier ist es hilfreich, wenn eine zweite Person sich um eines der Kinder kümmert. Wenn diese akut nicht zur Verfügung steht, muss die De-Eskalation im Vordergrund stehen. Dann sollten beide Kinder – abwechselnd – Zuwendung bekommen: Das ›Opfer‹ benötigt Trost, das externalisierend agierende Kind benötigt Hilfe bei der Beruhigung.

Die von der Lerntheorie empfohlene Strategie des Ignorierens ist in Krisensituationen kontraproduktiv und führt i. d. R. zur weiteren Eskalation.

Krisenhaftes internalisierendes Verhalten

Manchmal sind Kinder extrem ängstlich oder ziehen sich ›in sich‹ zurück, sind kaum ansprechbar oder ›versteinert‹, ohne dass (zunächst) ein konkreter Grund ersichtlich ist. Manchmal sind diese Verhaltensweisen mit körperlichen Symptomen (Bauch-, Glieder- oder Kopfschmerzen) verbunden. Auch dieses stark internalisierende Verhalten stellt ein Anzeichen für eine Krise dar: Das Kind zeigt eine seelische Not, vielleicht weniger spektakulär.

Das bedeutet für die professionelle Bezugsperson, dass sie diese Not erkennen und angemessen stützend auf das Kind eingehen muss. Angst kann mit Erregung verbunden sein – dann geht es auch hier um Beruhigung. Grundsätzlich ist es nötig, zum Kind Kontakt herzustellen, es anzusprechen – aber nicht auszufragen. Oft können Kinder keine klare Auskunft über ihre inneren Zustände geben; das Fragen verstärkt die Angst oder das starke Unwohlsein. Wichtig ist, dem Kind zu signalisieren, dass man als Person *da* ist. Dazu sollte Nähe hergestellt werden, jedoch müssen auch hier die Distanz-Wünsche des Kindes sensibel erspürt und geachtet werden.

Krisen mit internalisierendem Verhalten dauern oft länger als die nach außen gezeigten ›Gefühlsausbrüche‹. Dies bedeutet, dass die Bezugsperson Zeit zur Verfügung haben muss, um auf das betroffene Kind einzugehen – dies bedarf dann der Unterstützung anderer PädagogInnen, die die Aufgaben der Gruppen/Klassenführung übernehmen. Es kann auch eine gemeinsame Rückzugsmöglichkeit (Kuschelecke, anderer Raum) hilfreich sein, damit das Kind aus der Erstarrung ›auftauen‹ kann. Dies alles soll dazu führen, dass das Kind Sicherheit und Schutz erfährt.

5 Begegnungs- und ›Antwort‹-Möglichkeiten – bezogen auf unterschiedliche Verhaltensweisen, Altersstufen und Kontexte

Im Folgenden werden drei verschiedene Fallbeispiele exemplarisch auf das oben beschriebene Prozessmodell angewendet. Dabei wird zum einen auf verschiedene Formen von herausforderndem Verhalten eingegangen (orientiert an dem in Kap. 2 beschriebenen Exkurs zur Klassifikation internalisierender, externalisierender und gemischter ›Auffälligkeiten‹), zum anderen werden zwei Beispiele im Setting Kindertageseinrichtung und ein Fall im Setting Grundschule vorgestellt. Jedes Kind und damit auch jedes hier beschriebene Beispiel sind individuell und sein Verhalten immer nur im jeweiligen Kontext zu verstehen; die Vorgehensweise kann nur in einem begrenzten Maß auf andere Kinder übertragen werden. Die Fallbeispiele stellen somit kein Rezept dar, sondern sollen die Anwendung des Prozessmodells verdeutlichen und beispielhaft die Umsetzung der oben beschriebenen theoretischen Grundlagen aufgreifen.

5.1 Setting Kita

5.1.1 Fallbeispiel Aileen (externalisierendes Verhalten)

Die Situation in der Kindertageseinrichtung

Aileen (3,7 Jahre) besucht die Kindertageseinrichtung seit einem halben Jahr. Die Eingewöhnung verlief sehr schwierig. Aileen konnte sich kaum von ihrer Mutter lösen, zeigte ihren Kummer über die Trennung lautstark und wirkte wütend und aggressiv. Die Mutter konnte sich nur wenig Zeit für die Eingewöhnung nehmen, so dass Aileen bereits nach einer Woche regulär in der Einrichtung blieb. Die Begrüßung der Eltern nach einem langen Kindergartentag – Aileen hat einen Ganztagesplatz und ist jeden Tag von 7:30 bis 17 Uhr in der Einrichtung – fällt immer hektisch aus. Die Eltern kommen meistens ›auf den letzten Drücker‹ und Aileen ist i. d. R. das Kind, das als letztes abgeholt wird. Etwas herzlicher scheint der Kontakt zur Oma zu sein, die das Kind immer freitags abholt.

Die ErzieherInnen erleben Aileen als lebhaftes, lautes und impulsives Kind. Ihre Stimme hört man den ganzen Tag in der Einrichtung, und wo sie ist, fällt meistens etwas herunter, geht kaputt oder es bricht ein Streit aus. Bis heute hat

Aileen keine Freunde in der Einrichtung gefunden und findet die meiste Zeit des Tages in keine Spielinteraktionen hinein.

Sprachlich ist sie dagegen weit entwickelt; sie hat einen großen Wortschatz und redet gerne und viel. Sie denkt sich häufig phantasievolle Geschichten aus, die sie wortgewandt erzählt. Auch ist sie schnell zu begeistern und ist zumindest zu Beginn verschiedenster Aktivitäten neugierig und interessiert. Sie will dann immer möglichst viel ganz schnell wissen und ›zupft‹ ständig an der zuständigen Fachkraft und stellt Fragen, die diese i. d. R. nicht alle und in der Ausführlichkeit beantworten kann, wie Aileen sich das vorzustellen scheint.

Aileens Verhalten stößt bei den anderen Kindern meistens auf Ablehnung und es gelingt ihr nur selten, sich einem Spiel anzuschließen, ohne dass nach kurzer Zeit die Situation eskaliert. Grund dafür sind oft körperliche Übergriffe, wie an den Haaren ziehen, zwicken, auf andere drauf springen oder umschubsen. Gleichzeitig redet sie wie ein Wasserfall auf die anderen Kinder ein und wird immer lauter, je weniger diese ihre Ideen umsetzen. Auch Erwachsenen gegenüber ist sie ungestüm, springt auf den Schoß, umarmt ihre Bezugserzieherin heftig usw.

In Zweier-Kontakten mit ihrer Bezugserzieherin Katja kann sie sich intensiv auf ein Spiel einlassen, vor allem für Rollenspiele ist sie zu begeistern und gibt detaillierte ›Regieanweisungen‹.

In den letzten Wochen hat sich ihr aggressives Verhalten verstärkt und es kommt täglich zu Auseinandersetzungen mit anderen Kindern, insbesondere während den Freispielsituationen oder im Garten. Bei Frustrationen weint sie sehr schnell und in einer hohen Lautstärke. Auch bei strukturierten Angeboten wie dem Morgenkreis oder beim Mittagessen wirkt Aileen zunehmend hektisch, springt immer wieder auf und unterbricht die Abläufe.

Sie sucht gezielt den Kontakt zu ihrer Bezugserzieherin Katja und möchte vor allem körperliche Zuwendung. Katja spürt den Drang des Kindes nach ihrer Nähe, empfindet ihr Verhalten aber zunehmend als anstrengend und auch die anderen Fachkräfte sind genervt, dass sie ständig Gruppensituationen ›sprengt‹.

Systematisches Vorgehen und Antworten

1   Beobachten

Um ein genaueres Bild von Aileen zu erhalten und deren Verhalten detailliert beschreiben zu können, ist eine intensive Beobachtungszeit von ein bis zwei Wochen notwendig. Dabei sollte Aileen in verschiedenen Situationen zu unterschiedlichen Tageszeiten beobachtet werden, um ihr Verhalten möglichst umfassend zu dokumentieren. Im Moment haben die ErzieherInnen das Gefühl, dass es eigentlich keine entspannten Tagesabschnitte mit Aileen gibt und insbesondere Katja fühlt sich durch die permanente ›Belagerung‹ von Aileen genervt.

Hilfreich sind deshalb mindestens zwei verschiedene Perspektiven, so dass die Beobachtungen nicht nur von einer eventuell einseitig fokussierten Person durchgeführt werden. Noch objektiver gelingen Beobachtungen mit Hilfe von Videoaufzeichnungen, die dann von mehreren Fachkräften gemeinsam betrachtet und analysiert werden können. Die anschließende Auswertung der Beobachtungen sollte mindestens im Kleinteam erfolgen und (a) einen Überblick über verschiedene Situationen geben, um auslösende Faktoren zu extrahieren, sowie (b) in einer Selbstreflexion die eigenen Bewertungen der Situationen genauer betrachten.

Überblick über die verschiedenen Situationen

Die jeweiligen Situationen sollten einzeln genau beschrieben und unter folgenden Fragestellungen nebeneinandergelegt werden (▶ Kap. 4.1):

- Was genau habe ich beobachtet (kurze Situationsbeschreibung ohne Bewertung)?
- Wann war das (Wochentag, Uhrzeit, Phase im Tagesablauf)?
- Wer war beteiligt?
- Was passierte vorher?
- Was passierte nachher?

Durch die Dokumentation verschiedener Situationen wurde deutlich, dass Aileen vor allem dann aggressiv wurde, wenn sehr viele Kinder an der Situation beteiligt waren und Aileens Versuche, sich in ein Spiel zu integrieren, scheiterten. Neben den verschiedenen Situationen werden durch die Beobachtungen auch unterschiedliche Verhaltensweisen von Aileen gesammelt. In der Erinnerung der pädagogischen Fachkräfte dominieren das laute und aggressive Verhalten von Aileen. Die Beobachtungen ergeben ein sehr viel differenzierteres Bild: Sie wirkt angespannt, ›unter Strom‹, hektisch, vor allem in Kontakt mit anderen. Aileen ist aber nicht in allen Situationen so: Wenn sie bei Katja auf dem Schoß sitzt, kann sie richtig entspannen und ihre ganze Körperhaltung lockert sich. Beim Geschichten erzählen wirkt sie sehr konzentriert und sie unterstreicht ihre Erzählungen eindrücklich mit ihrer Gestik, was ihren Geschichten einen sehr lebendigen Eindruck verleiht.

Da in der Kindertageseinrichtung Beobachtungen nach dem Konzept von *Infans* (Laewen & Andres, 2002) durchgeführt werden, wurden auch gleichzeitig Interessen und Themen von Aileen wahrgenommen. In einer Fallbesprechung wurde als ein Kernthema von Aileen das Bedürfnis nach Kontakt herausgearbeitet und zwar nicht nur zu Katja, sondern auch zu den anderen Kindern und pädagogischen Fachkräften. Dadurch kam im Team auch die Frage auf, welche Kontakte Aileen in welcher Form außerhalb der Kindertageseinrichtung hat. Dabei wurde insbesondere die Beziehung von Aileen und ihren Eltern in Frage gestellt.

Selbstreflexion

Neben den objektiven Situationsbeschreibungen besteht ein wesentlicher Bestandteil der Auswertungen in der Selbstreflexion der pädagogischen Fachkräfte, d. h.:

- Wann war das Verhalten für mich herausfordernd?
- Was hat mich besonders herausgefordert?

- Was hat das wahrgenommene Verhalten mit mir zu tun?
- Weshalb fällt das Verhalten bei mir ins Gewicht? Weshalb nehme ich es überhaupt wahr?
- Gibt es Zeitpunkte, an denen mich das Kind nicht herausfordert?
- Welche positive und negative Erwartungshaltung habe ich an das Kind?
- Wie empfinden die KollegInnen die Situation?

Für Katja sind insbesondere die Situationen herausfordernd, in denen Aileen ungeschickt Körperkontakt sucht und ihr dabei auch immer wieder weh tut. Bei einer intensiven Auseinandersetzung mit den eigenen Wahrnehmungen wird Katja deutlich, dass sie selber angespannt ist, ihre Körperhaltung sich versteift und sie hektisch wird, wenn Aileen in ihre Nähe kommt. Dabei kommt es zu einem Teufelskreis: Je mehr Katja versucht, Aileen abzuwehren, desto stärker werden deren Versuche, Kontakt aufzunehmen. Dieses Verhalten wiederholt sich bei den anderen Kindern. Je mehr Aileen versucht, Kontakt aufzunehmen und abgelehnt wird, desto heftiger versucht sie ihrem Bedürfnis Ausdruck zu verleihen, was bei den anderen Kindern wieder zu stärkerer Ablehnung führt. Je mehr sich Katja mit ihren eigenen Empfindungen in Bezug auf Aileen beschäftigt, desto mehr muss sie sich eingestehen, dass sie eigentlich auch lieber mit ›ruhigen‹ Kindern zusammen ist und es ihr da leichter fällt, Beziehungen aufzubauen. Das unruhige und laute Verhalten von Aileen erschreckt sie manchmal regelrecht und ist ihr fremd. Sie selber ist eher zurückhaltend und gehört nicht zu denjenigen im Team, die sich ungefragt in Diskussionen einmischen oder die Initiative ergreifen. Eigentlich ist sie ziemlich überrascht, dass Aileen sie zu mögen scheint und sich nicht davon abbringen lässt, Kontakt zu ihr aufzunehmen.

Die anderen Fachkräfte empfinden vor allem ihre Lautstärke und Aggressivität als anstrengend und nicht mehr tragbar für den Gruppenkontext: »Also, mich stört am meisten diese Atmosphäre, die Aileen in die Gruppe bringt. Es ist ständig laut und wir können nichts mehr in Ruhe machen.«

Die Wahrnehmungen von Aileen sind im gesamten Team von diesen Erfahrungen geprägt, und Aileen hat eigentlich wenig Möglichkeit, unter einer anderen Perspektive gesehen zu werden. Begründet werden kann dies mit Phänomenen der Wahrnehmungspsychologie (▶ Kap. 3.2): Insbesondere früh auftauchende Informationen üben einen großen Einfluss auf die Eindrucksbildung aus, d. h. die Eindrücke, die zuerst von der Person gemacht werden, beeinflussen die weitere Wahrnehmung der Person und bedürfen anderer eindrücklicher Erfahrungen, um die Wahrnehmung zu verändern. Darüber hinaus wird der Gesamteindruck von Aileen durch den sogenannten ›Halo-Effekt‹ beeinflusst: Ihre hervorstechenden Eigenschaften – die Aggressivität und Unruhe – werden auf die gesamte Person übertragen und nicht nur als ein Verhalten von vielen gesehen. Wenn irgendwo ein Streit in der Kita ausbricht und Aileen sich in der Nähe befindet, gehen die pädagogischen Fachkräfte schon selbstverständlich davon aus, dass sie daran beteiligt und i. d. R. auch Auslöser der Situation ist. Wir neigen dazu, Personen als Ursache für ihre Handlungen zu sehen und damit die dispositionalen Faktoren über zu bewerten und die situationalen Faktoren unter zu bewerten, d. h. was die Situation dazu beigetragen hat, dass sich Aileen so verhält, wird weniger in Betracht gezogen als die Tatsache, dass Aileens Aggressivität die anderen Kinder in ihrem Spiel gestört hat.

Darüber hinaus ist die ›Korrespondenzneigung‹ ausgeprägt, d. h. wenn ein Kind wie Aileen ein bestimmtes Verhalten wie Impulsivität zeigt, schließen wir daraus automatisch auf weitere Verhaltensweisen und ordnen Aileen als laut und unberechenbar ein oder als ein Kind, dass sich nicht konzentrieren kann, auch wenn es keine objektiven Kriterien dafür gibt.

Auch die ›selbsterfüllende Prophezeiung‹ kann eine Rolle spielen, wie Verhalten entsteht. D. h. Katja geht z. B. schon davon aus, dass Aileen ihr beim nächsten Versuch, ihr auf den Schoß zu klettern, weh tun wird und geht automatisch in Abwehrhaltung, die bei Aileen den Drang auslöst, ihrem Bedürfnis nach Nähe vehementem Ausdruck zu verleihen, was dann i. d. R. dazu führt, dass ihre Bewegungen zu heftig werden.

Diese Beurteilungsprozesse geschehen unbewusst. Jeder Mensch konstruiert sein eigenes Bild von Wirklichkeit in Abhängigkeit von seinen Sozialisationserfahrungen. Diese Erfahrungen, die biografisch geprägt sind, gilt es zu reflektieren und sich den eigenen Anteil am Verhalten des Kindes bewusst zu machen.

2 Analysieren/Verstehen

Bevor Handlungsschritte überlegt werden, müssen die Fachkräfte die Situation und das Erleben des Kindes besser verstehen. In eine umfassende Analyse werden verschiedene Wissensbestände einbezogen wie das allgemeine Wissen über das Entstehen von herausfordernden Verhaltensweisen, z. B. das Bio-Psycho-Soziale Ursachenmodell (▶ Kap. 2), alle Informationen zur Lebensgeschichte, Risiko- und Schutzfaktoren sowie Ressourcen von Aileen und ihrer Familie.

Darüber hinaus gilt es, sich in die Lage von Aileen einzufühlen, die Situation aus ihren Augen zu sehen. Dazu ist es hilfreich, Sätze aus Aileens Ich-Perspektive heraus zu formulieren. Noch eindrücklicher gelingt dies, wenn jemand vorher in einem Rollenspiel in ihre Rolle schlüpft und die entstehenden Gefühle den anderen Teammitgliedern mitteilt.

Die pädagogischen Fachkräfte sammeln mögliche Sätze von Aileen:

- Ich gehöre nirgendwo dazu, keiner will mich haben.
- Ich werde nicht verstanden.
- Ich will so gerne in den Arm genommen werden.
- Ich möchte mitspielen.
- Ich bin anders als die anderen.
- Ich erzähle gerne, weil mir keiner zuhört, muss ich immer lauter werden.
- Ich möchte dir nicht weh tun, ich möchte dich spüren.
- Ich habe so viele Fragen, die mir keiner beantwortet.
- Mir dauert das alles zu lang.

Die verschiedenen Beobachtungen und der Perspektivenwechsel haben deutlich gemacht, dass Aileen vor allem in unstrukturierten Situationen, an denen viele Kinder beteiligt sind, zunehmend unruhiger und aggressiver reagiert und ihr

Wunsch nach mehr Kontakt zu anderen Kindern ständig misslingt. Täglich, beinahe stündlich macht sie die Erfahrung, abgelehnt zu werden und nicht dazu zu gehören. Je vehementer sie versucht Kontakt aufzunehmen, desto weniger gelingt es ihr. Insbesondere ihre körperlichen Annäherungen werden missverstanden. Ihr Selbstwirksamkeitserleben ist dadurch als sehr gering einzuschätzen. Je mehr sich die Fachkräfte versuchen, in Aileen hineinzuversetzen, desto deutlicher spüren sie den Wunsch des Kindes nach Nähe und Zuwendung. Durch das einfühlende Verstehen entwickeln die pädagogischen Fachkräfte zunehmend Sympathien für Aileen und beginnen zu begreifen, wie anstrengend jeder Tag auch für sie sein muss.

Neben dem einfühlenden Verstehen, können verschiedene Wissensbestände genutzt werden, das Verhalten von Aileen richtig einzuordnen. Legt man das dimensionale Kategoriencluster zugrunde (▶ Kap. 2, *Exkurs*), sind bei Aileen Symptome einer externalisierenden Auffälligkeit zu erkennen. Sie zeigt Anzeichen von aggressiven Verhaltensweisen, die hauptsächlich auf der körperlichen Ebene deutlich werden, darüber hinaus wird sie als sehr laut beschrieben. Ob diese Symptome sich letztendlich als Verhaltensauffälligkeit manifestieren, muss durch eine sorgfältige Diagnostik überprüft werden.

Erklärungsmöglichkeiten nach dem Bio-Psycho-Sozialen Modell

Lebensgeschichte

Bisher gab es außer dem Eingewöhnungsgespräch wenig Kontakte mit den Eltern, so dass das Team nur grob etwas über die Lebensgeschichte von Aileen erfahren hat. Als erstes berichtet Katja von ihren Informationen aus dem Eingewöhnungsgespräch, anschließend wird im Team gesammelt, welche Kontakte sich in den Tür- und-Angel-Gesprächen ergeben haben.

Aileen ist das erste Kind von noch jungen Eltern. Als Aileen geboren wurde, ist die Mutter 19 Jahre alt, der Vater 22. Beide befinden sich noch in der Ausbildung. Die Mutter studiert Architektur, der Vater ist auf einer Kunstakademie. Aufgrund der Geburt von Aileen haben sich die Eltern entschlossen, wieder in die Heimatstadt von Aileens Mutter zu ziehen, um eine Entlastung in der Kinderbetreuung durch die Großeltern zu gewährleisten. So ist Aileen jeden Freitag bei den Großeltern und die Oma springt auch häufig ein, wenn die Eltern Termine haben. Auch ist das Wohnen in der ländlichen Umgebung günstiger als in der Großstadt und die Familie kann sich hier eine größere Wohnung leisten. Durch den Umzug in die heimatliche Kleinstadt müssen beide Eltern längere Anfahrtswege zur Universität und Kunstakademie auf sich nehmen.

Zu dem Einführungselternabend sind die Eltern nicht erschienen und Kontakte zu anderen Familien in der Einrichtung konnten nicht beobachtet werden. Aileen berichtet auch nicht von gemeinsamen Aktivitäten mit anderen Kindern. Am Wochenende scheint sie viel für sich zu sein und erzählt von Fernsehsendungen, die sie sehen durfte. Mit ihrer Oma, so erzählte sie, war sie schon einmal im Zoo.

Entwicklung

Über die Entwicklung von Aileen wissen die Fachkräfte bisher nicht sehr viel. Sprachlich scheint sie weiter entwickelt zu sein als andere Kinder in ihrem Alter, motorisch wirkt sie dagegen jünger. Auch im sozial-emotionalen Bereich braucht Aileen laut den Beobachtungen der letzten Wochen verstärkt Unterstützung. So hat sie Schwierigkeiten, sich in Erregungssituationen selbst zu regulieren. Sie weint z. B. schnell und heftig und kann sich nur mit Hilfe der pädagogischen Fachkraft wieder beruhigen. Darüber hinaus hat sie vermutlich ein gering ausgeprägtes Selbstwirksamkeitserleben, da sie immer die Erfahrung macht, zurückgewiesen und nicht mit ihren Stärken gesehen zu werden.

Ihr Kontaktaufnahmeverhalten sowie die Beobachtungen in Bezug auf die Beziehung zu ihren Eltern während der Eingewöhnung und den Bring- und Abholzeiten könnten erste Hinweise auf eine ambivalent-unsichere Bindung geben. Kinder, die diese Bindungsqualität zeigen, haben i. d. R. Bezugspersonen erlebt, die inkonsistent auf ihre kindlichen Signale reagieren und sich dadurch wenig vorhersagbar und wechselhaft verhalten. Der ständige Wechsel von mal abweisendem oder ignorierendem Verhalten zu wieder feinfühligem Verhalten hat zur Folge, dass das Bindungssystem des Kindes permanent aktiviert ist. Das Kind kann sich dementsprechend schlecht auf die Bezugsperson einstellen und muss immer wieder neu herausfinden, in welcher Stimmung sich die Bezugsperson befindet, damit es sich anpassen kann. Das Explorationsverhalten des Kindes ist dadurch deutlich eingeschränkt, weil die Anstrengung darauf verwendet wird, die Bezugsperson einzuschätzen. Das Kind reagiert verunsichert und – wie die Bezugsperson – ambivalent (vgl. Ainsworth, 1977).

So kann in den Bring- und Abholzeiten beobachtet werden, dass Aileen sich nur schwer von ihren Eltern trennen kann und lange braucht, bis sie sich dem Geschehen in der Einrichtung zuwenden kann. Wenn sie dann abgeholt wird, läuft sie auch gleich auf die Eltern zu, reagiert aber gleichzeitig aggressiv und wütend auf die Begrüßung der Eltern. So gibt es regelmäßig Probleme beim Anziehen der Jacke und Schuhe und Aileen boxt und tritt nach ihren Bezugspersonen. Die Eltern reagieren sichtlich genervt auf dieses Verhalten und es kommt nicht selten vor, dass sie Aileen ohne Jacke und Schuhe strampelnd aus der Einrichtung tragen. Die Beziehung zu ihrer Bezugserzieherin Katja ist wie beschrieben von beharrlicher Kontaktaufnahme und einem Bedürfnis nach Nähe geprägt, welches Aileen allerdings nicht adäquat formulieren kann.

Alle diese Aussagen bedürfen einer weiteren genauen Beobachtung und ggf. Validierung durch diagnostische Verfahren.

Um aus den Informationen der bisherigen Lebensgeschichte Risiko- und Schutzfaktoren ableiten zu können, bedarf es weiterer Informationen. Es lassen sich aber neben dem vermeintlich defizitären Bild auch eine Reihe von *Stärken und Ressourcen* von Aileen finden, die das Team gemeinsam sammelt:

- große sprachliche Fähigkeiten;
- Phantasie und Kreativität;
- bei selbstgewählten Spielen konzentriert und ausdauernd, wie z. B. bei Rollenspielen;

- begeisterungsfähig;
- wissbegierig und neugierig;
- sie kann Nähe zulassen;
- Ausdauer in Bezug auf die Kontaktaufnahme;
- beharrlich.

3   Planen

Aus den Beobachtungen und gesammelten Informationen können die nächsten Schritte bzw. Handlungen abgeleitet werden. Es ist hilfreich, diese vorher sorgfältig zu planen, um einem Aktionismus entgegenzuwirken. Nach einer intensiven Fallbesprechung ist die Motivation i. d. R. hoch und es sind viele Ideen da. Diese müssen aber mit den Möglichkeiten der Einrichtung abgestimmt (was ist machbar und sinnvoll) und in ihrer Dringlichkeit bewertet werden. Sonst passiert es schnell, dass an vielen Stellen begonnen wird, die Aktivitäten nicht koordiniert werden und durch den ausbleibenden schnellen Erfolg die Motivation sinkt und die Aktivitäten letztendlich nicht weitergeführt werden. In der Fallbesprechung wurden deshalb folgende Schritten geplant:

- Bisher hat sich Katja wenig Zeit genommen, mit Aileen ein Gespräch zu führen, um sie danach zu fragen, wie es ihr in der Eirichtung geht und wo und wann sie sich wohlfühlt. Auch wenn Aileen noch klein ist, kann sie etwas aus ihrer kindlichen Perspektive mitteilen und vermutlich sogar gut formulieren, da sie hohe sprachliche Kompetenzen hat. Gespräche mit Kindern sind wesentliche Voraussetzungen für einen Kontakt auf Augenhöhe und ein Angebot auf Beziehungsebene. Sie signalisieren dem Kind: Ich bin interessiert an dir und deiner Meinung, ich respektiere deine Bedürfnisse und versuche dich zu verstehen. In dem Gespräch mit Aileen möchte Katja ihr signalisieren, dass sie ihr Bedürfnis nach Kontakt wahrnimmt und mit ihr gemeinsam überlegen, wie Aileen genug davon bekommen und welche Signale sie geben kann bzw. zu welchen Zeiten intensiverer Kontakt möglich ist. Weltzien und Kebbe (2011) weisen darauf hin, dass Gespräche mit Kindern eine »gesprächsbereite Grundhaltung« (ebd., S. 154) der Fachkräfte benötigen, d. h. zugewandt und offen zu sein sowohl verbal als auch nonverbal, Kinder aussprechen und ihre eigenen Worte finden zu lassen, einen guten Abschluss finden usw.
- Als weiteres Gespräch steht ein Termin mit möglichst beiden Eltern an. In dem Elterngespräch möchte Katja vor allem herausfinden, wie die Beziehung von Aileen zu ihren Eltern ist, welche Kontakte sie noch hat und wie die Eltern Aileen zu Hause erleben.
- Um zu klären, ob die Verhaltensweisen von Aileen darüber hinaus einer intensiveren Unterstützung bedürfen, kann eine sorgfältige Diagnostik bei einem externen Fachdienst weiterhelfen. Dem müssen die Eltern zustimmen und einen Termin in der Erziehungsberatungsstelle oder der Frühförderung vereinbaren.
- Um Aileen darin zu unterstützen, Kontakte zu anderen Kindern aufzubauen, sind begleitete Spielkontakte in Zweier- oder Dreiergruppen notwendig. In

kleinen Schritten soll Aileen lernen, wie sie Kontakt aufnehmen kann und wie sie auf andere Kinder wirkt (Unterstützung von Peer-Kontakten). Außerdem sollen die anderen Kinder positive Erfahrungen mit ihr sammeln und sie als attraktive Spielpartnerin kennenlernen. Dazu ist es hilfreich, Aileens Fähigkeit, Geschichten zu erzählen und Rollenspiele zu entwickeln, als Impuls für eine Gruppenaktivität zu nutzen. Dies unterstützt auch die Entwicklung von Aileens Selbstwert und ihr Selbstwirksamkeitserleben. Mit Hilfe der pädagogischen Fachkraft könnte Aileen auch die Rolle einer Regisseurin bei einem Theaterstück übernehmen; so wird sie angeregt, sich zu überlegen, was die jeweiligen Mitspieler benötigen, damit das Gesamtstück funktioniert.
- Das Team hat sich darauf geeinigt, feste Zeiten für Katja mit Aileen einzuplanen. Diese sollten regelmäßig und zur selben Uhrzeit stattfinden. Für diese Zeiten möchte Katja mit Aileen ein Zeichen vereinbaren, das auch nach außen hin deutlich macht, dass sie gemeinsam etwas machen. Als gemeinsame Aktivität möchte Katja mit Aileen z. B. ein Stärkenbuch anlegen, um ihr die eigenen Fähigkeiten zu vermitteln.
- Durch die Auseinandersetzung mit Aileen wurden dem Team strukturelle Abläufe der Einrichtung nochmal bewusst und ihnen wurde deutlich, dass z. B. die Essenssituation am Mittag nicht nur für Aileen nicht optimal ist, sondern für eine Reihe von Kindern eine Herausforderung darstellt und die Fachkräfte selber sich davor drücken, das Mittagessen begleiten zu müssen. Langfristig steht deshalb eine Veränderung der Mittagessenssituation an.

Bis auf den letzten Punkt ist die Bezugserzieherin Katja für die Umsetzung der geplanten Schritte zuständig und wird diese in den nächsten vier Wochen angehen. Dabei liegt die Priorität auf dem Gespräch mit Aileen und dem Elterngespräch. In einem Monat wird Katja in der Teamsitzung von der Umsetzung berichten. Für die Veränderung der Mittagessenssituation möchte die Leitung die Fachberatung für den nächsten pädagogischen Tag einladen und diesen entsprechend vorbereiten.

4 Handeln

Im Folgenden werden exemplarisch mögliche Handlungen entwickelt, die eine erste Orientierung bieten können, nicht aber als abschließend betrachtet werden sollten.

Handlungen in Bezug auf Aileen

Die Handlungen in Bezug auf Aileen beinhalten ein Gespräch mit ihr, Unterstützung der Peer-Interaktionen, Vermittlung von Selbstwirksamkeitserfahrungen und Stärkung ihrer Kompetenzen.

Bereits am Tag nach der Teamsitzung sucht Katja das Gespräch mit Aileen. Diese läuft wie oft ziellos durch den Raum. Katja läuft neben ihr her und kommentiert die Aktivitäten, die sie sieht: »Lena und Marlene bauen einen großen Stall für die Tiere, Julius und Noel basteln Flugzeuge, Tim und Anna spielen Fangen – alle haben jemanden zum Spielen gefunden. Du läufst durch die Räume und beobachtest alles.«

Katja versucht zunächst einen Anknüpfungspunkt zu Aileen zu finden und fordert sie noch nicht direkt zum Gespräch auf. Durch das Mitlaufen kann sie sich leichter in Aileen einfühlen und spürt ihre Unruhe und Unsicherheit, was sie machen soll. »Hier gibt es viele Sachen, die man machen kann, da kann man sich manchmal gar nicht entscheiden. Ob du bei jemanden mitspielen möchtest?« Wenn Aileen diese Frage bejahen würde, wäre es Katjas Aufgabe Aileen in der Peer-Interaktion zu begleiten, damit diese in das Spiel findet, ohne dass es gleich zum Streit kommt oder Aileen abgewiesen wird. Die Begleitung solcher Peer-Interaktionen erfordert Feinfühligkeit und Aufmerksamkeit. Zum einen ist es wichtig, Aileen zu ermutigen, sich in Spielsituationen einzuklinken, zum anderen muss die Fachkraft zur Co-Regulation von negativen Emotionen zur Verfügung zu stehen, d. h. sie beruhigen, wenn sie unruhig wird, weil keiner sofort auf ihr Spielangebot eingeht, oder ihr bei der Formulierung von Spielideen helfen. Gleichzeitig sollte Katja darauf achten, dass sie sich bald möglichst wieder aus der Interaktion herauszieht, um eine Abhängigkeit Aileens von ihr zu vermeiden und die Eigenständigkeit zu fördern.

Um Aileen weitere positive Erfahrungen mit der Gruppe zu ermöglichen und gleichzeitig das Interesse der Gruppe an Aileen als Spielpartnerin zu fördern, nutzt Katja Aileens Fähigkeit, Geschichten zu erzählen. Für eine kleine interne Theateraufführung fungiert Aileen als Erzählerin der Rahmenhandlung. Die Geschichte hat Katja mit Hilfe von Aileen und einem anderen Kind gemeinsam entwickelt. Für Aileen sind diese Zweierkontakte mit einem gleichaltrigen Mädchen weniger fordernd, als gleich bei einer größeren Kindergruppe ins Spiel zu finden, und sie kann in einem geschützteren Rahmen erproben, Kontakte zu initiieren.

Zweimal in der Woche trifft sich Katja mit Aileen für eine halbe Stunde alleine im Werkraum. Gemeinsam haben sie ein Schild gebastelt, auf dem ein Foto von Aileen mit Katja zu sehen ist, das signalisiert, dass sie niemand stören soll. Zurzeit sind sie dabei, ein Stärkenbuch für Aileen herzustellen, in dem sie gemeinsam die Fähigkeiten und Stärken von Aileen festhalten (vgl. dazu auch Fröhlich-Gildhoff, Dörner & Rönnau-Böse, 2016).

Gespräch mit den Eltern

Da das Gespräch mit den Eltern von Aileen vermutlich eine längere Terminfindungsphase beinhalten könnte, ist es Katja wichtig, die Eltern so bald wie möglich anzusprechen.

Katjas Einstieg in das Gespräch:

> »Guten Morgen Herr Weber, Aileen ist jetzt ein halbes Jahr bei uns in der Einrichtung und ich würde gerne mit Ihnen und Ihrer Frau besprechen, wie es Ihnen inzwischen bei uns hier geht und wie Sie Aileen erleben. Wir haben sie inzwischen auch besser kennengelernt und ich würde mich gerne mit Ihnen darüber austauschen. Wäre das möglich?«

Gerade mit berufstätigen Eltern, die wenig Zeit haben, ist eine flexible Terminplanung notwendig. Der erste vereinbarte Termin kommt nicht zustande, weil die Mutter kurzfristig wegen Krankheit absagen musste. Der zweite Termin wird vergessen, was ihnen allerdings sichtlich unangenehm ist und sie mit drängenden

Abgabefristen von Prüfungsleistungen für ihre Ausbildungen begründen. Katja zeigte Verständnis, betont aber, wie wichtig ihr das Gespräch sei. Im dritten Anlauf kommt das Treffen schließlich zustande, nachdem Katja hartnäckig in jeder Bring- und Abholsituation an den Termin erinnert hat.

In dem Gespräch zeigt sich vor allem der Vater als sehr offen und berichtet von dem anstrengenden Familienalltag. Wie das Team schon vermutet hatte, investieren beide Eltern viel Zeit in ihre Ausbildung und fühlen sich ständig unter Zeitdruck. Es bleibt wenig gemeinsame Familienzeit. Für Spiele und Ausflüge mit Aileen sind sie oft zu müde oder es müssen liegengebliebene Dinge erledigt werden. Der Umzug zurück in den Heimatort ist für beide ein Kompromiss, um Aileens Betreuungssituation zu sichern und gleichzeitig die Ausbildungen zu beenden. Gerne haben sie es nicht getan und möchten so schnell wie möglich wieder in die Stadt ziehen, sobald die Ausbildungen beendet sind. Deshalb investieren sie auch keine Zeit darin, alte Freundschaften wieder aufleben zu lassen oder andere Eltern kennenzulernen (»Wir bleiben eh nicht lang und haben sowieso kaum Zeit, uns mit anderen zu treffen«). Der Kontakt zu ihren Eltern beschränkt sich auch hauptsächlich auf die Übergabe von Aileen. Angesprochen auf die Anfangszeit mit Aileen und ihrem jetzigen Verhältnis beginnt die Mutter zu weinen und es wird deutlich, wie belastet sie mit der Situation ist. Beide Eltern fühlen sich seit der Geburt von Aileen (die Schwangerschaft war nicht geplant) permanent überfordert mit den Bedürfnissen eines Kleinkindes. Gleichzeitig möchten sie alles so gut wie möglich machen und allen beweisen, dass sie es trotz ihres jungen Alters gut schaffen – es wurde ihnen nämlich von allen Seiten rückgemeldet, dass es ihnen nicht zugetraut wird. Die Mutter berichtet unter Tränen, dass sie sich manchmal wünscht, einfach wieder allein zu sein und diese riesige Verantwortung abzugeben. An anderen Tagen würde es aber auch gut gehen und sie wären beide so stolz auf ihre Aileen. Aileen sei aber auch so schwer einzuschätzen, an manchen Tagen sei es ganz leicht mit ihr und sie sei fröhlich und spiele für sich und dann wäre sie oft so aggressiv und laut. Meistens würden sie Aileen dann ein wenig Fernsehen lassen, um sie zu beruhigen.

Dadurch, dass es Katja gelingt, den Eltern offen und zugewandt zuzuhören, fühlen sich die Eltern zunehmend wohl und erzählen immer mehr. Entscheidend ist, dass Katja ihnen immer wieder wertschätzend rückmeldet, was sie an Gefühlen bei ihnen wahrnimmt und sie sich verstanden fühlen (▶ Kap. 6). Durch die Auseinandersetzung mit ihren eigenen Emotionen gegenüber Aileen kann Katja sehr gut nachvollziehen, wie sich die Eltern fühlen (angestrengt, genervt usw.) und dies empathisch rückmelden (»Das kann ich sehr gut nachvollziehen – und ich habe es da ja einfacher als Sie, ich habe um 17 Uhr Feierabend und kann die Kinder hier abgeben – Sie können das nicht – das ist ganz schön anstrengend«). Gleichzeitig ist es wichtig, den Eltern zu vermitteln, dass ihre Anstrengung, es gut zu machen, gesehen und wertgeschätzt wird und das Gespräch auch auf die positiven Situationen mit Aileen zu lenken. Katja beschreibt die wahrgenommenen Stärken von Aileen und lässt sich Situationen zu Hause beschreiben, in denen die Eltern ähnliches feststellen konnten. Dies bestärkt die Eltern sichtlich (»Da haben wir ja doch nicht alles falsch gemacht«) und führt zu einer entspannten Atmosphäre. Katja verdeutlicht dann aber auch, dass es sowohl in der Einrichtung als auch zu Hause Schwierigkeiten gibt, die für alle Beteiligten und insbesondere für Aileen nicht zufriedenstellend sind. Sie bestärkt die Eltern darin, die Situation nicht einfach so hinzunehmen, sondern gemeinsam mit ihr einen Weg zu finden, Aileens Stärken weiter auszubauen und zu Hause für mehr Entspannung zu sorgen.« »Um Aileen gezielt unterstützen zu können, wäre es wichtig, genauer herauszufinden, was sie braucht und wie wir ihre Stärken weiter fördern können. Zum einen machen wir das hier durch unsere regelmäßigen Beobachtungen, zum anderen kann die Frühförderstelle durch verschiedene Testverfahren genauere Aussagen dazu machen«. Die Eltern zeigen sich einverstanden, dass Katja zunächst eine Fachkraft der Frühförderstelle in die Einrichtung holt, damit sie Aileen beobachtet, um dann in einem weiteren Schritt einen Termin in der Frühförderstelle mit den Eltern zu vereinbaren. Katja spricht dann noch die sichtlich frustrierenden Abholsituationen an und bietet den Eltern an, Aileen bereits anzuziehen. Sie regt an, die Zeit, die die Eltern dadurch gespart haben dafür zu nutzen, sich von Aileen zeigen zu lassen, was sie am Tag in der Einrichtung gemacht hat. »Es wird Aileen guttun, wenn Sie ihr zeigen, dass Sie sich für sie interessieren und sie erzählen lassen. Wenn wir das als eine Art Ritual einführen, wird sich das Abholen sicherlich entspannen. Was halten Sie davon?« Die Eltern sind einverstanden und verabschieden sich sichtlich entspannter.

Kontaktaufnahme mit der Frühförderstelle

Mit der Frühförderstelle des Ortes arbeitet die Kindertageseinrichtung schon länger zusammen und kennt die verschiedenen MitarbeiterInnen. In einem kurzen Telefonat schildert Katja die Situation von Aileen und vereinbart mit einer Mitarbeiterin aus der Frühförderstelle einen Termin. Da diese ein großes Einzugsgebiet abdecken müssen, ist erst ein Termin in fünf Wochen möglich. Sie vereinbaren, dass Katja bis dahin gezielte Beobachtungen der verschiedenen Entwicklungsbereiche vornimmt.

5   Evaluieren/Reflektieren

Nach sechs Wochen werden die bisherigen Handlungen in einer Fallbesprechung von Aileen reflektiert. Eigentlich sollte dies bereits nach vier Wochen stattfinden, da aber die Mitarbeiterin aus der Frühförderstelle erst einen späteren Termin anbieten konnte, einigte sich das Team darauf, ihre Einschätzung abzuwarten, um sie in der Fallbesprechung diskutieren zu können.

Der Kontakt zu Aileen gestaltet sich zunehmend besser. Die Gespräche mit Aileen sind auch für Katja sehr hilfreich, weil sie über diese Form sehr gut mit ihr kommunizieren kann und einen intensiveren Zugang zu ihr erhalten hat. Es gelingt immer besser, Aileen in Spielinteraktionen mit anderen Kindern zu integrieren. Ohne enge Begleitung einer pädagogischen Fachkraft gelingt dies allerdings nicht. Die Mitarbeiterin der Frühförderstelle empfiehlt, eine Integrationsfachkraft für ein paar Stunden die Woche zu beantragen, um ihr hier gezielt Unterstützung zu bieten. Dieser Antrag muss von den Eltern gestellt werden.

Der Kontakt mit den Eltern gestaltet sich schwieriger. Nachdem das Gespräch sehr gut gelaufen war und die Eltern sich auch anfangs bemühten, ihr Interesse an Aileens Tag in der Einrichtung zu zeigen, wurde das Engagement dafür mit der Zeit immer weniger. Inzwischen fragen die Eltern Aileen nur noch nach ihren Erlebnissen, wenn Katja ausdrücklich darauf hinweist. Einen Termin mit der Frühförderstelle zur Diagnostik und einem Elterngespräch ist auch noch nicht vereinbart worden. Das Team überlegt ob es möglich wäre, die Mitarbeiterin von der Frühförderstelle noch einmal in die Einrichtung zu bitten, um hier das Gespräch mit den Eltern zu führen und die Diagnostik durchzuführen.

Dieses Fallbeispiel zeigt auf den meisten Ebenen eine gelingende Beantwortung des als herausfordernd empfundenen Verhaltens. Natürlich hätte es zu verschiedenen Zeitpunkten auch zu anderen Schwierigkeiten kommen können.

Wenn z. B. die Eltern sich überhaupt nicht zu einem Gespräch mit der Frühförderstelle motivieren lassen (»Das ist doch jetzt eigentlich Ihre Aufgabe, dafür können wir jetzt nicht auch noch Zeit investieren«) und die Zusammenarbeit letztendlich ganz im Sande verläuft, ist es manchmal nicht anders machbar, andere Wege ohne die Eltern zu planen. Dabei ist es nicht einfach, die entstehende Frustration die Eltern nicht so spüren zu lassen, dass es zu einer offenen Konfrontation kommt. Eine klare Rückmeldung an die Eltern, dass es ohne ihre Kooperation wesentlich schwieriger für Aileen wird, darf und sollte sein. Eine Schuldzuweisung oder Frustrationsabbau vor den Eltern ist für den weiteren Prozess nicht förderlich. Vielmehr ist es an dieser Stelle hilfreich, sich entweder im Team, bestenfalls aber mit Hilfe einer Supervision, die eigenen Gefühle und der Umgangsweise damit bewusst zu machen. In einem weiteren Schritt wird dann überlegt, was ohne die Eltern möglich ist und wie diesen aber immer wieder eine Kooperationsmöglichkeit angeboten werden kann. Das kann z. B. über kurze Berichte im Tür-und-Angel-Gespräch sein oder schriftlich per E-Mail. Die Diagnostik kann auch ohne ein Elterngespräch erfolgen, allerdings geht dies nicht ohne deren Einverständnis. Sollten die Eltern keine Einwilligung geben und alle unterstützenden Maßnahmen mit anderen Institutionen verweigern, kann als letzter Schritt ein Hinweis auf Kindeswohlgefährdung und entsprechende Schritte erfolgen. Dies sollte aber immer die letzte Option sein und ist nur in begründeten Fällen möglich.

I. d. R. kooperieren fast alle Eltern, denen mit Verständnis und Geduld begegnet wird, zumindest in einem geringen Maß. Um dieses Verständnis und die Geduld dafür aufbringen zu können, braucht es aber ein unterstützendes Team und/oder eine regelmäßige Supervision.

5.1.2 Fallbeispiel Robin (›gemischt‹ zu klassifizierendes Verhalten)[11]

Die Situation in der Kindertageseinrichtung

Robin (5,2 Jahre) ist ein sehr aufgewecktes und aktives Kind, das aber nicht gerne in den Kindergarten geht. Robin lässt sich nur schwer auf Dinge ein, die

---

[11] Wir danken Frau Oliveras-Steffen für die Anregungen, an die diese Fallgeschichte angelehnt ist.

ihm unsicher scheinen. So sagt er bei Geburtstagseinladungen durch seine Freunde erst mal vorsorglich ab. Durch Überreden seitens der Mutter lässt er sich umstimmen und hat dann auch Freude daran.

In Konfliktsituationen wehrt sich Robin nur verbal. Er wurde bereits öfter von seinem Freund gebissen. Zu Hause erzählt er vom Kindergartengeschehen nichts. Lediglich auf Nachfragen der Mutter (bei Bissverletzungen) berichtet er kurz. Bei den anderen Kindern ist er ein beliebter Spielpartner, wirkt aber häufig gelangweilt und spielt lieber nach seinen Vorstellungen oder klinkt sich aus dem Spiel aus. Er unterhält sich lieber mit Erwachsenen, hat im Kindergarten zwar Freunde, zeigt aber wenig Eigenmotivation, diese zu sich nach Hause einzuladen.

Robin ist oft nur schwer zu motivieren. So legt er Dinge, die ihm schwerfallen oder nicht beim zweiten Versuch gelingen, zur Seite und verliert augenscheinlich das Interesse. Er ist oft sehr verträumt und fragt manchmal innerhalb weniger Minuten genau das Gleiche, als hätte er die Antwort auf seine Frage bereits wieder vergessen. Er ist schnell ablenkbar und es fällt ihm schwer, im Kreis sitzen zu bleiben. So spielt er z. B. morgens laut Aussage der Mutter, anstatt sich weiter anzuziehen, mit seinem Kuscheltier und erinnert sich dann wenig später nicht mehr, ob er sich die Zähne geputzt hat oder nicht. Er scheint häufig in Gedanken versunken zu sein, dabei kaut er auf Spielzeugen oder seinem T-Shirt-Kragen herum.

Er kann nicht lange auf einem Stuhl sitzen. Beim Essen wird noch die Hand anstelle des Messers benutzt, um das Essen auf die Gabel zu schieben. Das geht schneller und strengt nicht zu sehr an. Abends beim Zähneputzen fällt es den Eltern bei fortschreitender Müdigkeit auf, dass es für ihn fast nicht machbar ist, den Mund zu öffnen und dabei ruhig stehen oder sitzen zu bleiben. Das beschreibt die Mutter als sehr anstrengend.

Robin interessiert sich sehr für Elektronik. Er spielt am liebsten mit Verlängerungskabeln oder konstruiert draußen mit Brettern und Eimern irgendwelche Maschinen (wie z. B. Saftpressen). Er erzählt oft von einer Stadt ›Ypsilon‹, die in seiner Phantasie existiert.

Da Robin Anfang Juni geboren ist, muss er im nächsten Jahr eingeschult werden, was seinen Eltern Sorgen bereitet.

Die Familiensituation

Robin lebt seit zwei Jahren mit seinem 2-jährigen Bruder und seinen Eltern in einem neu gebauten Einfamilienhaus eines Neubaugebietes. Zuvor hat die Familie in einer eigenen Wohnung im Haus der Großeltern gelebt. Seine Eltern sind beide berufstätig. Der Vater arbeitet in Vollzeit als Schweißfachingenieur, die Mutter in Teilzeit als Erzieherin. Beide Eltern arbeiten in Tagschicht. Robin besucht, seit er 2,5 Jahre alt ist, halbtags den Kindergarten. Sein Bruder wird abwechselnd von beiden Großelternpaaren betreut.

Systematisches Vorgehen und Antworten

1   Beobachten

Robin wird von seiner Bezugserzieherin Sarah regelmäßig beobachtet, seit er in der Einrichtung ist. Die Beobachtungen ergeben immer wieder, dass Robin wenig intensive Spielkontakte mit anderen Kindern hat und sich nur dann auf eine Sache konzentrieren kann, wenn sie mit Elektronik zu tun haben oder wenn ein Erwachsener ihn eng begleitet. Die letzten Beobachtungen ergeben, dass Robin in ruhigen Momenten oft traurig wirkt.

Da sowohl die Eltern als auch die Kooperationslehrerin Unsicherheit bezüglich der Einschulung von Robin geäußert haben, führt Sarah ein Entwicklungsscreening durch: das *Dortmunder Entwicklungsscreening* (DESK; Tröster, Flender & Reineke, 2016). Dieses standardisierte Verfahren gibt Aufschluss darüber, ob die Entwicklung eines Kindes im Vergleich mit seiner Altersgruppe Verzögerungen in den Bereichen Grob- und Feinmotorik, Sprache und Kognition sowie Soziale Entwicklung aufweist. Eine Diagnose wird mit diesem Instrument nicht gestellt. Falls eine Entwicklungsverzögerung bestätigt wird, muss eine gezieltere Entwicklungsdiagnostik überprüfen, in welchen Bereichen genau und in welcher Stärke die Auffälligkeit ausgeprägt ist. Der DESK kann von pädagogischen Fachkräften in Kindertageseinrichtungen durchgeführt werden, die umfassende Entwicklungsdiagnostik muss durch spezifisch ausgebildete Fachkräfte in Beratungsstellen oder Sozialpädiatrischen Zentren erfolgen (▶ Kap. 6). Die Durchführung findet im Rahmen eines Zirkusspiels statt, an dem mehrere Kinder teilnehmen. Die spielerische Durchführung fördert die Motivation zur Teilnahme und hat den Vorteil, dass mehrere Kinder gleichzeitig beobachtet werden können.

Die Auswertung des Entwicklungsscreenings ergab, dass Robin zum einen Verzögerungen im feinmotorischen sowie eine Entwicklungseinschränkung im sozialen Bereich aufweist. Darüber hinaus war es nicht möglich, ihn für die gesamte Testdurchführung zu motivieren, so dass nicht alle Aufgaben ausgewertet werden konnten. Die Ergebnisse stimmten z. T. mit den Ergebnissen der U 9 beim Kinderarzt überein, der vor allem feinmotorische Auffälligkeiten feststellte und ebenfalls nicht alle Untersuchungen durchführen konnte, weil Robin nicht zu motivieren war.

Sarah bringt die Ergebnisse mit ihren anderen Beobachtungen in eine Teamsitzung ein. Aus ihrer Sicht hat sich Robins Entwicklung im Laufe der Zeit, die er in der Einrichtung ist, nicht wie gehofft verbessert. Sie hatten Robin schon vor einem Jahr intensiver besprochen und damals beschlossen, noch abzuwarten. Es war zwar schon allen aufgefallen, dass er immer wieder motiviert werden musste und seine ›Tischmanieren‹ zu wünschen übrigließen, aber auf der anderen Seite ist er ein sehr liebenswerter Kerl, der von allen im Team gemocht wird und mit seinem Charme jeden ›um den Finger wickeln‹ kann. Aus diesem Grund hatte sich niemand wirklich Sorgen gemacht und auch die Eltern wurden beruhigt, die immer wieder voller Sorge im Entwicklungsgespräch waren. Erst in den letzten Monaten ist sein Verhalten deutlich öfter aufgefallen, da Robin als Schulanfänger jetzt öfter in Situationen kommt, in denen Aufmerksamkeit und Konzentration gefragt sind.

Das wird von allen Teammitgliedern als zunehmend anstrengend empfunden, da Robin ohne enge Begleitung keine Aufgabe und kein Spiel zu Ende bringt und jedes Mal ein ›Chaos‹ hinterlässt.

Außerdem wundert sich Sarah darüber, dass er sich beißen lässt und sich gar nicht wehrt. Anfangs hat sie sein Verhalten noch positiv bewertet, da Streits mit ihm nie eskalieren und er immer den anderen den Vortritt gibt. Rückblickend hat sie jetzt das Gefühl, dass sie ihn viel zu wenig unterstützt hat, seine Position zu vertreten, und mehr Aufmerksamkeit dem ›Täterkind‹ gewidmet hat.

2 Analysieren/Verstehen

Die Bezugsbetreuerin Sarah möchte die Fallbesprechung nutzen, ein besseres Verständnis für Robin zu bekommen. Ihre Kollegin schlägt vor, eine Angebotssituation im Stuhlkreis nachzustellen. Sarah übernimmt dabei die Rolle von Robin. Zu Beginn ist Sarah sich unsicher, wie sie Robin spielen soll. Dann rät ihr eine Kollegin, seine Körperhaltung zu imitieren (hängende Schultern, eingezogener Kopf, wippende Füße, unruhige Hände). Dadurch fällt es ihr viel leichter, sich in ihn hineinzuversetzen, und sie findet schnell in die Rolle.

In der Reflexion des Rollenspiels berichtet sie, dass sie sich sehr schnell stark angestrengt gefühlt hat. Insbesondere dieses Gefühl der Anstrengung kann sie am stärksten wahrnehmen und die Schwere und Ungelenkigkeit ihres Körpers. Sie fühlte sich müde und hatte deshalb Mühe den schnell wechselnden Erzählungen der anderen Kinder zu folgen. Um mit der Anstrengung und Müdigkeit besser umgehen zu können, spürte sie einen starken Bewegungsdrang. Durch das Wippen mit den Füßen und die Beschäftigung mit den Händen, fiel es ihr leichter, die Situation auszuhalten. Die Ermahnungen der pädagogischen Fachkraft machten sie traurig, weil sie gar nicht mitbekommen hatte, was sie falsch gemacht hat. Am liebsten würde sie sich in eine Ecke zurückziehen und für sich alleine sein, dann könnte sie auch nichts falsch machen.

Um ein genaueres Bild davon zu bekommen, in welchen Situationen Robin besonders belastet wirkt, beschäftigt sich das Team mit folgenden Fragestellungen (angelehnt an Pfreundner, 2015):

- Wann wirkt Robin angestrengt, überreizt und/oder traurig? Gibt es wiederkehrende Uhrzeiten oder Abläufe, in denen dies besonders auffällt?
- Welche Rolle spielen dabei die räumlichen Gegebenheiten?
- Welche und wie viele Kinder sind in diesen Situationen beteiligt?
- Welche pädagogischen Fachkräfte sind involviert?

Außerdem können Robin und sein Verhalten auch ressourcenorientiert betrachtet werden:

- An welchen Tagen und Uhrzeiten ist Robin konzentriert und dabei?
- Bei welchen Themen oder Spielinhalten wirkt er besonders interessiert?

- Mit welchen Kindern und ErzieherInnen hat er einen guten Kontakt und kann er länger im Spiel verweilen?
- Welche Strategien wendet er an, um anstrengende Situationen auszuhalten?

Die Reflexion dieser Fragen macht dem Team auch deutlich, welche *Funktion* das Verhalten für Robin hat: Er versucht seinen anstrengenden Tag zu bewältigen. Seine Unruhe hilft ihm, seine Müdigkeit auszuhalten, und wenn zu viele Reize auf ihn einwirken, schaltet er ganz ab, um sich zu schützen. Diese Überlebensstrategie ermöglicht ihm, durch den Tag zu kommen und die Situation zu kontrollieren. Gleichzeitig wird ihm bewusst, dass er vieles nicht mitbekommt, nicht wirklich integriert ist und das erfüllt ihn vermutlich mit Traurigkeit.

Aus den Elterngesprächen sind weitere Informationen über seine Entwicklung bekannt, die die oben aufgestellten Hypothesen stützen: Robin wurde spontan in der 40. Schwangerschaftswoche via Saugglocke entbunden. Er steckte im Geburtskanal, kam dadurch mit deutlicher Blaufärbung am Kopf zur Welt. Er wurde unverzüglich aus dem Kreißsaal gebracht, nicht einmal ein Durchtrennen der Nabelschnur durch den Vater war möglich. Es dauerte eine Weile, bis er zum ersten Mal durch ein Schreien zu hören war. Er wog 3860 g und war 51 cm groß. Der Hebamme fiel bei der Nachsorge auf, dass Robin sich beim Schreien stark mit dem Kopf nach hinten überstreckt. Daraufhin wurde er mehrmals osteopathisch behandelt. Als Säugling schlief Robin viel. Bis zum Alter von drei Jahren machte er einen langen Mittagsschlaf von zwei bis drei Stunden. Nach geistiger und körperlicher Anstrengung benötigt er viel Schlaf. Um die Mittagszeit hat Robin oft ein Motivationstief. Trotzdem möchte er keinen Mittagschlaf mehr halten. Er schläft abends schnell ein, bewegt sich viel im Schlaf, so dass ein Fallschutz am Bett noch immer benötigt wird. Er ist morgens nur schwer aufzuwecken.

Zunächst hat sich Robin unauffällig entwickelt. Lediglich die Bauchlage musste trainiert werden, da er in dieser stets nach wenigen Augenblicken zu schreien begann. Der Osteopath sowie die Kinderärztin begründeten diese Tatsache mit den durch die Saugglocke vorhandenen Blockaden an der Halswirbelsäule. Die erste ›Auffälligkeit‹ zeigte sich im Krabbelalter. Robin krabbelte nicht wie andere Babys. Er stellte beim Krabbeln stets den Fuß am linken Bein auf und schob sich damit zusätzlich an. Mit 12 Monaten lief er frei.

Da Robin ein Kind mit großem Bewegungsdrang war, schien es der Mutter ungewöhnlich, dass er trotz des häufigen Spielens und Laufens im Garten einige Bewegungen nicht konnte, obwohl andere gleichaltrige Kinder dies können, z. B. mit beiden Füßen gleichzeitig vom Boden springen, eine Stufe herunterspringen etc.; Rutschauto oder Laufrad fahren konnte er erst ein Jahr später als Gleichaltrige. Auch den Großeltern fällt auf, dass Robin oft einfach mit einem Fuß ›wegknickt‹ und beim Laufen plötzlich hinfällt. Als die Familie dann ins Eigenheim umzieht, fällt auf, dass Robin vor allem bei Müdigkeit einfach vom Stuhl fällt. Daraufhin veranlasste der Kinderarzt einen stationären Aufenthalt im Neuropädiatrischen Zentrum, um eine Epilepsie abzuklären. Die EEGs waren jedoch unauffällig, somit ist ein epileptisches Leiden auszuschließen. Der steife Bewegungsablauf und die Ungeschicklichkeit sollten durch den Besuch einer wöchentlichen Turngruppe verbessert werden. Robin ließ sich zwar bereitwillig dorthin bringen, zeigte aber durch verträumtes Verhalten deutlich, dass er dazu keine Lust hatte. Andere Kinder sowie die Trainerin fühlten sich durch sein Verhalten gestört. Die Mutter beschloss, ihm ein Alternativprogramm zu bieten. Er besucht daher vermehrt das Schwimmbad und Spielplätze. Die Mutter bemühte sich zusätzlich um Ergotherapie, die Robin seit Anfang des Jahres einmal wöchentlich gerne besucht. Die Sorge jedoch, dass in seiner Entwicklung irgendetwas ungewöhnlich ist, bleibt.

Hier wird deutlich, dass zum einen bereits die Geburtssituation als auch Robins darauffolgenden motorischen Schwierigkeiten einen Einfluss auf seine Entwicklung in anderen Bereichen haben. So ist seine soziale Teilhabe z.B. an der Turngruppe eingeschränkt. Robin zeigt vermutlich deshalb wenig Lust an der Turngruppe, weil er im Vergleich mit den anderen Kindern weniger kann. Um dieser Frustration vorzubeugen, macht er erst gar nicht mit. In diesen Momenten bräuchte er eine deutlichere Unterstützung durch seine Mutter und die Trainerin, die ihm aber beide keine Alternativlösungen zur Verfügung stellen und ihn auch nicht ermutigen. Robin erlebt Gruppensituationen damit wiederholt nicht als soziale Unterstützung und Anerkennung. Er benötigt also alternative Bewältigungsstrategien, damit neue Verhaltensmuster entstehen können, auf die er zurückgreifen kann, um Vertrauen in die eigenen Fähigkeiten zu gewinnen.

Seine Vermeidungsreaktion auf unbekannte Dinge und Situationen ist auch dadurch erklärbar, dass er ein schlecht ausgeprägtes Kontrollerleben hat. Aus Angst, in Situationen zu geraten, die er nicht bewältigen kann, vermeidet er sie gleich von vorneherein. Sein Selbstkonzept ist geprägt von einem geringen Selbstwertgefühl und -vertrauen. Es ist zu vermuten, dass die Eltern ihm aus Sorge vor Verletzungen viel abgenommen oder ihn gebremst haben und damit das Vertrauen in seine Fähigkeiten ungewollt schwächten. Robin kann also nicht auf Erfahrungen zurückgreifen, dass das eigene Handeln zu Wirkungen führt, und er erwartet deshalb schon zu Beginn einer unbekannten Situation, dass er sie nicht bewältigen kann, weil er seine Fähigkeiten nicht kennt. Er greift deshalb lieber auf altbekannte Muster zurück. Auch wenn er mitbekommen hat, dass dieses Verhalten negativ bei anderen ankommt, ist er mit seinen Bewältigungsstrategien vertraut und sie geben ihm Sicherheit.

In Anlehnung an das dimensionale Kategoriencluster (▶ Kap. 2, *Exkurs*), sind bei Robin Symptome einer gemischten Auffälligkeit erkennbar. So zeigt Robin Anzeichen von Aufmerksamkeitsproblemen wie motorische Unruhe und Konzentrationsschwierigkeiten. Darüber hinaus wirkt er häufig traurig. In Kombination mit seinen verträumten Phasen könnte von einer Aufmerksamkeitsstörung ausgegangen werden. Dies muss sorgfältig z.B. im Sozialpädiatrischen Zentrum abgeklärt und eine körperliche Erkrankung ausgeschlossen werden.

3 Planen

Um Robins Entwicklung zu unterstützen, und damit er sich in der Einrichtung wohler fühlt, sollten die Begegnungsangebote gut geplant und auf ihre Passung zu Robin und seinen Bedürfnissen hin überprüft werden.

Pädagogische Begegnung mit Robin

Da Robin laut den Beobachtungen und Einschätzungen des Teams anstrengende Situationen besser aushalten kann, wenn er Körperkontakt und Begleitung durch eine pädagogische Fachkraft erhält, wird beschlossen, Auszeiten bzw. ›Sonderregelungen‹ für Robin in Absprache mit der Gruppe einzuführen. Das sind z. B. kürzere Essenszeiten am Mittag oder beim Morgen- und Abschlusskreis auf dem Schoß von Sarah. Wird offen mit den anderen Kindern thematisiert, dass jeder zu bestimmten Zeiten andere Bedürfnisse hat und manchmal mehr Unterstützung braucht, können auch Kinder in diesem Alter Ausnahmen für andere gut tolerieren. Gleichzeitig schafft es eine Atmosphäre, in der über Schwierigkeiten, Ängste und Probleme gesprochen werden kann. Wenn offene Gesprächsrunden zu verschiedenen Themen einen regelmäßigen Platz in der Kindertageseinrichtung haben, wird es für die Kinder selbstverständlicher auch über ihre Emotionen zu sprechen.

> »Kinder, die die Erfahrung machen, dass ihre Gefühle ernst genommen und verstanden werden, werden nicht nur in ihrer Kommunikation gestärkt, sondern auch in ihrer resilienten Entwicklung. D. h., mit belastenden Situationen und Problemen besser umgehen zu können, hängt in deutlichem Maß auch damit zusammen, wie gut ein Kind in der Lage ist, seine Belastung wahrnehmen und kommunizieren zu können« (Weltzien, Fröhlich-Gildhoff, Rönnau-Böse & Wünsche, 2016, S. 89).

Routinen und klare Abläufe können verstärkt werden, um das Gefühl der Sicherheit und Kontrollierbarkeit zu erhöhen. Dazu gehört auch die Einführung von festen Ruhezeiten von 15 Minuten, alle zwei Stunden. In dieser Zeit kann Robin etwas für sich alleine machen oder sich in das Büro der Leitung zurückziehen und mit ihr sprechen oder in einer noch zu schaffenden Ruhe-Ecke das Geschehen um ihn herum beobachten.

In Absprache mit Robin werden Zeichen eingeführt: Wenn er merkt, dass ihm alles zu viel wird oder eine Fachkraft den Eindruck hat, dass Robin eine Auszeit braucht, wird das vereinbarte Zeichen – z. B. die Arme kreuzen – ›gesetzt‹. Dadurch wird seine Selbstwahrnehmung unterstützt, eigene Gefühlszustände besser zu spüren und zu erkennen und sie anderen mitzuteilen.

Projekt ›Ypsilon‹: Robin wird angeregt, seine Traumstadt, von der er immer spricht, mit verschiedensten Materialien nachzubauen. Die Materialien werden mit ihm gemeinsam gesammelt und verschiedenste Konstruktionen überlegt. Für die Bauphase werden zwei Kinder dazu genommen und das gemeinsame Bauen von Sarah begleitet.

Da Robin sich so gerne mit Maschinen, Elektronik und ihrer Funktion beschäftigt, könnten alte Geräte zur Verfügung gestellt und auseinander gebaut werden. Auch diese Tätigkeit kann er alleine oder mit ein bis zwei anderen Kindern machen und den anderen Kindern von seinen Entdeckungen berichten. Um ihm seine Erfahrungen noch deutlicher zu machen und sein Selbstwirksamkeitserleben zu stärken, wäre eine anknüpfende Handlungsoption, sein Erlebnis als Lerngeschichte (vgl. dazu Leu & Flämig, 2007) zu formulieren und sich mit ihm gemeinsam an die Situation zu erinnern. Auch Robins Eltern könnten von so einer Lerngeschichte profitieren, da sie sich oft große Sorgen um ihren Sohn machen. Ein positives

Erlebnis kann so nicht nur das Kind, sondern auch die Eltern stärken und ihnen indirekt deutlich machen, wo Robins Stärken und Fähigkeiten liegen.

Institution

Als das Team überlegte, welche Rückzugsmöglichkeiten in der Einrichtung vorhanden sind, wurde schnell deutlich, dass es kaum welche gibt. Die Ecken, in denen es ruhiger zugeht, sind nicht ansprechend als Rückzugsort gestaltet. Dies soll verändert werden, so dass nicht nur für Robin kleine Auszeiten möglich sind, sondern auch für andere Kinder. Außerdem wurde überlegt, mehr Spielmaterialien in Schränke mit Türen oder Schubladen o. Ä. zu verstauen, um eine Reizüberflutung zumindest teilweise zu beschränken.

Außerdem wurde die Tagesstruktur der Einrichtung näher betrachtet. Es fiel auf, dass die Tage sehr voll sind und wenig Zeit für Freispiel bleibt. Ein Kind braucht aber ca. mindestens 45 Minuten, um sich intensiv in ein Spiel vertiefen zu können, ein komplexes Rollenspiel oder eine Bautätigkeit zu entwickeln. Wird einem Kind ermöglicht, so in sein Spiel abzutauchen, wird ein intensiver Lernprozess angeregt (vgl. Wünsche, Gutknecht & Weltzien, 2013).

Gespräch mit den Eltern

In einem Gespräch mit den Eltern sollten vor allem deren Sorgen ernst genommen und gemeinsam mit ihnen Strategien entwickelt werden, wie sie auch zu Hause für Robin für wenig Reizüberflutung und Sicherheit sorgen können. Außerdem sollen ihre Bemühungen wertgeschätzt werden, da der Alltag mit Robin oft nicht einfach ist und insbesondere die Mutter sich sehr engagiert.

Weiteres Umfeld

Da Robin seit Kurzem bei der Ergotherapie ist und dort auch gerne hingeht, sollten im Moment keine weiteren Institutionen involviert, sondern zunächst abgewartet werden, wie er sich entwickelt und wie die Veränderungen in der Einrichtung wirken. Sollten sich innerhalb von drei Monaten keinerlei Verbesserungen zeigen, sollte Robin im sozialpädiatrischen Zentrum vorgestellt werden, um zusätzliche Fördermöglichkeiten abzuwägen und eine mögliche Aufmerksamkeitsstörung diagnostisch abzuklären.

Es sollte eine weitere körperliche Untersuchung überlegt werden. Es ist noch immer unklar, woher Robins ständige Müdigkeit kommt und welche Ursache seine motorischen Schwierigkeiten haben können.

4 Handeln

Robin ist von dem Projekt ›Ypsilon‹ begeistert und mit Feuer und Flamme dabei. Wenn es nach ihm gehen würde, würde er den ganzen Tag nichts Anderes in der

Kita machen. Seine zwei Freunde, die ihm beim Sammeln und Zusammenbauen der Materialien unterstützen, werden zunächst kaum beachtet und er reagiert schnell erregt, wenn sie sich nicht an seine Ideen halten. Sarah muss den gemeinsamen Aushandlungsprozess feinfühlig begleiten und Robin immer wieder Rückmeldungen geben und ihn in seiner Selbstregulation unterstützen. Dies gelingt ihr immer besser, je genauer sie Robin beobachtet. Inzwischen kennt sie bereits Feinzeichen, die darauf hinweisen, dass er unter Stress gerät. Dann hilft es ihm, wenn sie beruhigend eine Hand auf seinen Arm legt und ruhig mit ihm spricht. Mit der Zeit versucht sie, sich immer mehr aus der Situation zurückzuziehen. Sie bleibt aber in der Nähe und nimmt immer wieder Blickkontakt mit ihm auf und signalisiert ihm dadurch Sicherheit. Darüber hinaus ermutigt sie ihn immer öfter, sich auch auf neue Situationen oder andere Kinder einzulassen und gibt ihm stärkende Rückmeldungen.

Das Thema Sicherheit spielt eine große Rolle für Robin und könnte auch ein Grund sein, warum er ungern in die Kita geht. Es geht also darum, ihn möglichst wenig unvorhergesehenen Situationen auszusetzen und den Tag für ihn nachvollziehbar zu strukturieren. Das beginnt bereits am Morgen, wenn er gebracht wird. Sarah nimmt ihn dort in Empfang und geht mit ihm durch den Raum und zeigt ihm, wer alles da ist und wer mit wem was spielt. Danach setzt Robin sich an einen kleinen Tisch und beschäftigt sich selbst mit Konstruktionen o. Ä., bis der Morgenkreis beginnt und Sarah ihn hierfür zu sich auf den Schoß nimmt. Mit der Zeit ist der Schoß nicht mehr notwendig und es reicht, dass er neben ihr sitzt und sie ihn immer mal wieder beruhigt. Auch das Ritual des Ankommens am Morgen braucht zunehmend weniger Sarahs Begleitung, schon nach zwei Wochen hat Robin die Strategie selber übernommen. I. d. R. sind solche intensiven Begleitprozesse nur für einen kurzen Zeitraum nötig und führen nicht, wie von vielen befürchtet, zu einem langfristigen Personalmehraufwand. Allerdings ist für solche Prozesse die Flexibilität der Teammitglieder gefragt. So musste z. B. für zwei Wochen ein/e zusätzliche KollegIn am Morgen da sein, um Sarah die nötige Entlastung für Robins Begleitung zu geben.

Das Gespräch mit den Eltern verlief zufriedenstellend für beide Seiten. Die Eltern fühlen sich und ihre Sorgen ernster genommen und haben angekündigt, Robins körperlichen Zustand im Sozialpädiatrischen Zentrum bereits in der nächsten Woche abklären zu lassen. Sarah hat den Eindruck, mit ihnen gemeinsam an einem Strang zu ziehen. Durch ihr besseres Verständnis für Robin konnte sie ihnen viel leichter deutlich machen, was er braucht. Auch die Eltern haben jetzt für mehr Struktur zu Hause gesorgt und seinen Tag mit weniger verschiedenen Aktivitäten gefüllt.

Auf Institutionsebene hat die Auseinandersetzung mit Rückzugsmöglichkeiten auch dazu geführt, dass das Team für sich selber festgestellt hat, keine ausreichenden Rückzugsmöglichkeiten zu haben. Die Leitung ist nun im Gespräch mit dem Träger, welche Wege es hierfür gibt. Gerade für Einrichtungen, die sich durch mehrere Kinder herausgefordert fühlen, sind Auszeiten und kurze Pausen noch notwendiger, um diesen Kindern dann wieder wertschätzend und feinfühlig begegnen zu können.

5 Evaluieren/Reflektieren

Um zu überprüfen, ob die durchgeführten Handlungen und geplante Schritte sinnvoll waren, ist es hilfreich die unter Kapitel 4.3 beschriebenen vier Passungsebenen genauer zu reflektieren:

- *Passung zwischen den Personen*: Auf dieser Ebene ist eine gute Passung vorhanden. Sarah und Robin mögen sich, eigentlich ist er allen KollegInnen im Team sympathisch. Robin lässt sich von Sarah gut beruhigen und sucht schon von sich aus ihre Nähe, wenn er unruhig wird.
- *Passung zwischen dem pädagogischen Konzept und dem Entwicklungsthema des Kindes*: Das pädagogische Konzept der Einrichtung wurde z. T. den Bedürfnissen von Robin angepasst, d. h. es wurden neue Rückzugsorte geschaffen und auch mehr Freiräume, um den Tagesablauf flexibel anzupassen.
- *Passung zwischen dem Kind und dem pädagogischen Konzept*: Individuell auf Robin abgestimmte Sonderregelungen wurden umgesetzt. Hier gibt es allerdings noch Diskussionsbedarf im Team, weil nicht alle Fachkräfte die Regelungen wirklich mittragen. Das führt bei Robin zu Verunsicherung und muss dringend geklärt werden.
- *Passung zwischen der PädagogIn und dem Entwicklungsthema des Kindes*: Sarah hat durch das Rollenspiel ein sehr viel größeres Verständnis für Robin entwickelt und kann sich gut in ihn hineinversetzen. Deshalb fällt es ihr nicht schwer, ihn in seinem Entwicklungsthema zu begleiten.

Nachdem die Eltern eine diagnostische Abklärung im Sozialpädiatrischen Zentrum sehr befürwortet haben, wurde diese ziemlich bald durchgeführt. Dabei zeigte sich Förderbedarf in allen Entwicklungsbereichen und im Besonderen im Bereich der Konzentration und Aufmerksamkeit. Ob und in welchem Umfang Fördermaßnahmen genehmigt werden, ist zu diesem Zeitpunkt noch unklar.

Auch in diesem Beispiel hätte es an verschiedenen Stellen weniger positiv verlaufen können. So hätte Robin eventuell. nicht so gut auf die geplanten Handlungen ansprechen können und seine Entwicklung hätte sich trotz großer Unterstützung nicht verbessert. Hier hilft es, wie oben in der Evaluation dargestellt, im Prozess immer wieder zu überprüfen, ob die geplanten Angebote wirklich zu dem Kind und seinem Entwicklungsthema passen oder ob zu viele Kompromisse aufgrund der Möglichkeiten der Einrichtung, Unflexibilität von anderen Institutionen oder des Teams geschlossen wurden. Diese Evaluation sollte deshalb in regelmäßigen Abständen erfolgen und nicht erst nach mehreren Monaten. Gleichzeitig müssen sich die pädagogischen Fachkräfte bewusstmachen, dass Veränderungen Zeit brauchen und Verhalten und Abläufe, die schon über einen langen Zeitraum bestehen, sich nicht innerhalb von ein paar Wochen komplett verändern lassen. Das betrifft sowohl das kindliche Verhalten, als auch die Strukturen einer Einrichtung und die Haltung bzw. Arbeitsweise der pädagogischen Fachkräfte.

5.2 Setting Grundschule

Fallbeispiel: Kilian (internalisierendes Verhalten)[12]

Die Situation in der Schule

Der 8,9 Jahre alte Kilian besucht die dritte Klasse der Grundschule. Sein Lehrer, Herr Fischer, beschreibt ihn als ein zurückhaltendes, ruhiges Kind. Er stört nie den Unterricht, seine Schul- und Hausaufgaben erledigt er sehr zuverlässig und ordentlich. Allerdings meldet er sich nie und spricht nur auf Aufforderung und dann zumeist mit eingezogenem Kopf, abgewandtem Gesicht und mit sehr leiser Stimme. Zu anderen Kindern hat er wenig Kontakt. Im Pausenhof sitzt er oft alleine und beobachtet die anderen Kinder beim Spielen. Diese hatten ihn zu Beginn immer noch zum Spielen aufgefordert, inzwischen fragen sie nicht mehr. Manchmal sieht man ihn mit zwei Jungen aus der ersten Klasse.

Seine große Leidenschaft sind Insekten. Stellt man ihm dazu Fragen, kann er erstaunlich viel darüber erzählen, und in seinen Heften finden sich viele Zeichnungen von Käfern, Spinnen usw. Viel mehr weiß Herr Fischer eigentlich nicht über ihn.

Herr Fischer hat die Klasse erst vor Kurzem übernommen. Laut seiner Kollegin Frau Martin, der Klassenlehrerin der ersten und zweiten Klasse, gab es nie Probleme mit ihm. Auch im Kindergarten sei er ein ruhiges Kind gewesen, das wenig mit den ErzieherInnen sprach, und er hatte auch dort nur Kontakt zu wenigen Kindern, wobei er diesen gegenüber aufgeschlossen schien. Herr Fischer macht sich dennoch langsam Sorgen um Kilian. Er wirkt zunehmend gehemmt; wenn er spricht, kommen seine Sätze fast nur noch stotternd und sein Kopf wird feuerrot. Die anderen Kinder fangen an, über ihn zu kichern. Es kommt auch immer häufiger vor, dass er über Bauchschmerzen klagt und nach Hause möchte. Die Krankmeldungen durch seine Mutter haben deutlich zugenommen.

In acht Wochen steht ein Hüttenwochenende mit Übernachtung an, und während alle anderen Kinder sich begeistert in die Vorbereitungen stürzen, sitzt Kilian lethargisch daneben. Herr Fischer bezweifelt, dass Kilian mitfahren wird, auch wenn er es für ihn und seine Integration in die Klasse für sehr wichtig hält.

Familiärer Hintergrund

Kilian lebt mit seiner Mutter (36 Jahre) seit der Trennung der Eltern mit zwei Jahren in einer Zweieinhalb-Zimmer-Wohnung einer Großstadt. Die Mutter arbeitet halbtags als Zahntechnikerin in einem Labor in der Nähe der Wohnung. Die Nachmittage verbringt sie i.d.R. mit Kilian. Den Vater (42 Jahre) sieht

---

12 Ein Dank geht an Stefanie Schopp für die Anregungen zu diesem Fallbeispiel.

Kilian nur unregelmäßig. Dieser ist seit der Trennung in eine andere Stadt gezogen und lebt dort mit einer neuen Partnerin und deren zwei Kindern (sieben und elf Jahre) und zeigt wenig Interesse an einem intensiven Kontakt zu seinem Sohn. Kilians Mutter hat seit der Trennung keine neue Beziehung. Zu den Großeltern mütterlicherseits besteht kein Kontakt, die Großeltern väterlicherseits sind bereits verstorben. Kilian und seine Mutter leben relativ isoliert, Kontakt zu anderen Familien oder Nachbarn besteht kaum.

Systematisches Vorgehen und Antworten

1 Beobachten

In den nächsten zwei Wochen beobachtet Herr Fischer Kilian sehr genau, notiert sich die Anzahl seiner Redebeiträge und seinen Kontakt mit den Mitschülern. Er möchte vor allem herausfinden, ob Kilian bei bestimmten Themen seine Zurückhaltung doch überwinden kann und wie er mit seinen Klassenkameraden umgeht. Er stellt fest, dass Kilian in den zwei Wochen kein einziges Mal etwas von sich aus gesagt hat. Auf Ansprache von anderen Kindern reagiert er meistens zu spät, als würde er innerlich erst überlegen, was er antworten soll. Dann haben die anderen aber das Interesse bereits verloren und sich abgewendet. Meistens geht er den anderen sowieso direkt aus dem Weg und scheint dafür eine geschickte Strategie gefunden zu haben. Morgens kommt er erst mit dem Gongschlag in das Klassenzimmer, die Fünf-Minuten-Pausen verbringt er häufig auf der Toilette und in der Großen Pause verlässt er als letzter das Klassenzimmer und ist als erster wieder auf seinem Platz. In der Pause sitzt er meistens auf einer kleinen Mauer und beobachtet entweder das Spiel der anderen Kinder oder beschäftigt sich mit Insekten, die sich in der Mauerritze versteckt haben. Darüber hinaus beobachtet Herr Fischer, dass Kilian von seiner Mutter jeden Tag bis zum Klassenzimmer gebracht und von dort abgeholt wird.

Um Kilians Kontakte zu anderen zu visualisieren, zeichnet Herr Fischer zum einen ein Soziogramm aus der Anzahl der Kontakte von Kilian mit anderen; dabei vermerkt er, welche selbst initiiert sind und welche nicht. Dabei wird deutlich, dass von Kilian keine Kontakte selbst initiiert werden und es insgesamt nur wenig (verbale) Kontakte gibt. Zum anderen bittet Herr Fischer jeden Schüler anzugeben, neben wem er oder sie gerne sitzen würde und drei Nennungen abzugeben. Kilian wird von keinem der anderen Schüler genannt. Er selber gibt drei Kinder an, mit denen er in den zwei Beobachtungswochen kein Wort gesprochen hat. Diese sind bei den anderen Kindern beliebt, gehören aber nicht zu den Anführern der Klasse.

Herr Fischer muss sich eingestehen, dass er Kilian sehr oft gar nicht bemerken würde, wenn er es sich nicht zur Aufgabe gemacht hätte, ihn zu beobachten. In einem Gespräch mit seiner Kollegin Frau Martin teilt diese seinen Eindruck. Gemeinsam reflektieren sie, welche Gefühle das Verhalten von Kilian bei ihnen auslöst. Herr Fischer verspürt, je länger er Kilian beobachtet, eine Ungeduld. Er würde ihn manchmal am liebsten zwingen, sich mehr zu beteiligen, und ihm fällt auf, dass er auch nicht lange abwarten kann, wenn er anfängt zu stottern. Eigentlich beendet er für ihn immer die Sätze oder vermeidet es ganz, ihn überhaupt in diese Situation zu bringen, weil er ihm so leidtut. Im Prinzip geht er schon immer davon aus, dass Kilian nichts sagen möchte (negative Erwartungshaltung). Frau Martin hat ein schlechtes Gewissen, weil sie ihn so wenig wahrgenommen hat. Eigentlich war sie immer froh über ihn, weil er so unkompliziert war. Da seine Leistungen gut waren, hatte sie sich keine Gedanken gemacht und meint: »Jeder ist halt anders und er braucht wahrscheinlich nur Zeit bis er auftaut.« Herr Fischer gibt zu bedenken, dass es ihm aber bestimmt nicht wirklich gut geht. Insbesondere die häufigen Krankmeldungen machen ihm Sorgen. »Der muss doch völlig einsam sein, der arme Kerl. Da kann es einem doch auch nicht gut gehen.«

Herrn Fischer wird durch die systematische Beobachtung deutlich, dass er Kilian bisher so gut wie keine positiven Rückmeldungen gegeben hat. Im Gegensatz zu einigen anderen Kindern in der Klasse hat Kilian z. B. immer gewissenhaft seine Hausaufgaben gemacht und das sehr ordentlich. Er stört nicht den Unterricht und scheint zumindest geistig dabei zu sein. Dies ist Herrn Fischer nicht nur bei Kilian passiert, sondern ihm fällt auch auf, dass seine Aufmerksamkeit sehr oft nur bei den aktiven Kindern liegt und er seine positiven Rückmeldungen auf sicht- bzw. hörbare Teilnahme im Unterricht beschränkt. Es fällt ihm einfach leichter, Kontakt mit Kindern aufzunehmen, die aktiv sind. Er fühlt sich durch laute und unruhige Kinder kaum gestört und hat das Gefühl, mit diesen Kindern gut umgehen zu können. »Irgendwie bin ich auch eher so ein Typ und hab' dadurch schnell einen Draht zu den Aktiven.«

Diese Erfahrung von Herrn Fischer ist nicht ungewöhnlich. Jeder kann mit verschiedenen Verhaltensweisen unterschiedlich gut umgehen, entscheidend ist das Bewusstsein darüber, da es den Kontakt und die Beziehung zu dem Kind beeinflusst. D. h. mein Verhalten wirkt auf das Kind zurück, es fühlt sich z. B. wertgeschätzt und angenommen und spürt Unsicherheit oder Ablehnung und reagiert entsprechend. Als pädagogische Fachkraft muss ich mich also immer wieder fragen: Was hat das Verhalten des Kindes mit mir zu tun? Welche Botschaften vermittle ich? Gebe ich dem Kind überhaupt die Möglichkeit, anders zu reagieren? Wenn mir bewusst ist, welchem Verhalten ich leichter oder schwerer begegnen kann, kann ich dem gezielter entgegensteuern. Es ist deshalb sinnvoll, sich mit folgenden Fragestellungen auseinander zu setzen:

- Welche Kinder sind mir sympathisch? Wie sind Kinder, die ich wertschätzen kann, die ich mag?
- Welche Kinder sind mir unsympathisch? Was mag ich an ihnen oder ihrem Verhalten nicht? Welches Verhalten kann ich nicht tolerieren?
- Welche Verhaltensweisen verunsichern mich?
- In welches Verhalten kann ich mich gut einfühlen, was ist mir ›nah‹ und welches nicht?

Herr Fischer beschließt aufgrund seiner Selbstreflexion zusätzlich eine Lobliste für alle SchülerInnen seiner Klasse zu führen, um einen Überblick zu bekommen, wer von ihm regelmäßig bestärkt wird. Diese Lobliste liegt im Klassenbuch und stellt quasi eine Strichliste dar, die dokumentiert, wie oft ein Kind in welcher Stunde gelobt wurde. Wird diese Liste über zwei Wochen geführt, kann sie ein gutes Bild darüber abgeben, welche Kinder regelmäßig positiv bestärkt werden und welche nicht (vgl. dazu Fröhlich-Gildhoff et al., 2011).

2   Analysieren/Verstehen

Nach dem Gespräch mit seiner Kollegin sammelt Herr Fischer alle Informationen, die er zu Kilian hat. Darüber hinaus vereinbart er ein Gespräch mit der Schulpsychologin, um mit ihr gemeinsam zu überlegen, wie das Verhalten von Kilian einzuordnen ist und wie er weiter vorgehen soll.

Grundsätzlich ist es sinnvoll, sich mit anderen Professionellen über SchülerInnen auszutauschen, über die man sich Gedanken macht. Im Schulsystem fehlen i. d. R. etablierte Austauschmöglichkeiten, wie z. B. Fallbesprechungen im Kollegium. Deshalb sollte, wenn vorhanden, die Schulsozialarbeit, der/die SchulpsychologIn oder BeratungslehrerInnen hinzugezogen werden.

Laut dimensionalem Kategoriencluster (▶ Kap. 2, *Exkurs*) zeigt Kilian viele Verhaltensweisen, die auf eine internalisierende Verhaltensauffälligkeit hinweisen. So zieht er sich deutlich von anderen Kindern zurück, wirkt verschlossen und ist sehr schüchtern. Außerdem können körperliche Beschwerden wie Bauchweh beobachtet werden. Die Schulpsychologin empfiehlt deshalb, Kilian möglichst bald diagnostisch abklären zu lassen. Dies kann sie selber durchführen, so dass Kilian nicht noch zu einer anderen Stelle geschickt werden müsste – was eventuell für die Mutter ein Problem darstellen könnte. Voraussetzung ist aber in jedem Fall das Einverständnis der Mutter.

Herr Fischer nutzt den Austausch mit der Schulpsychologin, sich in die Perspektive des Jungen hineinzuversetzen. Sie notieren sich:

- Jeder Tag muss für Kilian sehr anstrengend sein, um alle Kontaktvermeidungsstrategien durchzuhalten und sich so unauffällig wie möglich zu verhalten;
- gute Leistungen, um nicht aufzufallen (?);
- Angst davor, im Unterricht etwas sagen zu müssen;
- bis Kilian genug Mut zusammen hat, um anderen zu antworten oder diese anzusprechen, sind sie schon wieder mit etwas anderem beschäftigt;
- Einsamkeit;
- Bauchweh als Schutz = genehmigte Auszeit;
- Bedürfnis nach Ruhe.

Bio-Psycho-Soziale Erklärungsmöglichkeiten

In einem Gespräch in der zweiten Klasse mit der damaligen Klassenlehrerin, Frau Martin, berichtete die Mutter, dass ihre Eltern sich ebenfalls getrennt hätten, als sie im Kindergarten war, und sie sehr unter den wechselnden Partnerschaften beider Elternteile gelitten habe. Der Erziehungsstil ihrer Eltern sei geprägt gewesen von ständiger Kritik und ›Du musst‹. Wenn sie negative Gefühle zeigte, lachte ihre Mutter sie aus und meinte: »Wenn ich so einfältig wäre wie Du, dann wäre ich schon längst untergegangen.« Bereits in der ersten Klasse sei sie ein ›Schlüsselkind‹ gewesen, d. h. die Mutter verließ früh morgens das Haus und kam erst am späten Nachmittag nach Hause. Nach der Schule musste sie sich selbst mit Essen versorgen. Die einzige verlässliche Bezugsperson war ihr Opa, den sie zweimal in der Woche sah. Der Mutter sei es sehr wichtig, dass Kilian eine Mutter hat, auf die er sich verlassen kann und von der er sich so akzeptiert fühlt, wie er ist.

Die Mutter machte sich von Geburt an große Sorgen um Kilian. Äußerte jemand Kritik an Kilian, dann schaltete sie sich sofort ein und nahm ihn in Schutz. Auch Streitigkeiten mit seinen Freunden wurden durch sie geklärt. Kilian lernte wenige Bewältigungsstrategien, weil die Mutter in der ständigen Sorge um das Wohlergehen alles Mögliche für ihn zum Guten regelte. Kilian blickte ständig in das sorgenvolle Gesicht der Mutter.

Er war ein ängstliches Kleinkind, wollte immer nur bei seiner Mutter sein und sprach mit keiner fremden Person. Während der ganzen Kindergartenzeit gab es Schwierigkeiten bei der morgendlichen Trennung, die sich im Laufe der Zeit zwar abschwächten, aber nie ganz aufhörten.

Die Beziehung zwischen Kilian und seiner Mutter ist sehr eng und sie verbringen viel Zeit alleine miteinander, da auch die Mutter nur wenige Freunde zu haben scheint. Weitere Verwandte wohnen nicht in der näheren Umgebung. Wenn Kilian sich mit anderen verabredete (was das letzte Mal Anfang der zweiten Klasse vorkam), mussten die Kindern immer zu ihm nach Hause kommen und seine Mutter spielte meistens mit ihnen mit.

Kilians Selbstwirksamkeitserleben ist vermutlich sehr eingeschränkt. Durch die ständige ›Überwachung‹ durch seine Mutter hatte und hat er wenige Möglichkeiten, eigene Erfahrungen zu machen und sich selbst zu behaupten. Der Erziehungsstil der Mutter ist zwar geprägt von viel Wärme und emotionaler Unterstützung, gleichzeitig stellt sie ihm keine oder nur wenige Anforderungen und nimmt ihm alles ab. Ihm wurde dadurch bisher wenig zugetraut und das hat sein Vertrauen in seine eigenen Fähigkeiten geschwächt. Auch die guten Leistungen in der Schule werden wenig wertgeschätzt – er wird zwar nicht kritisiert, aber auch nicht beachtet; die Mutter sieht diese Leitungen als selbstverständlich an. Durch die fehlenden sozialen Kontakte sind Kilians soziale Kompetenzen sehr eingeschränkt. Ihm fehlt dazu die soziale Unterstützung. Dies stellt, wie in Kapitel 2 dargelegt, einen deutlichen Risikofaktor für eine gesunde seelische und körperliche Entwicklung dar. Kilian fühlt sich nur sicher mit ›seiner Mutter‹. Ihm fehlen ermutigende Erfahrungen sowie das Gefühl der Zugehörigkeit. Sein Selbstkonzept ist dementsprechend negativ.

Seine Mutter scheint ebenfalls Schwierigkeiten im Kontakt mit anderen zu haben. In dem Elterngespräch mit Frau Martin wirkte sie sehr gehemmt, zu den Elternabenden ist sie bisher nie erschienen. Die Unsicherheit der Mutter in Bezug auf andere Menschen kann sich auf Kilian übertragen. Zum einen hat er so wenig Gelegenheit, mit anderen Menschen in Kontakt zu treten, zum anderen kein positives Vorbild im Kontaktverhalten mit anderen. Er spürt die Unsicherheit seiner Mutter, wenn sie mit anderen spricht, und könnte andere Menschen deshalb als potenzielle Gefahr einstufen.

Betrachtet man Kilians Entwicklung aus Sicht der Grundbedürfnisse (▶ Kap. 2), ist sein ›Bindungsbedürfnis‹ nur teilweise befriedigt. Seine Mutter ist zwar viel für ihn da und sorgt sich um ihn; sie schafft es aber vermutlich nicht, ihm seine Gefühlszustände adäquat zu spiegeln, sondern überträgt ihre eigenen Gefühle auf ihn. Das führt dazu, dass Kilian sich selbst und seine Emotionen nicht ausreichend verstehen kann und auch nicht gelernt hat, seine Erregungszustände eigenständig zu regulieren. Gleichzeitig wird dadurch sein ›Bedürfnis nach Weltaneignung und Exploration‹ nur ungenügend beantwortet. Viele der Gelegenheiten, die Welt zu entdecken, werden durch seine Mutter aus Angst begrenzt, ihm zu viel zuzumuten oder schlechte Erfahrungen zu machen. Daraus folgt, dass Kilians Bedürfnis nach ›Selbstwerterhöhung und Selbstwertschutz‹ zu wenig beachtet wird. Er kann seine Stärken und Ressourcen nicht wahrnehmen oder benennen, weil sie ihm keiner rückmeldet und er keine positiven Erfahrungen macht, die er auf sich selbst beziehen kann.

Sowohl Kilians kognitive als auch seine sprachliche Entwicklung verlief altersentsprechend. Die schulischen Leistungen sind im oberen Bereich einzuordnen, insbesondere seine mathematischen und naturwissenschaftlichen Fähigkeiten. Bei seiner körperlichen und motorischen Entwicklung gab es ebenfalls keine Auffälligkeiten.

Ressourcen

Die Auseinandersetzung mit Gründen für das wahrgenommene Verhalten führt immer wieder dazu, dass die Ressourcen und Stärken des Kindes aus dem Blick geraten. Es ist deshalb zwingend notwendig, eine andere Perspektive einzunehmen und Kilian stärkenorientiert zu betrachten. Wo sind seine Fähigkeiten, was an seinem Verhalten kann aus einem anderen Blickwinkel betrachtet eventuell unbekannte Stärken hervorbringen?

So zeigt Kilian z. B. eine hohe Problemlösekompetenz, anderen Kindern aus dem Weg zu gehen, sich unauffällig zu verhalten, und hat für sich eine Strategie entwickelt, das Problem effektiv zu lösen. Er hat für sich eine ›Überlebensstrategie‹ (Ungar, 2011, S. 136) innerhalb des Kontextes Schule gefunden und als solche sollte sie zunächst wertgeschätzt werden. Würde man ihm diese Möglichkeit entziehen, ohne ihm eine für ihn annehmbare Alternative zu bieten, ist davon auszugehen, dass er sich verweigert. Kinder brauchen Alternativen, die ihnen sinnvoll erscheinen, »der Tausch gegen die alten Reflexe muss sich lohnen« (ebd., S. 137). Aufgrund seiner Problemlösekompetenz könnte man z. B. sehr gut mit ihm gemeinsam Strategien entwickeln, wie er soziale Situationen meistern kann und was er in Situationen machen könnte, die ihm zu viel werden. Um seine bisher gewählte Strategie gut umsetzen zu können, muss Kilian eine gute Beobachtungsgabe haben, auch sein Interesse für Insekten bestätigt das. Darüber hinaus ist für die Beschäftigung mit Insekten feinmotorisches Geschick und viel Geduld notwendig. Kilian hat außerdem gute kognitive Fähigkeiten, ist ausdauernd und leistungsfähig sowie ordentlich und zuverlässig.

Auch wenn seine Mutter ihn eher überbehütet, stellt sie dennoch eine große Ressource dar. Sie ist bereit, sehr viel für ihren Sohn zu tun und möchte ihn so annehmen, wie er ist. Sie ist vermutlich sehr kooperationsbereit, wenn ihr vermittelt werden kann, was Kilian für eine gesunde Entwicklung braucht.

3 Planen

Gemeinsam mit der Schulpsychologin plant Herr Fischer die nächsten anstehenden Schritte:

- Ein Gespräch mit Kilian, um seine Perspektive zu hören und Rückmeldung zu seinen Stärken zu geben; außerdem um mit ihm gemeinsam zu überlegen, wie es weitergehen könnte, auch in Bezug auf die anstehende Klassenfahrt.
- Ein Projekt über Insekten, in das Kilian maßgeblich mit einbezogen wird; inwieweit, sollte in einem Gespräch mit ihm gemeinsam überlegt werden.
- Ein Gespräch mit der Mutter, um sich auszutauschen und auch genaueres über die Krankmeldungen zu erfahren und was aus ihrer Sicht hilfreich für Kilian ist. Herr Fischer möchte Kilians Mutter darüber hinaus auch fragen, ob sie selber Unterstützungsbedarf hat. Außerdem muss ihr Einverständnis für weitere Abklärungen eingeholt werden.
- Eventuell würde sich daraus eine weiterführende Begleitung durch die Erziehungsberatungsstelle oder eine therapeutische Maßnahme ergeben.
- Ein Termin von Kilian bei der Schulpsychologin zur diagnostischen Abklärung und gemeinsam mit der Mutter, um weitere Unterstützungsmöglichkeiten auszuloten.

Über diese Schritte möchte sich Herr Fischer regelmäßig mit der Schulpsychologin austauschen, um Veränderungen zu berücksichtigen und ein unkoordiniertes Vorgehen zu vermeiden. So sollten insbesondere die Gespräche von Kilian mit Herrn Fischer und der Schulpsychologin gut abgestimmt sein, um Verunsicherung durch unterschiedliche Informationen zu vermeiden.

4 Handeln

Die Handlungen finden, wie schon in den anderen Beispielen beschrieben, auf verschiedenen Ebenen statt.

Handlungen in Bezug auf Kilian

Zunächst sollte immer das Gespräch mit dem Kind gesucht werden. Das Kind muss das Gefühl haben, der/die LehrerIn hat ein echtes Interesse an ihm und trifft keine Entscheidungen über seinen Kopf hinweg. Das ist insbesondere bei Kindern wie Kilian von großer Bedeutung, da sich ansonsten Ängste vor unüberschaubaren Entscheidungen entwickeln können und er wieder die Erfahrung machen würde, dass ihm keiner etwas zutraut. Je mehr Kilian in den Prozess mit einbezogen wird, desto mehr Selbstwirksamkeitserfahrungen werden ihm ermöglicht und er erhält das Gefühl, Dinge kontrollieren und beeinflussen zu können, ohne in ständiger Abhängigkeit von Erwachsenen zu sein. So kann sich langsam ein Vertrauen in die eigenen Fähigkeiten entwickeln.

Die Schulpsychologin rät Herrn Fischer von dem ersten Gespräch mit Kilian nicht zu viel zu erwarten, sondern ihm immer wieder durch Ansprache und Blickkontakte zu signalisieren, dass er wahrgenommen wird. Herr Fischer setzt sich in einer Pause neben Kilian auf die Mauer und befragt ihn nach den Insekten, die er beobachtet. Kilian reagiert zunächst sehr wortkarg, Herr Fischer beginnt deshalb selber mit Beobachtungen, die er parallel verbalisiert ohne dabei direkt Fragen an Kilian zu stellen. Dies wiederholt er in den nächsten Tagen zwei Mal und beim zweiten Mal entwickelt sich ein zaghaftes Gespräch zwischen den beiden.

Herr Fischer regt an, beim nächsten Mal ein paar der Insekten in einem Becherglas einzufangen und mit der Klasse gemeinsam zu beobachten und sich näher mit dem Thema Insekten zu beschäftigen. Er fordert Kilian auf, Bücher und Informationen über Insekten mitzubringen und der Klasse zur Verfügung zu stellen. Kilian reagiert begeistert und bringt am Folgetag einen ganzen Karton mit unterschiedlichsten Materialien mit. Gemeinsam mit Kilian überlegt Herr Fischer, welche Insekten besprochen werden sollen und welche Informationen die Klasse braucht. In kleinen Gruppen werden die Schüler beauftragt, sich über verschiedene Insekten zu informieren; Kilian steht als Experte für Fragen zur Verfügung. Das Thema Insekten soll in den nächsten Wochen weiter behandelt werden und Herr Fischer bezieht Kilian eng in die Planung mit ein. Dieses Gespräch nutzt er zu einer detaillierten positiven Rückmeldung und fragt ihn anschließend, wie er sich selber erlebt und wie es ihm geht.

Gespräch mit der Mutter

Als die Mutter Kilian am nächsten Tag von der Schule abholt, spricht Herr Fischer sie an und berichtet ihr von dem Insektenprojekt und wie gut Kilian ihn dabei unterstützt hat. Kilians Mutter ist sichtlich erfreut und bestätigt Kilians Expertenwissen auf diesem Gebiet. Herr Fischer nutzt den Anlass, um sie um ein Elterngespräch zu bitten:

> »Mir ist aufgefallen, dass Kilian bisher nur wenig Gelegenheit hatte, sich in der Klasse zu zeigen und ich würde ihn dabei gerne mehr unterstützen. Es wäre schön, wenn wir uns darüber austauschen könnten. Er war ja in letzter Zeit auch öfter krank und mir wäre es wichtig, dass wir da in Kontakt bleiben. Wann würde es Ihnen in der nächsten Woche für ein Gespräch passen?«

In dem Gespräch berichtet Herr Fischer von seinen Beobachtungen und fragt Kilians Mutter nach ihrer Einschätzung, wie es ihm geht. In dem Austausch wird schnell deutlich, dass sie sich große Sorgen um ihren Sohn macht und sich sehr unsicher ist, was er brauchen könnte. Auf die Frage hin, wie es ihr geht und ob sie Unterstützung hat, bricht sie mehrmals in Tränen aus. Ihr sei vor einem Monat bewusstgeworden, dass sie selber große soziale Ängste habe. Sie war mit Kilian im Schwimmbad und wurde im Vorbeigehen von einer fernen Bekannten angesprochen. In diesem Moment habe sie registriert, wie sie aus Unsicherheit die Hand ihres Sohnes suchte und sich an diesem festhielt. Sie macht sich große Vorwürfe, dass er wegen ihr keine Freunde hat. Herrn Fischer ist es wichtig, ihr in dem Gespräch zu vermitteln, welche positive Bedeutung sie für ihren Sohn hat, und erkennt ihre

Anstrengung an, ihm eine gute Mutter zu sein. Er spiegelt ihr aber auch ihre Unsicherheit und ihre Erschöpfung und verdeutlicht, dass sie Hilfe braucht, damit es ihr und Kilian wieder besser gehen kann. Er schlägt ihr vor, die verschiedenen Möglichkeiten, die es gibt, gemeinsam mit der Schulpsychologin zu besprechen, und hebt hervor, dass sie mit den nächsten Schritten nicht alleine gelassen wird. Darüber hinaus erklärt er ihr, wie wichtig für Kilians Entwicklung die Erfahrung von Zutrauen und Bestärkung ist und überlegt mit ihr gemeinsam, welche Dinge sie Kilian zu Hause zutrauen kann. Gemeinsam beschließen sie, dass sie Kilian morgens vor der Schule verabschiedet und auch dort wieder in Empfang nimmt und ihn nicht bis zum Klassenzimmer begleitet. Zum Abschluss gibt Herr Fischer ihr eine Tabelle mit, auf der jeder Wochentag eingetragen ist. Hier kann Kilians Mutter täglich vermerken, wann sie Kilian positiv bestärkt oder ihm etwas zugetraut hat.

Gespräch mit der Schulpsychologin

In dem Gespräch mit der Schulpsychologin, die Kilian inzwischen auf dem Schulhof und in der Klasse beobachtet hat, vermittelt diese der Mutter verschiedene Adressen von Therapeuten für Erwachsene, da sie sich mit ihren sozialen Ängsten auseinandersetzen möchte. Sie vereinbaren, dass Kilians Mutter zunächst selbst versucht, einen Termin auszumachen und die Schulpsychologin darüber informiert, ob es geklappt hat.

Die Auswertung der Beobachtungen und von diagnostischen Verfahren (einen Test hatte Kilian selbst ausgefüllt, einen weiteren Herr Fischer; beide Tests hatte die Schulpsychologin ausgesucht, nachdem die Mutter schriftlich ihr Einverständnis gegeben hatte) bestätigte, dass Kilian unter Ängsten leidet, die sich insbesondere auf den sozialen Bereich beziehen. Die Schulpsychologin empfiehlt deshalb für Kilian eine engere Begleitung, da auch das partielle Stottern nicht mehr von alleine verschwinden werde, sondern in deutlichem Zusammenhang mit seinen Ängsten steht. Die Begleitung könnte entweder über die Erziehungsberatungsstelle oder eine/n niedergelassene/n Kinder- und JugendlichentherapeutIn erfolgen. Die Schulpsychologin möchte sich über entsprechende Möglichkeiten erkundigen und der Mutter und Herrn Fischer dann rückmelden, wo Kilian zeitnah Unterstützung erhalten kann.

Unabhängig von Kilian möchte Herr Fischer mit allen SchülerInnen einmal im Jahr ein Stärkengespräch führen, in dem es nur um eine positive Rückmeldung zu den wahrgenommenen Fähigkeiten geht. Herr Fischer möchte damit erreichen, dass alle SchülerInnen sich mit ihren Kompetenzen gesehen fühlen und sie in ihrem Selbstwert bestärken. Außerdem hält er es für sinnvoll, die Klassenfahrt gezielt zu nutzen, den Klassenerhalt zu festigen und die SchülerInnen füreinander zu sensibilisieren. Als Unterstützung möchte er die Schulsozialarbeiterin gewinnen (weitere Anregungen finden sich z. B. bei Fröhlich-Gildhoff et al., 2011). Denn:

> »Als ein bedeutsamer Faktor der Gesunderhaltung, der sowohl hinsichtlich psychischer Auffälligkeiten als auch gesundheitsbezogener Lebensqualität relevant war, wurde das Schulklima identifiziert. Dies ist ein Hinweis darauf, dass sich die Arbeit mit Kindern und Familien mit psychisch belasteten Eltern nicht allein auf das familiäre Setting konzentrie-

ren, sondern mit der Schule auch einen Lebensbereich berücksichtigen sollte, in dem Kinder mit höherem Alter zunehmend unabhängig von ihrem familiären Umfeld unterstützende Beziehungserfahrungen machen können« (Plass et al., 2016, S. 47).

5 Evaluieren/Reflektieren

Nach drei Wochen trifft sich Herr Fischer mit der Schulpsychologin, die ihm im Einverständnis mit Kilians Mutter von den Ergebnissen der Testdiagnostik berichtet sowie davon, dass sie Kilian an einen niedergelassenen Kinder- und Jugendlichenpsychotherapeuten weitergeleitet hat. Die Therapie kann allerdings erst in acht Wochen beginnen, vorher sind keine Plätze frei. Die Mutter hat sich bisher nicht mehr bei der Schulpsychologin gemeldet und diese möchte deshalb Ende der Woche nachhaken, ob sie sich um einen Therapieplatz für sie selber gekümmert hat.

Herr Fischer hat das Gefühl, einen besseren Draht zu Kilian zu haben und ihn auch stärker zu beachten. Der Kontakt zu seinen Mitschülern hat sich nicht wesentlich verbessert, aber zumindest beobachtet Herr Fischer, dass Kilian sich bei Kleingruppenaufgaben vermehrt beteiligt und nicht nur stumm daneben sitzt.

In dem Gespräch mit der Mutter hat Herr Fischer vergessen, die Klassenfahrt anzusprechen. Er nimmt sich deshalb vor, erst nochmal ein Gespräch mit Kilian darüber zu führen, was dieser sich vorstellen kann, und anschließend die Mutter anzurufen. Mit der Schulsozialarbeiterin hat er nächste Woche einen Termin.

Im Schulkontext sind an einigen Stellen andere Voraussetzungen gegeben als in Kindertageseinrichtungen. So kann ein/e LehrerIn ihre SchülerInnen nicht einer/m KollegIn abgeben, die mit diesem/r besser zurechtkommen würde. Was wäre also, wenn Herr Fischer sich gar nicht auf Kilian einlassen könnte und zunehmend ungeduldiger werden würde? Zum einen wäre es notwendig, sich verstärkt mit diesen ambivalenten Gefühlen auseinanderzusetzen und sich hierfür fachliche Beratung von außen (z. B. Supervision) zu holen. Falls dies nicht möglich ist, sollte jemand aus dem Kollegium ins Vertrauen gezogen werden oder der/die Beratungslehrerin der Schule. Es muss gewährleistet sein, dass Kilian immer wieder bestärkende Rückmeldungen erhält. Da kann die oben beschriebene Lobliste ein hilfreiches Instrument darstellen. Zum anderen sollte überlegt werden, wer einen ›Draht‹ zu Kilian hat und z. B. die Einzel-Gespräche übernehmen kann. Das kann der/die BeratungslehrerIn oder der/die SchulsozialarbeiterIn sein. Es geht nicht darum, jede/n SchülerIn gleich gern zu mögen, aber es sollte die Pflicht sein, jedem die gleichen Entwicklungs-Bedingungen zu ermöglichen.

Wenn die Rahmenbedingungen und die Ressourcen eines Teams – sei es in der Schule oder in der Kindertageseinrichtung – nicht ausreichen, um eine entwicklungsförderliche Begegnung mit dem Kind und/oder seiner Familie zu gestalten, dann ist es unbedingt notwendig, externe Unterstützungsinstanzen wie Fachberatung, schulpsychologischen Dienst, schulpsychologisches Förderzentrum, Allgemeinen Sozialen Dienst des Jugendamtes etc. einzuschalten. Die Aussonderung (Exklusion) eines Kindes kann unter der Inklusionsperspektive nur eine Alternative darstellen, wenn die vorhandenen Möglichkeiten, Kompetenzen und Kapazitäten der Regelinstitution unzureichend sind.

> **Weiterführende Literatur**
>
> Pfreundner, M. (2015). Auffälliges Verhalten von Kindern aus systemischer Sicht. *Kindergarten heute. Wissen kompakt. Spezial.* Freiburg: Herder.

Exkurs: Koordiniertes Vorgehen bei Gewalt in der Schule

Das Auftreten von Gewalt ist für einige Schulen ein bedeutsames Thema. Dabei fühlen sich Lehrkräfte teilweise hilflos angesichts vielfach, besonders in Pausen oder auf dem Schulhof auftretender verbal und körperlich aggressiver Verhaltensweisen einzelner SchülerInnen oder Gruppen.

Empirisch können Grundlagen identifiziert werden, die bedeutsam sind, damit Gewalt nicht oder nur marginal auftritt:

- Jugendliche, die das Gefühl hatten, dass es in ihrer Schule LehrerInnen und MitschülerInnen gibt, die sich um sie sorgen, zeigten weniger Risikoverhalten, nahmen weniger Drogen und verhielten sich seltener aggressiv (Opp & Wenzel 2003, S. 55).
- Bedeutsam ist eine Schulkultur, die Kindern und LehrerInnen einen positiven und fördernden Erfahrungsraum ermöglicht, und im Sinne der Resilienz zu Selbstwirksamkeit und Kohärenz verhilft; Opp (1997) bezeichnet dies als »caring community«.
- Ein Schulprofil, welches klare Werte und Normen vermittelt und lebt, bietet auch die Möglichkeit der Identifikation. Gemeinsame Werte und Ziele geben ein Zugehörigkeitsgefühl und stärken die Motivation sowie das Wohlbefinden in der Gemeinschaft (Opp & Wenzel 2003). Dadurch sinkt die Auftretenshäufigkeit von Gewalt.
- Kinder und Jugendliche, die gegenüber der Schule ein hohes Verpflichtungsgefühl aufweisen, zeigten weniger antisoziales Verhalten (Herrenkohl et al., 2005). Das Verpflichtungsgefühl wurde als Schutzfaktor gegen Delinquenz und Gewalt identifiziert. Sprott, Jenkins und Doob (2005) haben entsprechende positive Wirkungen eines »Verbundenheitsgefühls« der SchülerInnen mit der Schule empirisch ermittelt.
- Schule muss Sicherheit bieten und an Orten, die als ›unsicher‹ gelten – oftmals die Toiletten – durch Aufsicht für Sicherheit sorgen (Fröhlich-Gildhoff et al., 2014).

Zusätzlich bestehen empirisch überprüfte und bewährte Programme und Konzepte, die der Gewaltentstehung vorbeugen und beim Vorkommen häufiger Gewalt als Interventionen wirksam sind.

Zur Prävention sind Mehrebenen-Programme am wirksamsten, die die gesamte Organisation der Schule und alle dort lebenden bzw. tätigen Menschen (LehrerInnen, SchülerInnen, Eltern, weitere PädagogInnen, Hausmeister etc.) einbeziehen. Das bekannteste dieser Programme wurde von Olweus (2008) entwickelt und überprüft. Dieses Programm setzt auf drei Ebenen an: (a) Maßnahmen auf der Schulebene (Fragebogenerhebung, Schulkonferenzen zur Etablierung, konsequente Aufsicht, positive Veränderung der Umgebung, Kontakttelefon, enge Kooperation mit Eltern o. Ä.); (b) Maßnahmen auf Klassenebene (Klassenregeln gegen Gewalt, verstärktes Lob, systematische gestufte Konsequenzen bei Regelübertretung, kooperatives Lernen, Zusammenarbeit mit Klassenelternbeiräten); (c) Maßnahmen auf der persönlichen Ebene (Gespräche mit und Sanktionen gegen einzelne gewaltbereite SchülerInnen, Gespräche mit den Opfern, Gespräche mit den Eltern der gewaltbereiten SchülerInnen). Das Mehrebenen-Prinzip ist auch Grundlage des breit angelegten Präventionsprogramms *stark.stärker.Wir* des Kultusministeriums Baden-Württemberg (http://kontaktbuero-praevention-bw.de/,Lde/Startseite/stark_staerker_WIR_)

Zur Intervention bei häufigem Auftreten von Gewalt in einer Schule ist ein klares, gemeinsam von allen Lehrkräften abgestimmtes Vorgehen nötig (Beispiele: Steinmetz-Brandt, 2006; Fröhlich-Gildhoff et al., 2014). Dies umfasst zwei miteinander verbundene Strategien:

1 Stärkung der Personen und Bereiche, in denen Gewalt nicht auftritt

Nach einer gemeinsamen Situationsanalyse im Schulteam werden konkrete Maßnahmen festgelegt, wie friedfertiges Verhalten gefördert und deutlich positiv herausgestellt werden kann (Belohnung von Klassen, in denen es keinen Eintrag ins Klassenbuch über gewalttätige Konflikte gab; Vermeidung von ›Langeweile‹ durch Gestaltung der Pausensituationen; Garantie von Sicherheit in kritischen Räumen und Orten wie den Toiletten und dem Gebüsch etc.). Sinnvoll ist die Etablierung von Maßnahmen zur Verbesserung der Partizipation von SchülerInnen, wie z. B. der ›Klassenrat‹ (Daublebsky & Lauble, 2006).

Zusätzlich sollten direkte Maßnahmen zur Gewaltprävention etabliert werden (›Streitschlichter‹-Konzept; Programme wie *Faustlos*; Cierpka, 2004).

2 Klare, einheitliche Intervention bei jedem Auftreten von Gewalt.

Hierzu ist ein mehrschrittiges Vorgehen nötig:

Gewaltdefinition im Team

Das Schulteam muss sich auf eine einheitliche Gewaltdefinition einigen, also die Schwelle bestimmen, bei der jede/r Einzelne (einheitlich im Team) handelt.

Ein Beispiel für das Vorgehen: Von jedem/r LehrerIn werden konkrete Situationen – mit verschiedenen Ausprägungen von Gewalt – auf einer Skala von eins bis zehn eingeordnet. Dann werden Gruppen gebildet, in denen die Situationen gegenseitig vorgestellt wird. Jede Gruppe einigte sich auf je zwei Situationen die ihr konkret und relevant erscheinen und auf die gemeinschaftlich konsequent reagiert werden sollte. Danach werden die ausgewählten Situationen von jeder Gruppe im Plenum vorgestellt, das sich dann ebenfalls auf zwei besonders relevante Situationen einigt.

Handlungs- und Interventionsstrategien

In diesem Schritt werden Handlungs- und Interventionsstrategien im Team erarbeitet.

Ein Beispiel für das Vorgehen: Ebenfalls in Gruppenarbeit werden Handlungsstrategien zu den zuvor festgelegten Situationen erarbeitet. Zwei Gruppen beschäftigen sich jeweils mit einer der beiden Situationen. Die Gruppen entwickeln Strategien mit Hilfe von folgenden Leitfragen:

- Wer hat die Definitionshoheit? Wer sagt, was Gewalt ist?
- Wer muss handeln, wer muss eingeschaltet werden?
- Was muss bis wann passieren?
- Wer ist federführend?
- Wer prüft die Ergebnisse?

Die Ergebnisse werden im Plenum ausgetauscht. Es sollte festgehalten werden, dass die Definitionshoheit generell beim Kollegium als Ganzes liegt, situativ bei dem/der LehrerIn – der/die einzelne wird in seiner/ihrer Grenzziehung gegenüber den SchülerInnen von allen KollegInnen gestützt und nicht öffentlich hinterfragt.

Möglichkeiten für Konsequenzen und Umsetzung

Die Konsequenz eines Vorfalls besteht zunächst im Ansprechen, der zeitnahen Konfliktbearbeitung und der Dokumentation (Beispiel: Fünf Sätze werden von den Beteiligten direkt zum Vorfall aufgeschrieben mit Name und Datum). Diese Dokumentationen sollten im Lehrerzimmer gesammelt werden. Als federführend verantwortlich für diesen Prozess wird der/die zuständige BeobachterIn festgelegt. Die Ergebnisüberprüfung findet durch den/die KlassenlehrerIn statt.

Wird ein/e SchülerIn dreimal dokumentiert, erfolgt ein Gespräch mit dem/der RektorIn. Bei fünf dokumentierten Vorfällen wird ein Elterngespräch geführt.

Einigung auf das gemeinsame Vorgehen

Das Kollegium einigt sich darauf, gemeinsam die erarbeitete Strategie anzuwenden, wenn es zu den definierten Gewalthandlungen kommt. Empfehlenswert ist es, mit körperlicher Gewalt zu beginnen.

Es sollte im Team das Thema Verlässlichkeit bzw. Verbindlichkeit im Gegensatz zu Einzelkämpfertum im Plenum zur Sprache gebracht werden. Außerdem sollte besprochen werden, was passieren muss, damit es schiefgeht (›Killerfrage‹) und welche Unterstützung der/die einzelne LehrerIn sich vom Schulleiter, von den KollegInnen und den Eltern wünscht.

Überprüfung und Weiterentwicklung

Die erarbeitete Handlungsstrategie wird bis zur nächsten Team- oder Fortbildungssitzung umgesetzt und es werden dann die Erfahrungen reflektiert – und ggf. das Vorgehen modifiziert.

Bei der Realisierung von Interventionsstrategien ist es absolut wichtig, dass das gesamte Team der Institution ›mitgenommen‹ wird, oft hilft dabei eine externe Begleitung. Zumeist herrschen zu Beginn sehr unterschiedliche Bewertungen der Situation. Die konsequente Umsetzung der ›Doppelstrategie‹ erfordert zunächst zusätzliche Arbeit, mehr ›Ärger‹ und ›Begegnungsengagement‹ mit einzelnen SchülerInnen; manche PädagogInnen sind skeptisch gegenüber klaren Sanktionen (z. B. fünf Sätze schreiben bei jedem Vorfall). Die Bedenken müssen ernst genommen werden; das Vorgehen wird das Resultat eines Aushandlungsprozesses sein. Dieses Resultat müssen aber alle Mitglieder des Teams mittragen und umsetzen.

Wenn eine solche Strategie beschlossen wird, ist es wichtig, sie in den Schulgremien (Schulversammlung; Elternvertretung; Schülervertretung) bekannt zu machen und möglichst mitbeschließen zu lassen. Zudem müssen alle SchülerInnen und alle Eltern – am besten schriftlich – über das Vorgehen informiert werden. Allein dieser Prozess wird sich positiv auf die Atmosphäre in der Schule auswirken.

Es gibt eine Reihe von Erfahrungen, die ausnahmslos zeigen, dass es innerhalb relativ kurzer Zeit gelingt, die Häufung gewalttätiger Vorkommnisse zu verringern und eine als gewaltvoll empfundene Atmosphäre an der Schule zu verändern – wenn das gesamte Schulteam gemeinsam an einem Strang zieht.

Abschließend sei ein Beispiel für das gemeinsame Arbeiten eines Grundschul-Teams an dem für dieses Team relevanten Thema ›Häufung von Gewalt‹ aufgeführt:

Die Grundschule E nahm am Projekt *Grundschule macht stark – Resilienzförderung in der Grundschule* (Bericht: Fröhlich-Gildhoff et al., 2014) teil und war nach dem ursprünglichen Wartegruppenkontrolldesign der Projekt-Evaluation eigentlich als Kontrollschule vorgesehen. Da an der Schule jedoch eine sehr große Motivation und zudem ein deutliches Gewaltproblem vorherrschten, kam es zu einem vorzeitigen Projektbeginn.

Es wurde deutlich, dass die Grundschule E – im ›Vorlauf‹ des eigentlichen Resilienzprojektes – der Entwicklung eines Anti-Gewalt-Konzeptes bedurfte, um die Sicherheit der SchülerInnen als Grundlage für die Arbeit zu gewährleisten.

Im ersten Schritt der Erarbeitung des Anti-Gewalt-Konzeptes war es nötig, dass die LehrerInnen sich über den Gewaltbegriff austauschten und gemeinsam eine einheitliche Definition, was in ihrer Schule als Gewalt angesehen wird, formulierten. Bei diesem Schritt entschied man sich bewusst dafür, sich zunächst auf die körperliche Gewalt zu beschränken, um einen klaren Fokus zu haben. Im zweiten Schritt wurden dann Maßnahmen zur Intervention beim Vorkommen von gewalttätigem Verhalten entwickelt, die zum Einsatz kommen sollten (gestuftes Vorgehen: Eintrag in Liste im Lehrerzimmer und Formular zum Regelverstoß ausfüllen; Gespräch mit Schulleitung; Gespräch mit Schulleitung, den Eltern und der Schulsozialarbeiterin, Ausschluss von einer Klassenaktivität). Die Vereinbarung dieser Maßnahmen zeigt(e) allen Beteiligten klar den Verlauf bei gewalttätigem Verhalten auf. Dies hatte zum einen den Effekt, dass sich die LehrerInnen der Grundschule E schon nach kurzer Zeit wieder als handlungsfähig erlebten. Zum anderen wurde auf der Liste im Lehrerzimmer schnell sichtbar, dass immer wieder dieselben SchülerInnen als gewalttätig auffielen, was zu einer Veränderung der Wahrnehmung führte: Nicht an ›unserer‹ gesamten Grundschule E gibt es ein Gewaltproblem, sondern nur wenige Kinder fallen regelmäßig durch gewaltbereites Verhalten auf. Das Stufenmodell wird vom Kollegium als sehr wirksame Maßnahme bezeichnet und ist auch von den Eltern anerkannt.

Laut Aussage der LehrerInnen ziehen im Team ›alle am selben Strang‹ und eine sehr deutliche Reduktion der körperlichen Gewalt ist von LehrerInnen, SchulsozialarbeiterInnen und den MitarbeiterInnen der Nachmittagsbetreuung zu verzeichnen. Das Stufenmodell wird vor allem von FachlehrerInnen und neuen KollegInnen als große Erleichterung ihrer Arbeit beschrieben, da es für alle ein verlässliches Instrument darstellt.

6 Die Zusammenarbeit mit den Eltern

In diesem Kapitel erfahren Sie etwas über:

- Bedingungen und Wirkfaktoren in der Zusammenarbeit mit Eltern;
- Einflussfaktoren auf die Zusammenarbeit mit Eltern in pädagogischen Konfliktsituationen;
- den Aufbau und die Durchführung eines Elterngesprächs in Konfliktsituationen.

Betrachtet man herausforderndes Verhalten von Kindern aus einer systemischen Perspektive und als ein Zusammenspiel von unterschiedlichen bio-psycho-sozialen Faktoren, dann stellt die Zusammenarbeit mit Eltern einen wesentlichen Bestandteil dar.

Diese Zusammenarbeit ist für alle Bildungs- und Betreuungsinstitutionen inzwischen eine Selbstverständlichkeit. Sowohl im fachlichen Diskurs als auch in der Praxis besteht Konsens darüber, dass eine Zusammenarbeit mit den Bezugspersonen der Kinder deren Entwicklungsmöglichkeiten verbessert (vgl. dazu z. B. Viernickel, 2006; Strehmel, 2007). Dies gilt im besonderen Maße für Kinder, deren Verhalten als herausfordernd empfunden wird. Durch eine gute Zusammenarbeit kann z. B. möglichen Entwicklungsrisiken vorgebeugt werden (vgl. z. B. Hess, 2011; Fröhlich-Gildhoff, 2013) und Eltern können niedrigschwellig für Elternbildungsthemen sensibilisiert werden. Das gemeinsam getragene Wohl des Kindes stellt die unmittelbare Verbindung von zwei verschiedenen Lebenswelten dar, wobei die Lebenswelt Familie eher einen größeren Einfluss auf die Entwicklung des Kindes hat – insbesondere im jüngeren Alter (vgl. dazu z. B. NICHD, 2006; Roßbach, 2006; Ahnert, 2010).

So gibt es kaum ein pädagogisches Konzept, welches nicht die Zusammenarbeit mit Eltern thematisiert, darüber hinaus ist diese auch rechtlich vorgeschrieben wie z. B. in § 22a SGB VIII und als konstitutiv beschriebene Aufgabe in den Bildungs- und Lehrplänen der Bundesländer enthalten.

Im Folgenden wird auf grundsätzliche Bedingungen und Wirkfaktoren in der Zusammenarbeit mit Bezugspersonen eingegangen, bevor dann die Zusammenarbeit in verschiedenen Konfliktfeldern thematisiert wird. Dabei wird zum einen auf ›Umgangsfallen‹ eingegangen, zum anderen ein Gesprächsleitfaden für sogenannte Konfliktgespräche vorgestellt.

6.1 Bedingungen und Wirkfaktoren der Zusammenarbeit mit Eltern

Die Zusammenarbeit mit Eltern findet immer in dem Beziehungsdreieck Eltern-Kind-Fachkraft (vgl. Fröhlich-Gildhoff, 2013; ▶ Abb. 11) statt. D. h. alle Interaktionen beeinflussen sich gegenseitig, auch wenn nicht immer alle Teilnehmenden anwesend sind. Larrá (2005) weist darauf hin, dass die Zusammenarbeit zwischen Eltern und Fachkräften die Lernatmosphäre, die Inhalte der Förderung und die Interaktionen mit dem Kind beeinflussen. Wenn Eltern und Fachkräfte sich dessen bewusst sind und sich immer wieder aufeinander beziehen, kann sich das Kind optimal entwickeln und die Lebenswelt ›Familie‹ mit der Lebenswelt ›Kindertageseinrichtung‹ in Einklang bringen. Die dafür notwendige »triadische Kompetenz [der Fachkraft ermöglicht es,] einerseits eine positiv besetzte, intensive Beziehung zum Kind aufzubauen, gleichzeitig aber die Beziehung zwischen den Eltern und ihrem Kind anzuerkennen und wertzuschätzen und sie als wichtige Ressource für das Kind zu verstehen« (Viernickel, 2009, S. 31).

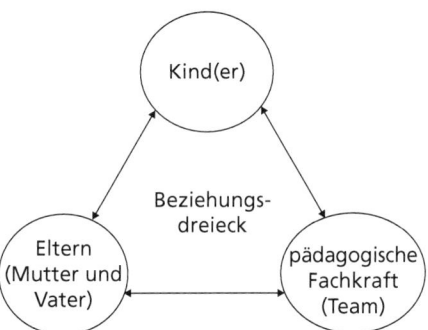

Abb. 11: Beziehungsdreieck der Erziehungspartnerschaft

Die Zusammenarbeit mit Eltern wird heute als »Bildungs- und Erziehungspartnerschaft« (vgl. Textor, 2006) verstanden. Dieser Begriff löst die ›Elternarbeit‹ ab, die überwiegend als Information und Belehrung der Eltern verstanden wurde. Demgegenüber wird bei der Partnerschaft der Schwerpunkt auf eine »Zusammenarbeit auf Augenhöhe« gelegt. In einem »gleichberechtigten Dialog« (Roth, 2013, S. 18) wird die gemeinsame Verantwortung für das Kind fokussiert. Roth beschreibt die Bildung und Erziehung des Kindes damit als einen ko-konstruktiven Prozess von pädagogischen Fachkräften und Eltern (vgl. ebd., S. 204). Prott (2007) bevorzugt den Begriff der »Zusammenarbeit«, da »Partnerschaft« schon per se eine Vielzahl an z. T. moralischen Verpflichtungen impliziert, die für eine Zusammenarbeit in der Kindertageseinrichtung nicht notwendig und oft auch nicht realistisch sind. Allerdings schließt eine gelingende Zusammenarbeit eine Partnerschaft nicht aus, sie ist nur keine Voraussetzung (vgl. Prott, 2007, S. 8ff.).

Während lange Zeit Angebote der ›Elternbildung‹ und von ›Elternkursen‹ als Möglichkeit gesehen wurden, Eltern in ihrer Erziehungskompetenz zu stärken, kommt es mehr und mehr zu einem Paradigmenwechsel »weg von flächendeckenden Elterntrainings hin zu mehr individueller lebensweltbezogener Erziehungspartnerschaft zwischen Müttern, Vätern, LehrerInnen, ErzieherInnen und anderen Menschen, mit denen die Familie es in ihrem Sozialraum zu tun hat« (Tschöpe-Scheffler, 2014, S. 23). Elternbildung legt aus dieser Perspektive den Fokus auf das gemeinsame Entwickeln von Antworten auf individuelle Bedürfnisse und Bedarfe und weniger auf ausgearbeitete allgemeine Programme, Kurse und Abläufe für alle Eltern (vgl. ebd., S. 15). Damit ist auch eine Haltungsänderung – »weg vom Belehren, hin zur ressourcenstärkenden Begleitung« – verbunden.

> »Professionelles Handeln wird dann verstanden als ein gemeinsames Verstehen und Deuten von strukturellen Konfliktsituationen, Verhaltensweisen Einzelner und ihrer Lebenswelt, wobei die Wahrung der Autonomie des Klienten berücksichtigt wird. Perspektiven werden eröffnet und können zu alternativen Handlungs- und Entscheidungsmöglichkeiten führen« (ebd., S. 38).

Diese Sichtweise verdeutlicht, dass es nicht *die* Eltern gibt, sondern dass die Individualität jeder einzelnen Familie im Vordergrund steht. Daraus lässt sich ableiten, dass es auch nicht den *einen* Weg gibt, mit Eltern zusammenzuarbeiten. Gleichzeitig wird auch nicht mehr davon ausgegangen, dass die pädagogische Fachkraft diesen Weg kennen muss, sondern dass beide Parteien gemeinsam den für diese Familie passenden Weg suchen. Das erfordert von den pädagogischen Fachkräften, sich offen und flexibel auf Eltern einzustellen und kann gleichzeitig aber auch entlastend wirken, da die Verantwortung für eine Konfliktlösung und die Zusammenarbeit nicht nur bei den Fachkräften liegt.

Die damit verbundene handlungsleitende Orientierung beinhaltet eine professionelle Haltung, die geprägt ist von Respekt und Wertschätzung, Vorurteilsbewusstsein, Ressourcenorientierung, Dialoghaftigkeit und Selbstreflexion (vgl. Roth, 2010).

> »Da pädagogische Situationen immer von einem hohen Grad von Komplexität, Mehrdeutigkeit und Ungewissheit gekennzeichnet sind und daher im Detail auch nur begrenzt planbar sind, müssen die Fachkräfte in besonderer Weise die eigenen – auch biographisch geprägten – Einstellungen und (Vor-)Urteile in der jeweiligen Interaktionssituation reflektieren« (Fröhlich-Gildhoff, 2013, S. 186).

Diese Haltung stellt allerdings große Anforderungen an die pädagogischen Fachkräfte, insbesondere in konflikthaften Situationen. Schwab (2016) macht in ihrer Studie deutlich, dass die ErzieherInnen zwar von sich selber angeben, eine ressourcenorientierte und empathische Haltung gegenüber den Eltern einzunehmen, in ihren Äußerungen in Bezug auf die Gesprächsführung mit Eltern bei Konfliktgesprächen aber implizit autoritäre, handlungsleitende Orientierungen deutlich wurden (vgl. ebd., S. 98). So ist das Durchsetzen eigener Ziele für die Fachkräfte oft wichtiger als die Zusammenarbeit mit den Eltern. Auch im schulischen Kontext wurde erkennbar, dass die ressourcenorientierte Haltung vielfach nicht verinnerlicht ist und stattdessen eher defizitorientierte und autoritäre Begegnungsformen gezeigt werden (vgl. Bennewitz & Wegner, 2015; Sacher, 2013).

Für dieses Verhalten gibt es verschiedene Erklärungen: Zum einen verfügen die Fachkräfte über ein geringes Handlungsrepertoire in Bezug auf Konfliktsituationen mit Eltern (▶ Kap. 6.2), zum anderen erleben sie sich insgesamt auch als wenig kompetent in der Kommunikation mit den Eltern und verfügen dadurch über ein geringes Selbstwirksamkeitserleben (vgl. dazu z. B. Beher & Walter, 2012; Viernickel et al., 2013). Schwab (2016) stellt die Hypothese auf, dass die pädagogischen Fachkräfte in Konflikten mit Eltern ihren Selbstwert als pädagogische Fachkraft bedroht sehen und ihre Reaktionen als Schutz der eigenen Grundbedürfnisse (vgl. Grawe, 2004) zu interpretieren sind.

Um dem vorzubeugen und Kränkungen auf beiden Seiten zu vermeiden, ist eine wesentliche Voraussetzung für eine gelingende Zusammenarbeit der Aufbau einer Beziehung. Diese Beziehung und damit ein intensiver Kontakt zu den Eltern sollte nicht erst dann angestrebt werden, wenn ein Problem gewahr wird, sondern von Beginn an im Fokus stehen. Den Grundstein einer tragfähigen Beziehung legt eine gute Eingewöhnung – nicht nur des Kindes, sondern auch der Eltern. Wenn es bereits hier gelingt, die Familie kennenzulernen, ihre Bedürfnisse und Möglichkeiten in den Blick zu nehmen und Interesse an ihrer Individualität zu signalisieren, ist die Voraussetzung für eine gute Zusammenarbeit geschaffen. Im Weiteren brauchen die Eltern regelmäßige Informationen über verschiedene Zugangswege (schriftlich, Gespräche, Hausbesuche usw.). Nicht zu unterschätzen sind »qualifizierte Tür- und Angelgespräche oder kurze Telefonate: Diese sind der Kern des Kontakts zwischen Fachkraft und Eltern. Hierfür müssen die Fachkräfte qualifiziert sein und ein dafür ausgewiesener Zeitrahmen muss nicht nur zur Verfügung stehen, sondern als bewusstes Element in Arbeitszeitberechnungen einbezogen werden« (Fröhlich-Gildhoff, 2013, S. 190).

Aus diesen Aspekten lassen sich zentrale Grundsätze für die Zusammenarbeit mit Eltern ableiten:

1. Die Zusammenarbeit mit Eltern muss immer unter dem Aspekt des Beziehungsdreiecks betrachtet werden;
2. *die* Eltern gibt es nicht;
3. unterschiedliche Eltern brauchen unterschiedliche Zugangswege;
4. der Beziehungsaufbau zu den Eltern sollte *vor* dem Problem erfolgen.

6.2 Die Zusammenarbeit mit Eltern in pädagogischen Konfliktfeldern

Wenn Eltern erfahren, dass ihr Kind Verhaltensprobleme in der Kindertageseinrichtung/Schule zeigt oder gar als auffällig eingeschätzt wird, ist damit immer eine Kränkung verbunden. Das Gefühl etwas falsch gemacht zu haben oder Schuld zu sein dominiert die erste Wahrnehmung. Das angesprochene, von anderen als problematisch erlebte Verhalten des Kindes wird indirekt als Kritik an der eigenen Erziehungskompetenz empfunden. Peitz hält diese Reaktion auch nicht für unbegründet, da ErzieherInnen häufig die Ursache für Probleme im Umgang mit dem Kind hauptsächlich bei den Eltern suchen und weniger bei sich selbst (vgl. Peitz, 2004, S. 259). Auch die Studie von Schwab konnte das bestätigen: Die Mehrheit der befragten Fachkräfte gab an, dass sie die Schuld für das herausfordernde Verhalten des Kindes bei den Eltern sehen und damit gleichzeitig auch deren Verantwortungsübernahme für den Umgang damit (vgl. Schwab, 2016, S. 98). Gleiches gilt für den Schulbereich: Schultz, Jacobs und Schulze (2006) konnten in einer Studie mit SchülerInnen mit drohendem Schulabsentismus zeigen, dass die LehrerInnen die Eltern als nicht erziehungskompetent einstuften und sich außerdem als nicht verantwortlich für den außerschulischen Bereich der SchülerInnen sahen.

Darüber hinaus belegen mehrere Studien (vgl. z. B. Lösel et al., 2004; Rönnau-Böse, 2013), dass sich die Wahrnehmungen von Eltern und pädagogischen Fachkräften in Bezug auf das Verhalten des Kindes sehr häufig unterscheiden. Dies liegt aber i. d. R. nicht an fehlerhaften Wahrnehmungen von einer Seite, sondern vielmehr daran, dass Kinder sich in den unterschiedlichen Bereichen ihres Lebens (Familie, Kindertageseinrichtung, Schule) unterschiedlich verhalten.

> »Häufig sind sich die beiden Erziehungsinstanzen dessen jedoch nicht bewusst, sodass die divergierenden Wahrnehmungen aufgrund der damit einhergehenden konkurrierenden Validitätsansprüche und auseinanderklaffenden Erwartungen die Zusammenarbeit erschweren und die Beziehung beeinträchtigen dürften« (vgl. Peitz, 2004, S. 260).

So ergab die Studie von Schwab (2016), dass die pädagogischen Fachkräfte ein Hauptproblem darin sehen, dass die Ziele der Eltern über das herausfordernde Verhalten des Kindes nicht mit ihren eigenen übereinstimmen und sie diesen Umstand als belastend für die Kommunikation mit den Eltern empfinden. Die Zusammenarbeit scheitert oft vor allem daran, dass jede/r seine/ihre Sichtweise als objektive Wahrheit definiert und den/die andere/n davon überzeugen will, dass er/sie ›im Recht‹ ist. Aich und Behr weisen darauf hin, dass es aus konstruktivistischer Sichtweise keine objektive Realität oder allgemeine Wahrheit geben kann.

> »Ein Gespräch, in dem die Teilnehmenden eine solche konstruktivistische Position einnehmen können, belässt jedem seine Sicht auf die Dinge. Man würde die Wahrnehmungen, Deutungen und Schlussfolgerungen der anderen Person anerkennen und der eigenen an die Seite stellen. Um Lösungen, etwa bei einem Problem, könnte man ringen, jedoch ohne die subjektive Realität anderer anzugreifen« (Aich & Behr. 2016, S. 35).

In einer Studie von Fthenakis, Kalicki und Peitz (2002) wurde zudem deutlich, dass »Erzieherinnen, die beim Kind Auffälligkeiten diagnostizierten, von der Mutter als inkompetent charakterisiert wurden, und zwar unabhängig davon, ob die Mutter das Problem der Fachkraft teilte. Problematisch scheinen also nicht Diskrepanzen in den Wahrnehmungen von Mutter und Erzieherin und möglicherweise divergenten Erwartungen zu sein, sondern allein der Umstand, dass die Erzieherin Schwierigkeiten beim Kind identifiziert« (Peitz, 2004, S. 269).

Die Studie ergab zusätzlich eine wichtige Erkenntnis: Die Zufriedenheit der Mütter mit den pädagogischen Fachkräften bei der Beurteilung ihrer Kinder wurde sehr stark davon moderiert, wie sehr die Mutter auf Ressourcen zurückgreifen konnte. D. h. auch wenn die negative Bewertung des Kindes generell als Belastung für die Eltern-Fachkraft-Beziehung gesehen werden kann, konnten Mütter, die zufrieden mit ihrer Mutterrolle sind und auf ein unterstützendes soziales Netzwerk zurückgreifen können, besser mit der Situation umgehen. Sie schätzten die ErzieherInnen weniger negativ ein als Mütter, die einen geringen Selbstwert, ein schlechtes Wohlbefinden und wenig Unterstützung durch ein soziales Netz oder die Partnerschaft erhielten (vgl. ebd., S. 270). Darüber hinaus zeigte sich sogar, dass Mütter mit einem hohen Ressourcenpotenzial, die selber Probleme bei ihrem Kind sahen, die ErzieherInnen als kompetent und hilfreich bewerteten.

> »In diesem Fall waren die Mütter schwieriger Kinder sogar zufriedener mit der Erzieherin als die Mütter unkomplizierter Kinder. Vermutlich gelingt es zufriedenen und ausgeglichenen Müttern, sich die Fachkraft als kompetente Unterstützung in Erziehungsfragen nutzbar zu machen, wenn ihnen das Verhalten ihres Kindes Sorgen und Probleme bereitet« (ebd.).

Das stützt auch das Ergebnis von Fröhlich-Gildhoff, Kraus-Gruner und Rönnau (2006), deren Befragung von 1147 Eltern ergab, dass 80 % der Eltern sich Rat und Unterstützung in Erziehungsfragen bei den pädagogischen Fachkräften holen (würden) und zwar noch bevor sie Freunde, Großeltern oder den/die KinderärztIn befragen. Ähnliche Ergebnisse zeigt die ifb-Elternbefragung 2002 (Smolka, 2006) zur Bedeutung von LehrerInnen und ErzieherInnen.

Daraus lässt sich zweierlei ableiten: Zum einen müssen sich pädagogische Fachkräfte immer wieder deutlich machen, was es für Eltern bedeutet, etwas Negatives über ihr Kind zu erfahren, und dass damit per se eine Kränkung verbunden ist. Dieses Gefühl lässt sich nicht unbedingt vermeiden und sollte respektiert werden. Entscheidend ist der Umgang mit dieser Kränkung, auf den im Folgenden noch eingegangen wird. Zum anderen sollten soziale Netzwerke und Unterstützungsmöglichkeiten für Eltern ausgebaut und gestärkt werden, um das Erleben von Erziehungskompetenz und die Zufriedenheit mit der Elternrolle zu verbessern – dies führt indirekt zu einer erhöhten Zufriedenheit mit den pädagogischen Fachkräften.

6.3 Das Elterngespräch in Konfliktsituationen

Fallbeispiel: Elterngespräch in Konfliktsituationen

Beschreibung der Ausgangssituation

Timo, sieben Jahre, ist in der zweiten Klasse. Seiner Lehrerin fällt auf, dass Timo in den letzten Wochen immer mehr Schwierigkeiten hat, sich zu konzentrieren und dem Unterricht zu folgen. Oft schaut er verträumt aus dem Fenster und ist erschrocken, wenn sie ihn anspricht. Seine Hausaufgaben sind meistens gar nicht oder nur unvollständig gemacht und es fehlen i. d. R. immer irgendwelche Stifte oder die Turnschuhe o. Ä. Wenn er nicht vor sich hinträumt, kippelt er mit seinem Stuhl, wirft Sachen herunter oder lenkt seine Mitschüler ab.

Seine Leistungen waren schon seit der ersten Klasse eher im unteren Bereich und außer dem Fach Kunst scheint er sich für wenig zu begeistern. In der Klasse ist er beliebt und auf dem Pausenhof immer mit einer Gruppe von Jungen unterwegs.

Im Hort, in den er zwei Tage die Woche geht, zeichnet er am liebsten oder ist kreativ. Ansonsten kann man ihn zu wenig motivieren, es sei denn, es ist mit Essen verbunden. Die Horterzieherin beobachtet, dass Timo immer Hunger zu haben scheint und beim Mittagessen immer als letzter fertig ist, weil er noch eine zweite oder dritte Portion isst.

Die Erledigung der Hausaufgaben zieht sich immer in die Länge und meistens reicht die Zeit nicht, um alles fertig zu bekommen.

6.3.1 Gesprächsziele

Eine Fachkraft, die das Verhalten eines Kindes dauerhaft als herausfordernd erlebt, sollte möglichst bald das Gespräch mit den Bezugspersonen des Kindes suchen. In diesem Gespräch sollte es vorrangig darum gehen, eigene Beobachtungen zu beschreiben und sich darüber mit den Eltern auszutauschen. Es geht nicht darum, die Eltern mit Diagnosen zu konfrontieren und Ratschläge oder Empfehlungen zu geben, sondern der gemeinsame Austausch über die Situation und das Erleben des Kindes in den verschiedenen Lebenswelten steht zunächst im Mittelpunkt. Dabei kann es unterschiedliche Einschätzungen geben (s. o.). Das Ziel ist hierbei nicht zu einer objektiven Wahrheit zu kommen, sondern die »Gesprächspartner können sich über ihre Perspektiven austauschen, sie möglichst weitgehend verstehen, Gemeinsames und Trennendes herausarbeiten [...], zugleich können sie sich gegenseitig ihre verschiedenen Auffassungen lassen« (Aich & Behr, 2016, S. 35). Eine Lösung der Situation sollte in so einem ersten Austauschgespräch nicht angestrebt werden. Das entlastet das Gespräch und gibt allen Teilnehmenden die Möglichkeit sich auf den Austausch einzulassen. Fröhlich-Gildhoff, Rönnau-Böse, Tinius & Hoffer (2016) formulieren folgende wesentliche Ziele für einen solchen Austausch:

1. ein Arbeitsbündnis zum Wohle des Kindes aufbauen bzw. zu vertiefen;
2. Informationen von den Eltern erhalten (z. B. wie verhält sich das Kind zu Hause);
3. das (gemeinsame) Verstehen des herausfordernden Verhaltens;
4. ggf. die Motivierung zu weitergehenden diagnostischen Untersuchungen bei externen Stellen.

6.3.2 Vorbereitung des Gesprächs

Auf ein solches Gespräch sollte sich die Fachkraft gut vorbereiten. Diese Vorbereitungen umfassen zum einen die Dokumentation von verschiedenen Situationen, in dem das herausfordernde Verhalten des Kindes beobachtet wurde. Diese Beobachtungen sollten gemeinsam im Team reflektiert werden, um zum einen subjektive Wahrnehmungen zu hinterfragen und zum anderen eventuell ausgeblendete Ressourcen des Kindes herauszuarbeiten. Diese bilden eine gute Grundlage für das Gespräch. Das Verhalten wird nicht an einem ›Gefühl‹ und vereinzelten Erinnerungen festgemacht, sondern an konkreten Situationen und gleichzeitig wird nicht nur ein defizitäres Bild des Kindes entworfen. Zur weiteren Vorbereitung ist es hilfreich, sich eigene Gefühle und mögliche Stolperfallen bewusst zu machen. Eine Selbstreflexion anhand folgender Fragen kann dabei helfen (▶ Tab. 3; vgl. Fröhlich-Gildhoff, Tinius & Rönnau-Böse, i. V., in Anlehnung an Baer, 2008):

Tab. 3: Selbstreflexion zur Vorbereitung eines Elterngesprächs

Meine Ängste und Befürchtungen im Hinblick auf das Gespräch	Mein momentaner Eindruck, Gedanken und Gefühle	Meine zukünftigen Erwartungen und Wünsche
• Ich bin unsicher, wie ich meine Beobachtungen schildern soll, ohne die Mutter zu kränken. • Die Mutter kann meine Beobachtungen nicht nachvollziehen und sieht es als mein Problem.	• Timos Verhalten belastet mich zunehmend, da er den Unterricht stört und ich ihn ständig ermahnen muss. • Er tut mir auch leid, weil ihn zu Hause anscheinend niemand unterstützt und er scheinbar auch zu wenig zu essen bekommt. • Diese fehlende Unterstützung verärgert mich auch, es ist ja wirklich nicht zu viel verlangt, zu schauen, ob Timo alles dabei hat und seine Hausaufgaben gemacht hat.	• Die Eltern sollen Timo mehr unterstützen, indem sie ihm helfen, seine Sachen in Ordnung zu halten, und seine Hausaufgaben kontrollieren. • Ich würde mir wünschen, dass diagnostisch abgeklärt wird, warum er sich so schlecht konzentrieren kann.

Im nächsten Schritt sollten von der gesprächsführenden pädagogischen Fachkraft zur Vorbereitung folgende Fragen beantwortet werden (in Anlehnung an *Deutsches Jugendinstitut*, 2011):

> Beschreiben Sie die Ausgangslage aus Ihrer eigenen Sicht.
> Versetzen Sie sich in die Lage der Eltern des Kindes. Wie stellt sich deren subjektive Realität vermutlich dar?
> Klären Sie für sich, welches Ziel Sie anstreben im Hinblick auf die Problemlösung bzw. auf mögliche kurz- und langfristige Veränderungen.
> Wechseln Sie wieder die Perspektive: Welche Ziele vermuten Sie bei den Eltern mit Blick auf das angestrebte Ziel?
> Entwickeln Sie Ideen für dieses Spannungsverhältnis.

Mit Hilfe dieser Frage werden Ziele und Motive aller Teilnehmenden deutlicher und helfen der pädagogischen Fachkraft während des Gesprächs diese schneller wahrzunehmen.

6.3.3 Vereinbarung des Gesprächstermins

Das Gespräch mit den Eltern beginnt aber nicht erst an dem anberaumten Termin, sondern schon in der Vereinbarung dieses Termins – egal ob im Tür-und-Angel-Gespräch oder über ein Telefonat. Da es sich i. d. R. nicht um ein reguläres Entwicklungsgespräch handelt, sondern um ein Gespräch ›außer der Reihe‹, werden die Eltern möglicherweise besonders sensibel auf ein solches Anliegen reagieren. Je besser die Fachkraft den Gesprächsanlass anspricht, desto leichter wird es werden, in das eigentliche Gespräch einzusteigen. Deshalb sollte das Thema des Gesprächs offen dargelegt werden. Die Eltern haben dasselbe Recht sich auf das Gespräch vorzubereiten wie die pädagogischen Fachkräfte. Wenn die Eltern erst während des Gesprächs erfahren, was der eigentliche Anlass war, kann das gegenseitige Vertrauen beeinträchtigt werden. Darüber hinaus kann es sehr hilfreich sein, wenn die Eltern bereits dazu aufgefordert werden, konkrete Beobachtungen zu Hause zu notieren, um diese dann im Gespräch abzugleichen. Das Ziel des Gesprächs – ein Austausch über die jeweiligen Sichtweisen und das echte Interesse an der Perspektive der Eltern – sollte vermittelt werden. Auch wenn das Gespräch außer der Reihe zu zweit geführt wird, z. B. um Unterstützung durch eine Kollegin zu erhalten, muss dies angekündigt werden.

> Lehrerin: »Hallo Frau Berg, ich würde mich gerne in den nächsten Tagen mal in Ruhe mit Ihnen austauschen. Ich habe Timo jetzt ein paar Wochen beobachtet und mache mir Gedanken darüber, warum er sich in letzter Zeit kaum noch auf den Unterricht konzentrieren kann und auch oft seine Hausaufgaben nicht dabei hat. Ist Ihnen da auch schon etwas aufgefallen?«
> Frau Berg: »Eigentlich nicht, zu Hause ist er wie immer. Muss ich mir Sorgen machen?«
> Lehrerin: »Darüber würde ich mich einfach gerne mit ihnen austauschen. Sie kennen ihren Sohn am besten und können ihn gut einschätzen. Vielleicht könnten Sie ihn in den nächsten Tagen mal gezielt beobachten, ob Ihnen etwas auffällt, und wir treffen uns Anfang nächster Woche. Wäre das für Sie möglich?

> Wenn es für Sie in Ordnung ist, würde ich auch gerne meine Kollegin, Frau Lang, hinzubitten. Sie kennt Timo ja aus dem Hort und kann uns vielleicht noch eine weitere Einschätzung geben.«

6.3.4 Gesprächsablauf

Für das eigentliche Gespräch sollte genügend Zeit eingeplant und Störungen z. B. durch Telefone oder Durchgangszimmer vermieden werden. Gläser mit Wasser, etwas zum Schreiben und die vorbereiteten Unterlagen z. B. mit den Beobachtungen sollten griffbereit sein.

Das Gespräch selber lässt sich zwar nicht nach einem festen Ablaufschema planen, da die Gesprächsdynamik sonst nicht berücksichtigt wird, dennoch gibt es Gesprächsphasen (vgl. Widulle, 2012) an denen man sich orientieren kann. Diese Gesprächsphasen müssen vor allem im mittleren Teil nicht in der hier dargestellten Reihenfolge ablaufen, sondern es kann sein, dass ein oder zwei Phasen wiederholt auftreten oder auch ausgelassen werden.

1 Kontakt- und Situationsklärung

Hier geht es darum, die Gesprächsvoraussetzungen zu klären, d. h. den Rahmen festzulegen (z. B. die Gesprächsdauer) und »die Beziehung aufzunehmen« (Aich & Behr, 2016, S. 48). Schon in der Begrüßung und in den ersten Sätzen wird das jeweilige Beziehungsangebot der Teilnehmenden deutlich, d. h. wie willkommen fühlen sich die Eltern, sind sie abwartend und eventuell auch misstrauisch oder offen und entspannt. Die Fachkraft hat hier die Aufgabe, dies genau wahrzunehmen und den Eltern offen und wertschätzend zu begegnen.

> Lehrerin: »Hallo Frau Berg, vielen Dank, dass Sie sich Zeit genommen haben. Ich weiß ja, dass Sie viel arbeiten müssen, da war es bestimmt nicht leicht, diesen Termin zu organisieren. Umso mehr freue ich mich, dass Sie sich die Zeit für einen Austausch mit mir nehmen. Ich hatte eingeplant, dass wir uns bis 17 Uhr zusammensetzen. Wäre das so möglich für Sie?«

2 Thema herausfinden

Es ist sinnvoll, den Gesprächsanlass direkt anzusprechen. Wird das Thema nur vage benannt, ist es für alle Beteiligten unangenehm: Für die Fachkraft, die ihr eigentliches Anliegen vor sich herschiebt, und die Eltern, deren Anspannung wächst und die sich wundern, was eigentlich los ist.

> Lehrerin: »Ja, Frau Berg, wie schon kurz letzte Woche angesprochen mache ich mir Sorgen um Timo. Ich würde vorschlagen, ich schildere Ihnen kurz meine Beobachtungen der letzten Wochen und dann würde ich mich freuen, wenn Sie mir erzählen, wie Sie Timo zu Hause erleben. Ist das für Sie in Ordnung oder möchten Sie direkt etwas loswerden?«

Mit dieser Aussage verdeutlicht die Fachkraft, dass sie wie die Mutter um das Wohl des Kindes besorgt ist. Gleichzeitig macht sie das Ziel des Gespräches klar (es geht um einen Austausch) und zeigt ihr Interesse an den Wahrnehmungen der Mutter. Sie strukturiert das Gespräch, ohne es zu dominieren, und gibt der Mutter die Gelegenheit, den Ablauf mitzugestalten. Dieses Vorgehen signalisiert eine offene Gesprächshaltung und konkretisiert gleichzeitig das Anliegen.

3 Sichtweise jedes einzelnen

Zunächst sollten alle Teilnehmenden die Möglichkeit haben, ihre Perspektive darzulegen. Dies ist vor allem dann entscheidend, wenn es unterschiedliche Standpunkte gibt. Wird den Eltern vermittelt, dass ihr Standpunkt gehört und nicht bewertet wird (bedingungslose Wertschätzung; Rogers, 1983), sind sie »dadurch besser in der Lage, zuzuhören und andere Perspektiven gedanklich zu erfassen. Während die Fachkraft redet, [sind sie] im Gesprächsprozess weniger davon abgelenkt, nach weiteren Argumenten für die eigene Perspektive zu suchen« (Aich & Behr, 2016, S. 159). Die Einschätzung der Fachkraft sollte möglichst anhand konkreter Beobachtungssituationen beschrieben werden (vgl. Dusolt, 2008, S. 85) und in Ich-Form erläutert werden: »Ich habe beobachtet...«, »Für mich sah es so aus...« oder »Ich erlebe Ihren Sohn/Ihre Tochter...«. Dadurch wird verdeutlicht, dass die Fachkraft ihre Beobachtungen nicht als allgemeingültige Wahrheit darstellt, sondern ihre Perspektive auch andere Sichtweisen zulässt. Diese Beobachtungen werden nicht interpretiert, sondern möglichst wertneutral dargestellt.

> Lehrerin: »In den letzten Wochen habe ich verstärkt beobachtet, dass Timo Mühe hat, dem Unterricht zu folgen. Für mich sah es so aus, als ob er sich in Gedanken mit etwas anderem beschäftigt. So wie heute: In Mathe hat er die meiste Zeit aus dem Fenster geschaut oder mit seinem Sitznachbarn, dem Joshua geredet. Anders ist es, wenn wir etwas Kreatives machen, dann ist er voll dabei und ich erlebe ihn sehr motiviert. Er kann sehr gut zeichnen und hat eine genaue Beobachtungsgabe. Was mir aber vor allem Sorgen bereitet ist, dass er sehr oft keine oder nur unvollständige Hausaufgaben dabei hat und meistens irgendwelche von seinen Sachen fehlen.«

Die pädagogische Fachkraft sollte sich unbedingt daran halten, nur ihre Wahrnehmungen zu schildern und nicht im Anschluss daran gleich konkrete Lösungsideen einzubringen. Wenn Eltern zu diesem Zeitpunkt noch kein Problembewusstsein entwickelt oder eine andere Sicht auf die Dinge haben, führt dies zu ›Ja, aber‹-Antwort (vgl. Aich & Behr, 2016, S. 222).

4 Gestalteter Dialog

In der meistens darauffolgenden Phase geht es in den direkten Austausch. Auch hier steht wieder im Vordergrund, Standpunkte nicht zu bewerten, sondern offen anzusprechen und damit zu einer Klärung der Situation beizutragen. D. h. es gilt zu klären, welche Anliegen, Ziele und Motivationen vorliegen und wie diese in Übereinstimmung gebracht werden können. Es geht hier nicht um eine Lösung, sondern um eine Entfaltung des Themas. Hilfreiche Fragen können z. B. sein: »Was glauben Sie, warum sich Ihr Kind auf diese Weise verhält?«; »Was möchte Ihr Kind wohl mit diesem Verhalten ausdrücken?« (Pfreundner, 2015, S. 54). Ziel dieser Phase sollte sein, eine gemeinsame Ebene herzustellen und Erfahrungen auszutauschen.

Wird deutlich, dass die Eltern sich gekränkt fühlen von den Beschreibungen der Fachkraft, ist es sinnvoll, dies direkt anzusprechen: »Ich kann mir vorstellen, dass es nicht einfach ist, das zu hören« oder »Ich habe den Eindruck, dass Sie mit meiner Einschätzung nicht übereinstimmen?«. Das gibt den Eltern die Gelegenheit, ihre Empfindungen zurückzumelden, und signalisiert gleichzeitig, dass die Fachkraft aktiv zuhört.

5 Vertiefung und Prägnanz der Gefühle

In dieser sich anschließenden Phase geht es um eine Konkretisierung der jeweiligen Gefühle. Aich und Behr betonen in ihrem *Gmünder Modell zur Gesprächsführung*, dass immer zwei Ebenen in dem Gespräch eine Rolle spielen: die Sachebene und die Beziehungsebene. Auf der Sachebene wird der Gesprächsanlass kognitiv verarbeitet und besprochen, auf der Beziehungsebene geht es um Emotionen, Ziele, Motivationen und Zuschreibungen (vgl. Aich & Behr, 2016, S. 50), die die Sachebene bewerten und das Gespräch beeinflussen. Die Autoren plädieren deshalb dafür, die jeweiligen Gefühle und Motivationen der Teilnehmenden (inklusive sich selbst) genau wahrzunehmen und sich Zeit zu nehmen, um empathisch zuzuhören. Darüber hinaus darf die Fachkraft sich natürlich auch selbst einbringen, z. T. ist es auch notwendig, bestimmte Dinge anzusprechen. Das bedeutet aber nicht Ratschläge zu erteilen, sondern eigenes Erleben und Meinungen oder Erfahrungen mitzuteilen. Voraussetzung ist die Wahrung der Beziehung, d. h. die Bezugspersonen durch eigene Aussagen nicht abzuwerten, zu beschämen oder zu bevormunden, sondern kongruent und empathisch zu sein.

> »Eine echte Person wirkt vertrauensvoller, da Transparenz Bedrohungsgefühle vermindert. Eine Fachkraft, die auch als Mensch sichtbar ist, lädt mehr dazu ein, sich mit ihr verbunden zu fühlen. Der Elternteil gelangt so zu mehr Mut, selbst echt zu sein, nicht drumherum zu reden, sich auf einen offenen Austausch einzulassen« (ebd., S. 189).

> Lehrerin: »Ich kann mir vorstellen, dass es bei Ihrem Arbeitspensum nicht einfach ist, auch noch die Hausaufgaben von Timo zu kontrollieren oder ihn dabei zu unterstützen. Allerdings befürchte ich, dass Timo es im Moment nicht ohne Hilfe schaffen wird. Haben Sie Ideen, wie man ihn dabei unterstützen kann? Oder gibt es andere Personen, die Sie entlasten können?«
> Frau Berg: »Nein, da fällt mir im Moment nichts ein, ich bin ja auch ganz allein mit dem Timo, und wenn er sagt, dass er nichts auf hat, weiß ich auch nicht, was ich machen soll.«

Lehrerin: »Die Hausaufgaben stehen i. d. R. im Hausaufgabenheft, aber ich weiß, dass Timo das Heft oft in der Schule vergisst. Da hat man es als Mutter dann in der Tat nicht einfach, wenn das Kind behauptet, nichts auf zu haben, das kenne ich auch von meiner Tochter [...].
Die andere Sache ist die mangelnde Konzentration von Timo. Auf Dauer verpasst er zu viel Stoff und ich mache mir Sorgen, dass er dann gar nicht mehr mitkommt. Ich könnte mir vorstellen, dass es für ihn ganz schön anstrengend ist und würde mir für ihn wünschen, dass er mehr Spaß am Unterricht hat. Es ist deshalb wichtig, dass wir uns heute überlegen, wie wir ihn gemeinsam am besten unterstützen können.«

Die meisten Menschen wünschen sich eine schnelle Lösung von Problemen und deshalb ist es verständlich, dass Eltern Ratschläge oder Rezepte von den pädagogischen Fachkräften möchten. Lösungen, die nicht von den Eltern selber ausgehen, werden aber häufig nicht umgesetzt oder nur teilweise angenommen, da sie oft nicht an der Lebenswirklichkeit oder den Möglichkeiten und Kompetenzen der Familie ansetzen. Darüber hinaus ermöglichen sie es, anderen die Schuld für das eventuelle Scheitern zu übergeben. Die Fachkraft hat dann nicht nur das Problem, dass die Ratschläge nicht befolgt wurden, sondern wird darüber hinaus auch noch mit Schuldzuweisungen konfrontiert (s. o.). Aich und Behr schlagen deshalb folgende Formulierung vor, wenn Eltern Ratschläge möchten:

Lehrerin: »Ich kann gut nachvollziehen, dass Sie gerne Tipps von mir hätten, und leider muss ich Sie da enttäuschen, weil ich auch kein Rezept an der Hand habe, das sofort hilft. Aber ich habe schon gute Erfahrungen gemacht, wenn die Eltern und ich uns auf einen gemeinsamen Weg gemacht haben und geschaut haben, wie gemeinsam vorgegangen werden kann, und beide Parteien wissen, was ihre Aufgabe ist. Könnten Sie sich so etwas vorstellen?« (ebd., S. 258)

6 Verstandesmäßiges Einordnen und Vereinbarungen

Zum Gesprächsende ist eine kurze Reflexion sinnvoll, in der die wichtigsten Dinge noch einmal kurz zusammengefasst und mit der jetzigen Befindlichkeit abgeglichen werden.
Im ersten Gespräch sollte es nicht unbedingt darum gehen, Lösungen zu finden. Trotzdem müssen Vereinbarungen getroffen werden, wie es weitergehen soll. D. h. braucht es noch einmal eine intensivere Beobachtungsphase oder sollten weitere Personen hinzugezogen werden? Oder wäre eine diagnostische Abklärung hilfreich? Dazu sollten die Eltern angeregt werden, selber Ideen zu entwickeln:

Lehrerin: »Was haben Sie sich schon überlegt? Welchen Weg halten Sie für sinnvoll? Was möchten Sie erreichen? Was ist aus Ihrer Sicht meine Aufgabe dabei?«

Für die Vereinbarungen sollten klare Absprachen getroffen werden: Wer übernimmt bis wann welche Aufgabe und wann werden diese überprüft bzw. wann treffen sich die Teilnehmenden wieder? Die minimalste Vereinbarung wäre, sich nach einer gewissen – nicht zu langen – Zeit wiederzutreffen, sich inzwischen Gedanken über das Angesprochene zu machen und sich dann erneut auszutauschen.

6.3.5 Nachbereitung

Ist das Gespräch beendet, sollte die Fachkraft sich Zeit nehmen und es nachbereiten und den Verlauf reflektieren. Bei der Reflexion geht es zum einen um die Wahrnehmung der eigenen Rolle und den damit verbundenen Gefühlen, zum anderen um die Perspektive der Bezugspersonen. Wie habe ich selber als Fachkraft das Gespräch erlebt und wie könnten es die Eltern erlebt haben? Wie zufrieden bin ich mit dem Verlauf und was hat dazu beigetragen, dass ich es positiv oder negativ bewerte? Welche nächsten Schritte stehen jetzt an?

Ist das Gespräch nicht nach Zufriedenheit verlaufen, sollte sich die Fachkraft externe Unterstützung holen. Dies kann im Rahmen einer kollegialen Beratung in einer Teamsitzung, einem Gespräch mit der Leitung oder einer Fallsupervision erfolgen. Die Sicht von außen kann helfen, eine andere Perspektive auf das Gespräch zu erhalten und Ideen für nächste Schritte zu ermöglichen.

6.3.6 Zusammenfassung

Schritte zur Vorbereitung und Durchführung des kritischen Elterngesprächs:

1. gute Vorbereitung des Gesprächs (Dokumentation von Beobachtungen, Rückkoppelung mit KollegInnen, Reflexion eigener Gefühle, Bewusstwerden über mögliche Stolperfallen, Einüben des Gesprächs im Rollenspiel);
2. Bedeutung der Einladung des Gesprächs beachten;
3. Rahmenbedingungen klären (Zeit, Raum, Anwesende);
4. Gesprächseinstieg als Beziehungsaufnahme wahrnehmen;
5. Flexibilität im Gesprächsverlauf;
6. sich Zeit nehmen, genau wahrzunehmen und zuzuhören;
7. mehrere subjektive Realitäten gelten lassen;
8. gemeinsame Vereinbarung über weitergehende Schritte;
9. Nachbereitung und Reflexion des Gesprächs.

Pfreundner (2015) fasst in Anlehnung an Rückert et al. (2000) folgende kommunikationsfördernde Aspekt zusammen (S. 55ff.):

- gemeinsame Ebene herstellen statt moralisieren;
- sich selbst einbringen statt Ratschläge erteilen;
- Erfahrungen austauschen statt belehren;
- nachfragen statt Vorwürfe machen;

- authentisch bleiben statt schmeicheln;
- Situationen neutral schildern statt interpretieren;
- einfühlen statt beschwichtigen und bemitleiden;
- ernst nehmen statt ablenken;
- richtig fragen statt verhören.

Auch wenn ein Gespräch gut vorbereitet wird und eine gute Beziehung zu den Eltern besteht, kann es immer wieder vorkommen, dass die Zusammenarbeit nicht so läuft, wie es geplant war. Wenn Eltern die Zusammenarbeit verweigern, zu Gesprächen nicht erscheinen, Vereinbarungen nicht einhalten oder blockieren, kann das verschiedenste Gründe haben. Pädagogische Fachkräfte sollten sich deshalb zunächst in die Perspektive der Eltern hineinversetzen und sammeln, worin mögliche Ursachen für die fehlende Zusammenarbeit begründet liegen könnten. Auch hier ist es wieder hilfreich, KollegInnen mit einzubeziehen, die die Familie eventuell in anderen Zusammenhängen kennengelernt haben und eine erweiterte Sichtweise miteinbringen. Um sich diesen Gründen zu nähern, können folgende Fragen helfen:

> Wie war unser bisheriger Kontakt? Wann hatte ich einen guten Austausch/Gespräch/Kontakt zu den Eltern und woran mache ich das fest?
> Wie kommunizieren die Eltern bisher mit mir und ich mit ihnen?
> Was weiß ich über die Lebensumstände der Eltern?
> Welche Ressourcen der Familie fallen mir ein?
> Wer könnte noch Kontakt zu der Familie haben? Hat jemand im Team einen ›besseren‹ Kontakt?
> Welche Vorerfahrungen hat die Familie mit Institutionen, Helfersystemen usw.?

Schneider führt mögliche Gründe an, die dazu führen können, dass manche Eltern in der Zusammenarbeit in/mit der Schule schwerer erreichbar sind:

1. »[N]egative persönliche Schulerfahrungen der Eltern in ihrer eigenen Kindheit oder Jugend«:
   Der Autor empfiehlt, sich immer wieder bewusst zu machen, dass Lehrer »Gewinner des Bildungssystems« darstellen und eventuell im Kontrast zu den Erfahrungen der Eltern stehen, die durch ein Gespräch wieder hervorgerufen werden können. Hilfreich wäre es, eine Vertrauensperson der Eltern zum Elterngespräch hinzuzuziehen und so das Gespräch anders zu gestalten als es bisher erlebt wurde (vgl. Schneider, 2014, S. 83).
2. »[P]rinzipielle negative Grundeinstellung gegenüber dem (deutschen) Bildungssystem«:
   In manchen Milieus oder Kulturen wird schulisches Lernen als ›lebens- und praxisfern‹ angesehen und deshalb die Bedeutung für eine Zusammenarbeit als gering eingeschätzt. Schneider verweist hier auf die hilfreiche Unterstützung von wahrgenommenen Autoritäten, wie z. B. »ein beliebter muslimischer Kinder-

arzt, das Familien- oder Stammesoberhaupt einer Roma-Gruppe, ein Priester der polnisch katholischen Gemeinde oder eine ähnliche Respektsperson, deren Wort besonderes Gewicht hat« (ebd., S. 84).
3. »[S]ituativ oder persönlich bedingte Unfähigkeit Dinge vorausschauend zu planen und generell das eigene Leben in die Hand zu nehmen« (ebd., S. 83).
Hier verweist der Autor auf schwirige Lebenssituationen der Eltern, Suchterkrankungen oder Armut, die eine besondere Unterstützung notwendig und die Aktivierung von Netzwerken erforderlich macht. Hausbesuche können für solche Familien besonders hilfreich sein (vgl. ebd., S. 85) sowie eine enge Kooperation mit sozialen Diensten.

In manchen Fällen »bedeutet [es] für die pädagogischen Fachkräfte auch, zu akzeptieren, dass manche Menschen eine längere Anlaufphase benötigen, um entsprechendes Vertrauen aufzubauen, und sich erst dann in eine Beratungssituation begeben« (Pfreundner, 2015, S. 55). Es lohnt sich aber immer, in die Zusammenarbeit mit Eltern zu investieren, da die Entwicklung des Kindes davon wesentlich profitiert und eine gelingende Kooperation zur eigenen Arbeitsentlastung und -zufriedenheit beiträgt. Da es nicht *die* Methode gibt, um alle Eltern zu erreichen, sollte die Zusammenarbeit »als ein Prozess der Begleitung verstanden werden, in dem es primär nicht darauf ankommt, ein fest vorgegebenes Ziel zu erreichen, sondern den Eltern in ihrer jeweiligen konkreten Lebenssituation Unterstützung, Anregung und Information in Bezug auf die Erziehung ihrer Kinder zu geben« (Dusolt, 2008, S. 145).

> **Weiterführende Literatur**
>
> Aich, G. & Behr, M. (2016). *Gesprächsführung mit Eltern in der Kita*. Weinheim und Basel: Beltz Juventa.
> Friederich, T. (2012). *Zusammenarbeit mit Eltern – Anforderungen an frühpädagogische Fachkräfte. Weiterbildungsinitiative Frühpädagogische Fachkräfte. WiFF Expertisen.* Bd. 22. München: Deutsches Jugendinstitut e. V.
> Peitz, G. (2004). Wenn bei Kindern Verhaltensauffälligkeiten diagnostiziert werden: Risiken für die Erziehungspartnerschaft von Familie und Kindergarten. *Psychologie in Erziehung und Unterricht*, 51. (S. 258–272).
> Tschöpe-Scheffler, S. (Hrsg.) (2014). *Gute Zusammenarbeit mit Eltern in Kitas, Schulen und Jugendhilfe: Qualitätsfragen, pädagogische Haltung und Umsetzung*. Leverkusen: Budrich.

7 Die Notwendigkeit, Netzwerke zu knüpfen

In diesem Kapitel erfahren Sie etwas über:

- Möglichkeiten zur Netzwerkanalyse;
- Strategien und Handlungsschritte zum Aufbau von Netzwerken;
- verschiedene Dienste und Institutionen für die Kooperation bei herausforderndem Verhalten.

Im Verlauf dieses Buches ist an vielen Stellen auf die Notwendigkeit hingewiesen worden, sich als Institution und als einzelne Fachkraft rechtzeitige und angemessene Unterstützung zu holen, wenn es darum geht, professionell Verhaltensweisen zu begegnen, die als herausfordernd erlebt werden. Dabei ist es kein Zeichen von Schwäche, wenn auf Unterstützungsmöglichkeiten außerhalb der Institution zurückgegriffen wird – Professionalität besteht auch darin, eigene Grenzen frühzeitig zu erkennen und dann zeitnah weitere Fachleute einzubeziehen.

Damit diese – externe – Unterstützung auch rechtzeitig und qualifiziert zur Verfügung steht, ist es notwendig, Netzwerke mit anderen Diensten und Institutionen zu knüpfen, *bevor* Probleme entstehen. In diesem Kapitel werden zum einen Möglichkeiten des Aufbaus von Netzwerken dargestellt, zum anderen werden die wichtigsten Unterstützungsformen und -institutionen vorgestellt, die Kinder (und deren Familien) weitergehend und ergänzend beim Auftreten von ›Verhaltensbesonderheiten‹ begleiten können.

7.1 Der Aufbau von Netzwerken

Unter ›Netzwerk‹ werden Bindungen zwischen Partnern – es können Individuen oder auch Institutionen sein – verstanden, die systematisch geknüpft werden und durch längere Dauer gekennzeichnet sind. Im optimalen Fall wird Verbindlichkeit durch klare, am besten schriftlich festgelegte Absprachen über Inhalte und die Bedeutung dieser Verbindungen hergestellt. Ziel der Netzwerke ist es in erster Linie, (soziale) Unterstützung zu gewährleisten, die dann besonders in schwierigeren oder Krisensituationen wirksam wird.

Vor dem Aufbau von Netzwerken ist eine Analyse über bestehende Kontakte und Vernetzungen zu anderen Einrichtungen, aber auch unterstützenden Einzelpersonen sinnvoll. Eine solche Netzwerkanalyse kann auf verschiedenen Wegen erfolgen.

7.1.1 Erfassungsbögen

Mittels einfacher Fragebögen (▶ Tab. 4) können die Bedarfe der Institutionen, aber auch einzelner Personen erfasst werden.

Tab. 4: Beispiel für einen Erfassungsbogen

Institution	AnsprechpartnerIn in der Institution	Kontakthäufigkeit (pro Monat)	Zufriedenstellend? (ja/nein)	Handlungsbedarf (ja/nein)	Handlungsplan (Zuständigkeit, Zeitplanung)
ASD Jugendamt	Frau Müller	1–2 x pro Jahr, nur fallbezogen	nein	ja, regelmäßiger, fallunabhängiger Kontakt wäre wünschenswert	Leitung führt Gespräch bis …
Beratungsstelle Frühförderung	Frau Heinrich, Herr Müller, Frau Groß	Mind. 1 x pro Monat regelmäßige Fallbesprechungen (›große Runde‹)	ja	nein	
Psychologische Beratungsstelle (Erziehungsberatung)	Frau Schad, Herr Froh	Nach Bedarf, fallbezogen	eher nein, sehr personenabhängig	ja, kontinuierlicher Austausch wäre gut	stellvertretende Leitung führt Gespräch bis …

7.1.2 Konkrete Analyse bestehender Netzwerke

Hierzu werden schon kontaktierte oder potenzielle Netzwerkpartner gebeten, die Beziehungen untereinander einzuschätzen (▶ Tab. 5). Hieraus lässt sich dann eine Matrix (▶ Tab. 6) bilden. Die Ausgestaltung und Tragfähigkeit der Netzwerke sollten regelmäßig überprüft werden (Beispiel aus Rönnau-Böse & Fröhlich-Gildhoff, 2014).

Fragebogen

Bitte schätzen Sie die Beziehung zu folgenden Institutionen bzw. Einzelpersonen auf einer Skala von + 2 (sehr gute Beziehung) bis − 2 (sehr schlechte Beziehung) ein. Sie können noch bis zu drei weitere Institutionen hinzufügen. Bitte markieren Sie die Beziehungen, bei denen Sie Entwicklungsbedarf sehen.

Tab. 5: Fragebogen zur Analyse bestehender Netzwerke

Institution	Einschätzung + 2 bis − 2	Entwicklungsbedarf	Bemerkungen
Kita Grüne Raupe (in der Nachbarschaft)	− 1	ja	viel Konkurrenz
Grundschule	0	ja	regelmäßiger
Erziehungsberatungsstelle	+ 1	nein	
Ergotherapeutin Frau Schmidt	+ 2	nein	sehr verbindlich
Niedergelassene Heilpädagogin Frau Müller	0	nein	
Kinderärztin Frau Vogel	− 2	ja	nimmt uns nicht ernst
Kinderarzt Herr Meise	− 1	ja	
usw.			

Wenn mehrere KollegInnen – und/oder die anderen Institutionen – gleichfalls einen solchen Fragebogen ausfüllen, lässt sich eine Matrix erstellen.

Erstellung einer Matrix

In die Matrix werden die summierten Werte eingetragen und man erhält eine einfache Übersicht über die Beziehungsqualitäten.

Tab. 6: Matrix zur Analyse bestehender Netzwerke

	Kita Grüne Raupe	Grundschule	Erziehungs-beratung	Ergothera-peutin Frau Schmidt	Kinderärztin Frau Vogel
Helga	−1	0	+1	+2	−2
Gerda	0	0	+2	+1	−1
Friederike	−2	+1	0	+1	−1
Marion	+1	−1	+1	+2	0
Heiner	0	0	+1	+2	−2
Summe	−1	0	+5	+8	−6
Bedarfsanmeldungen	4	5	1	0	3

Netzwerkkarten

Auf einfache Weise lassen sich Netzwerke auch graphisch in einer »Landkarte« darstellen. Hierzu stellt man bspw. die eigene Institution in den Mittelpunkt und rückt über die Entfernungen Nähe von Netzwerkbeziehungen aus. Durch Pfeile, farbig, oder gestrichelt (schlecht) oder durchgezogen (gut), lassen sich die Beziehungen im Netzwerk noch einmal verdeutlichen.

Fragen bei der Erstellung der Netzwerkkarte (als Hilfsmittel eine Grafik mit Kreisen verwenden, ▶ Abb. 12 und 13):

1. Welche Personen und/oder Institutionen gehören zu dem Netzwerk?
   Person als Kreis darstellen, Institution als Rechteck.
2. Wie lassen sich diese um die eigene Person herum gruppieren (Abstände haben eine Bedeutung)? Bei welchen Kontakten würden Sie von »Kooperation« sprechen, bei welchen eher nicht?
   Je näher, umso enger/intensiver ist die Verbindung.
3. Welche Verbindungen gibt es zu den Personen und Institutionen?
   Mit Pfeilen darstellen; asymmetrisch: die Verbindung ist gerichtet (nur eine Pfeilspitze); symmetrisch: die Verbindung beruht auf Gegenseitigkeit (zwei Pfeilspitzen).
4. Ist die einzelne Verbindung eher positiv oder eher negativ?
   Positive Verbindung: in rot (oder durchgezogene Linie); negative Verbindung: in blau (oder gestrichelte Linie); aktuelle Krise: mit Blitz kennzeichnen; keine Verbindung: keine Linie.
   Verbindung, die früher einmal existiert hat, aktuell aber nicht mehr: Verbindung mit zwei kleinen Strichen durchstreichen.
5. Ist die Verbindung strukturell verankert (z. B. vertraglich abgesichert)?
   Zusätzlich eine grüne Verbindung (oder Doppellinie).

7.1 Der Aufbau von Netzwerken

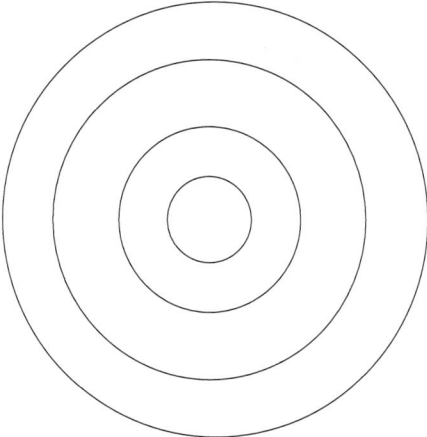

Abb. 12: Hilfsmittel zum Erstellen von Netzwerkkarten

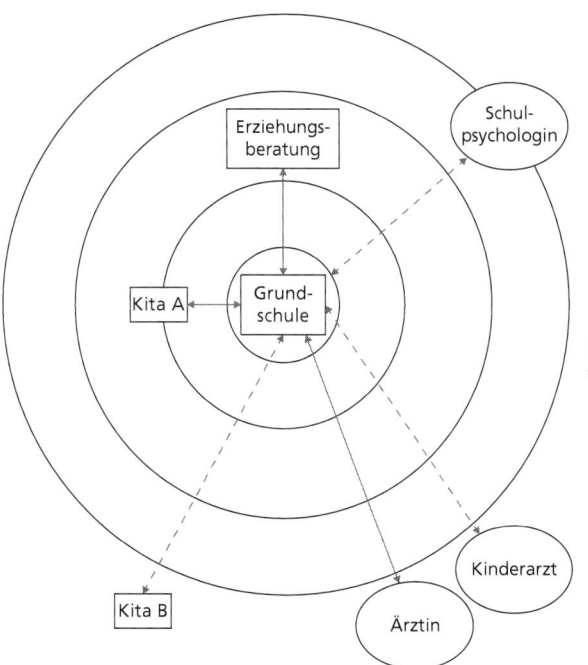

Abb. 13: Beispiel einer Netzwerkkarte

Der Aufbau von Netzwerken

Auf der Grundlage dieser Analyse ist es dann möglich, *Strategien und Handlungsschritte* zum Auf- oder Ausbau von (Unterstützungs-)Netzwerken festzulegen.

Dazu sind, basierend auf der Analyse, folgende Schritte wichtig:

- Prioritäten festlegen: Welches sind die wichtigsten Personen und Institutionen, die unterstützend wirken können, wenn ein Kind Verhaltensweisen zeigt, die herausfordernd wirken?
- Erwartungen an den (zu bahnenden) Kontakt bzw. an das Netzwerk festlegen: »Was soll es bringen, wenn wir jetzt besseren Austausch mit der Erziehungsberatung haben?«
- Kontaktpersonen in der eigenen Institution bestimmen.
- Abstimmung mit dem potenziellen Netzwerkpartner über Ziele und die damit verbundene Form: Wie lange soll das Netzwerk Bestand haben? Soll es systematisch verbindlich geregelt sein? Soll es eher einen offenen Charakter haben?
- Festlegung von Handlungsschritten und Umsetzung: Dabei hat sich als wirkungsvoll erwiesen, zunächst ›kleine Schritte‹ zu gehen, also bspw. Beziehungen erst zu wenigen Partnern aufzubauen und zu festigen. Diese können einen Kern darstellen, um dann das Netzwerk auszuweiten. Das Prinzip sollte sein: Lieber wenige effektive Netzwerke als viele Kooperationen mit wenig Inhalt.
- Reflexion der Sinnhaftigkeit der Kooperation in regelmäßigen Abständen mit den oben vorgestellten Instrumenten.

Die Förderung der Netzwerkbildung bietet viele Chancen für die Institution, aber auch für Familien und einzelne Kinder, sich (soziale) Unterstützung zu sichern. Netzwerke können somit helfen, Schwierigkeiten zu bewältigen. Allerdings bedürfen der Aufbau und der Erhalt von Netzwerken eines Aufwandes, für den Ressourcen zur Verfügung gestellt werden müssen. Netzwerke sind keine automatischen ›Selbstläufer‹, sie müssen gepflegt werden und ihre Wirkung muss immer wieder reflektiert werden.

Drei hilfreiche Aspekte:

- Kooperationen sollten aufgebaut werden, *bevor* Probleme entstehen, also ›fall‹-unabhängig.
- Kooperationen sollten einerseits einen personenunabhängigen Rahmen, z. B. eine schriftliche Kooperationsvereinbarung zwischen der Grundschule und der Psychologischen Beratungsstelle, haben. Andererseits leben Kooperationen vom und durch den Kontakt zwischen den Menschen – daher ist ein regelmäßiger Austausch, das Berichten über die jeweilige Arbeit, wichtig.
- Kooperationsbeziehungen sollten dokumentiert werden; die Dokumentation muss für alle Fachkräfte leicht zugänglich sein. Es empfiehlt sich das Erstellen eines *Netzwerk-/Kooperationsordners*, in dem auf sehr übersichtliche Weise die Kooperations-Institutionen beschrieben sind (Name der Institution, Adresse etc., Erreichbarkeit, konkrete AnsprechpartnerInnen, Ziele, Kosten, Sonstiges). Ein solcher Ordner, egal ob in Papierform oder elektronischer Form, muss stetig gepflegt werden.

7.2 Unterstützende Dienste und Institutionen bei herausforderndem Verhalten

Dieses Kapitel hat die gezielte Unterstützung von Kindern (und deren Familien) zum Gegenstand, bei denen das als heraufordernd erlebte Verhalten nicht (mehr) allein mit den pädagogischen Möglichkeiten der Bildungseinrichtungen Kita oder Schule erfolgreich ›einzugrenzen‹ ist und über pädagogische Maßnahmen im jeweiligen Setting für das Kind und seine Familie keine ausreichende Entwicklungsunterstützung gegeben werden kann.

Die wichtigsten Unterstützungsformen werden in Unterkapiteln vorgestellt, wobei allerdings der Schwerpunkt auf den Interventionen beim kindlichen Verhalten liegt; i. d. R. werden bei den Unterstützungsmaßnahmen die Familien einbezogen und es erfolgt dann auch wieder eine Kooperation mit den Fachkräften aus Kita und Schule.

Beim Vorliegen von spezifischen Auffälligkeiten lassen sich zwei Grundprinzipien von Intervention jeglicher Art beschreiben:

- I. d. R. ist ein vernetztes, interdisziplinäres bzw. multiprofessionelles Vorgehen nötig, um dem Kind und seiner Familie in den unterschiedlichen Lebensfeldern Unterstützung anbieten zu können.
- Die Hilfen bzw. Unterstützungsmaßnahmen müssen sehr genau auf die besonderen Bedürfnisse und Problemlagen des Kindes und seiner Familie zugeschnitten sein. Es gibt keine Standardlösungen, bestenfalls weit abgesteckte Handlungsleitlinien. Dies ist für die professionellen Fachkräfte eine Herausforderung, die i. d. R. nur im Zusammenspiel von mehreren Disziplinen zu bewältigen ist (s. o.). Teilweise spielen hier leider immer wieder rechtliche Zuständigkeitsunterschiede bzw. Kostenproblematiken eine einschränkende Rolle.

7.2.1 Spezifische Fachdienste (Fachberatung, Schulpsychologischer Dienst)

Für Kindertageseinrichtungen wie für Grundschulen existieren spezifische Fachdienste, an die sich die pädagogischen Fachkräfte und LehrerInnen wenden können, wenn sie sich durch das Verhalten eines Kindes in besonderer Weise und längerfristig herausgefordert fühlen und erste Interventionen oder Begegnungsantworten im pädagogischen Alltag keine Veränderungen ergeben.

Für Kindertageseinrichtungen stehen i. d. R. Fachberatungen zur Verfügung, die beim jeweiligen Kita-Träger ›angesiedelt‹ sind; in manchen Regionen existieren trägerunabhängig kommunale Fachberatungsdienste für alle Einrichtungen. Die Arbeit der FachberaterInnen – zumeist sehr erfahrene und/oder spezifisch weiter qualifizierte PädagogInnen – richtet sich in erster Linie an Kita-Leitungen bzw. Kita-Teams, in Ausnahmefällen auch an einzelne Fachkräfte. Es können dann ›Fälle‹ in ›Fallbesprechungen‹ mit Hilfe der Externen analysiert werden – mit dem Ziel eines besseren Verstehens und einer entsprechenden Handlungsplanung. Es können aber auch konzeptionelle Möglichkeiten erarbeitet werden, wie das Team an den Bedarfen von Fachkräften und Kindern/Familien auch bei besonderen Herausforderungen passgenauer interagieren kann. FachberaterInnen haben i. d. R. einen guten Überblick über die Angebotsstruktur unterstützender Dienste in einer Region, so dass sie hier beim Aufbau von Kooperationen helfen können. Nur in ganz seltenen Ausnahmefällen arbeiten FachberaterInnen direkt mit Eltern und Kindern.

Auch im Bereich der (Grund-)Schulen stehen den LehrerInnen unterstützende Dienste zur Verfügung. Diese variieren z. T. bundeslandspezifisch; einheitlich existieren an den Schulämtern jedoch Schulpsychologische Dienste. Wenngleich in der Arbeit der SchulpsychologInnen unterschiedliche Schwerpunkte gesetzt werden – von präventiven Angeboten für Kinder/Familien über Fortbildungsangebote für Schulteams und Fallberatungen bis hin zu Diagnostik und vereinzelt auch Therapie einzelner Kinder/Familien –, haben SchulpsychologInnen immer auch Kontakte zu einzelnen Kindern (und ihren Familien), die in besonderer Weise ›auffallen‹. Die Gründe bzw. Anlässe hierfür können sehr variieren, von der Vermutung der Hochbegabung bis zu manifesten seelischen Erkrankungen. Im Kontakt des Kindes/der Familie mit SchulpsychologInnen findet i. d. R. eine ›Statuserhebung‹, z. T. auch in Form standardisierter Tests, statt und es kommt dann zu Empfehlungen für eine weitere Betreuung/Behandlung. Dies geschieht immer in Übereinstimmung mit den betroffenen Kindern, Eltern und LehrerInnen.

7.2.2 System der ›Frühen Hilfen‹

›Frühe Hilfen‹ sind an der Schnittstelle von Gesundheits- und Jugendhilfesystem angesiedelt. Nach der Definition des wissenschaftlichen Beirats des *Nationalen Zentrums Frühe Hilfen* (NZFH) sind ›Frühe Hilfen‹ lokale bzw. regionale Hilfesysteme, die Angebote für junge Familien in der Zeit der Schwangerschaft und bis zum dritten Geburtstag des Kindes koordinieren. Die Angebote sollen dabei, neben alltäglichen und praktischen Unterstützungsleistungen, im Besonderen die Beziehungs- und Erziehungskompetenz der Eltern fördern. Dabei richtet sich das Angebot der ›Frühen Hilfen‹ grundlegend an alle Familien im Sinne einer primärpräventiven Gesundheitsförderung von Kind und Familie. Des Weiteren soll die Hilfe auch als sekundärpräventives Angebot eingesetzt werden, um insbesondere Familien in Problemlagen frühzeitig entsprechende Hilfen anbieten zu können. Dadurch kann die Entstehung von Gefährdungen vermieden bzw. bei bereits bestehender Gefährdung diese frühzeitig erkannt und reduziert werden. Ist die Minderung der Gefährdung durch das Unterstützungssystem der ›Frühen Hilfen‹ nicht zu gewährleisten, sind weitere Maßnahmen einzuleiten (Wissenschaftlicher Beirat des NZFH, 2009).

Dieses System der ›Frühen Hilfen‹ ist regional sehr unterschiedlich ausgestaltet, allerdings finden sich in jeder Region Anlaufstellen, wenn Familien oder Fachkräfte in der Krippe einen besonderen Unterstützungsbedarf sehen und/oder wenn das Verhalten eines Kindes für es selbst und seine Bezugspersonen zur Belastung wird. Neben Beratungsmöglichkeiten stehen – regional allerdings sehr unterschiedlich –

weitere unterstützende Maßnahmen zur Verfügung wie Familienhebammen, ›Babyambulanz‹ und ›Schreisprechstunde‹, Kurse zur Förderung der frühen Eltern-Kind-Interaktion (Beispiel: STEEP – *Steps Toward Effektive, Enjoyable Parenting*; Erickson & Egeland, 2006), Entwicklungspsychologische Beratung (EPB, Ziegenhain, Fries, Bütow & Derksen, 2004), spezifische Familienhilfe für Familien mit Kleinstkindern etc.

> Eine Vielfalt von Informationen findet sich auf der Seite des *Nationalen Zentrums Frühe Hilfen*: http://www.fruehehilfen.de.

7.2.3 (Pädagogische) Frühförderung

(Pädagogische) Frühförderung[13] ist ein Angebot für Familien mit Kindern, die von Behinderung betroffen oder von einer Behinderung bedroht sind. Diese Leistung leitet ihren Rechtsanspruch nach dem Sozialgesetzbuch IX ab. Frühförderung ist in diesem Sinne als Eingliederungshilfe definiert, die dem Personenkreis »in noch nicht schulpflichtigem Alter« zur Verfügung steht. Nach § 2 des SGB IX sind Menschen behindert, »wenn ihre körperliche Funktion, geistige Fähigkeit oder seelische Gesundheit mit hoher Wahrscheinlichkeit länger als sechs Monate von dem für das Lebensalter typischen Zustand abweichen. Dazu gehören Kinder, die durch eine frühe Schädigung eine manifeste Behinderung aufweisen« (Weiß et al., 2004, S. 53). Damit ist ein weites Spektrum von Kindern mit manifesten, z. B. biologisch-genetischen, aber auch anderen körperlichen oder psycho-sozial bedingten Einschränkungen gemeint.

Grundsätzlich lassen sich zwei Formen der Frühförderung unterscheiden:

- *Sozialpädiatrische Zentren* sind i. d. R. an Kliniken als ambulante Einrichtungen angegliedert, sie sind ärztlich geleitet, haben ein überregionales Angebot. Das Ziel ist meistens eine umfangreiche Diagnostik und Therapieplanung durch ein interdisziplinäres Team; Behandlungsmöglichkeiten werden hier selten angeboten. Die Finanzierung erfolgt über die Krankenkassen.
- *Frühförderstellen* sind regional bezogene, familien- und wohnortnahe Angebote. Sie werden meist von PädagogInnen oder PsychologInnen geleitet und bieten eine »offene Anlaufstelle für Erstkontakte, pädagogisch-psychologische Diagnostik und eine mobile oder ambulante Förderung in einem« (Sarimski, 2007, S. 82), gleichfalls in einem interdisziplinären Team. Die Finanzierung erfolgt hier überwiegend durch den örtlichen Sozialhilfeträger nach Maßgaben des SGB IX; sie sind für die KlientInnen kostenfrei.

---

13 Es gibt sehr unterschiedliche Bezeichnungen für das hier vorgestellte Arbeitsgebiet, z. B. ›Pädagogische Frühförderung‹ oder ›Heilpädagogische Frühförderung‹ – aus Gründen der Einfachheit (und weil in der wissenschaftlichen Diskussion etabliert) wird hier der Begriff ›Frühförderung‹ gewählt.

In Deutschland haben sich in allen Regionen regelhaft Frühförderstellen etabliert, allerdings mit sehr unterschiedlichen Finanzierungsstrukturen, Arbeitsansätzen und Ausgangsqualifikationen der Fachkräfte (Weiß et al., 2004).

Dennoch lassen sich für dieses Arbeitsgebiet einige *grundsätzliche Arbeitsprinzipien* festlegen:

- Unter dem Primat der *Ganzheitlichkeit* wird das Kind mit (und ohne) Behinderung immer in seinem Bezugssystem gesehen und »in seinen Schwächen und Stärken, seinem körperlichen Befinden, seinem Selbsterleben und Selbstwertgefühl, aber auch in seinen förderlichen und möglicherweise hemmenden Bedingungen seiner Lebenswelt wahrgenommen« (Sättele, 2013, S. 216).
- *Interdisziplinarität* bedeutet, dass bei der Unterstützung von Kindern und Familien mit (und ohne) Behinderungen i. d. R. immer Fachkräfte unterschiedlicher Professionen zusammenarbeiten. Bei den Problemlagen der Kinder und Familien geht es meist um eine Kombination aus körperlichen, psychischen und sozialen Schwierigkeiten, wobei in einem interdisziplinären, vernetzten Ansatz am ehesten Unterstützung gewährleistet werden kann.
- *Familienorientiertheit und Klientenorientiertheit* bedeutet, dass das betroffene Kind und seine Familie in ihrer Lebensumwelt wahr- und angenommen werden. Dabei kommt es darauf an, für dieses System sehr spezifisch passgenaue Hilfen anzubieten.

Die Frühförderung hat sich bezüglich ihrer Arbeitsprinzipien sehr deutlich entwickelt: In den Anfangsjahren (60er Jahre des vergangenen Jahrhunderts) lag der Schwerpunkt vor allem auf der Einzelförderung des betroffenen Kindes, um diagnostizierte Defizite zu verringern. Hier wurden entsprechende Übungen und Trainings angeboten.

Aktuell liegt der Schwerpunkt wesentlich stärker auf einer ressourcenorientierten Unterstützung des Kindes und seiner Familie. Dabei ist eine partizipative Herangehensweise unabdingbar. Im Kern geht es um die entwicklungsbezogene, familienorientierte Unterstützung der Interaktion zwischen Eltern und Kind. Ausgangspunkt sind dabei das Kind, aber auch die »Familienbedürfnisse« (Sarimski, 2007, S. 67, führt hier auch entsprechende diagnostische Verfahren an).

Die Einrichtungen der Frühförderung stellen folgende *Angebote* zur Verfügung, wobei die Schwerpunkte der sozialpädiatrischen Zentren eher im Bereich der Diagnostik liegen und die der (ambulanten) Frühförderstellen im Bereich der Familienunterstützung:

- Früherkennung und Diagnostik;
- Unterstützung bei der Auseinandersetzung mit der Diagnose;
- Förderung und Therapie des Kindes;
- Unterstützung der Eltern-Kind-Interaktion.

Oftmals übernehmen die Fachkräfte der Frühförderstellen eine Moderations- oder Koordinationsfunktion beim Zusammenspiel und beim Zusammenführen der verschiedenen Unterstützungsformen im Sinne eines Case-Managements. In regelmäßigen ›Runden Tischen‹ treffen sich alle Fachkräfte, die an der Unterstützung des Kindes und seiner Familie beteiligt sind, und die Familie. Diese Coachingfunktion ist auch wichtig, wenn es um die Unterstützung der Integration des Kindes in Kindertageseinrichtungen oder den Übergang in die Schule geht. Regional unterschiedlich werden Fachkräfte der Frühförderstellen auch in den Kindertageseinrichtungen direkt tätig und führen z. B. Integrationshilfen für einzelne Kinder durch.

> **Weiterführende Literatur**
>
> Weiß, H., Neuhäuser, G. & Sohns, A. (2004). *Soziale Arbeit in der Frühförderung und Sozialpädiatrie*. München: Reinhardt.
> Höfer, R. & Behringer, L. (2009). *Interdisziplinäre Frühförderung: Angebot und Leistungen. Expertise im Auftrag der Sachverständigenkommission des 13. Kinder- und Jugendberichts*. Online verfügbar unter: http://www.dji.de/fileadmin/user_upload/bibs/13_KJB-Expertise_Hoefer_Behringer_Fruehfoerderung.pdf.

7.2.4 Jugendhilfe, Hilfen zur Erziehung

Ein wichtiges Unterstützungssystem für Kinder und Jugendliche ist das der Jugendhilfe. Die verschiedenen Formen der Jugendhilfe sind im *Kinder- und Jugendhilfegesetz* – gefasst als achter Teil des Sozialgesetzbuches (SGB VIII) – gesetzlich geregelt. Das SGB VIII beschreibt die Leistungen der Jugendhilfe von der Jugendarbeit, Jugendsozialarbeit, der Förderung der Erziehung in der Familie über die Förderung von Kindern in Tagespflegeeinrichtungen bis hin zu den Hilfen zur Erziehung, der Eingliederungshilfe für seelisch behinderte Kinder und Jugendliche sowie den Hilfen für junge Volljährige. Das Gesetz wird ergänzt durch eine Vielzahl präziser Verfahrensvorschriften und durch Ausführungsbestimmungen auf Länderebene (der Gesetzestext ist veröffentlicht z. B. unter http://www.gesetze-im-internet.de/sgb_8/index.html).

Die Kinder- und Jugendhilfe ist ein Teil des Sozialwesens; die Struktur ist dabei folgende: Die Rahmen-Verantwortung liegt im Wesentlichen bei den Kommunen, bei den kommunalen Jugendämtern, die für die Ausgestaltung der Jugendhilfe (-leistungen) und die Steuerung zuständig sind. Grundsätzlich gilt das Subsidiaritätsprinzip: Dies bedeutet, dass die Leistungen – wie z. B. die Unterstützung von Kindern im Rahmen der Sozialpädagogischen Familienhilfe – vom Jugendamt gemeinsam mit den Eltern auf der Basis eines Hilfeplanes beschlossen werden; die Durchführung der Hilfe erfolgt allerdings durch Fachkräfte, die bei einem freien Träger (z. B. einem Wohlfahrtsverband) beschäftigt sind.

Für den Bereich der Arbeit mit Kindern und Jugendlichen mit Verhaltensauffälligkeiten haben insbesondere die ›Hilfen zur Erziehung‹ eine besondere Bedeutung:

In den §§ 27ff. SGB VIII (»Hilfen zur Erziehung«) werden verschiedene Hilfeformen – von der Erziehungsberatung über die Heimerziehung bis hin zu Eingliederungshilfen für seelisch behinderte Kinder und Jugendliche – beschrieben. Darüber hinaus werden Möglichkeitsräume für weitere innovative Unterstützungsangebote für Kinder und Jugendliche und ihre Familien geschaffen. Unterschieden werden die anzubietenden Hilfen nach ›pädagogischen Intensitäten‹. Ziel ist dabei die Sicherstellung des Wohls des Kindes sowie die Bereitstellung ›geeigneter und notwendiger‹ Hilfen für die Entwicklung von Kindern und Jugendlichen.

Kern der Hilfegewährung und -begleitung ist dabei der ›Hilfeplan‹: Nach einer systematischen Analyse der Ausganglage und Vorgeschichte – also im weitesten Sinne die Erstellung einer Diagnose – kommt es zur partizipativen Entscheidungsfindung über geeignete Hilfen, bei der das Kind, die Personensorgeberechtigten (Eltern), die Fachkraft des Jugendamtes und ggf. weitere Personen zusammenwirken. In dem Hilfeplanverfahren nach § 36 SGB VIII werden Ziele beschrieben. Danach werden die Hilfen i. d. R. durch einen freien Träger bzw. dessen Fachkräfte zusammen mit und in der Familie bzw. dem betroffenen Kind/Jugendlichen durchgeführt; es erfolgen pädagogische Interventionen. In regelmäßigen Abständen werden die Ergebnisse überprüft, es kommt zu einer gemeinsamen Fortschreibung des Hilfeplans mit ggf. veränderten Zielen oder zum Abschluss der Hilfe.

Im Kinder- und Jugendhilfegesetz sind in den §§ 28 bis 35a unterschiedliche Hilfeformen beschrieben:

- *§ 28 Erziehungsberatung*: Das Angebot der Erziehungsberatung richtet sich an Bezugspersonen und Kinder bzw. Jugendliche; das Besondere an dieser Hilfeform ist, dass bei ihr als einziger keine Hilfeplanung erfolgen muss (zur Erziehungsberatung: vgl. Veröffentlichung der Bundeskonferenz für Erziehungsberatung: www.bke.de).
- *§ 29 Soziale Gruppenarbeit*: Die Soziale Gruppenarbeit richtet sich i. d. R. an Kinder und Jugendliche ab zwölf Jahren. Diese Kinder werden ein- bis zweimal pro Woche im Rahmen einer Gruppe pädagogisch betreut. Ziele sind vor allen Dingen eine Verbesserung sozialer Kompetenzen. Dieses Angebot ist längerfristig ausgelegt.
- *§ 30 Erziehungsbeistandschaft/Betreuungshelfer*: Hier handelt es sich um eine niederfrequente Form der Einzelbetreuung, die sehr variabel auf eine Person (Kind, Jugendliche/r) bezogen ist und meist vor Ort, d. h. in der Familie oder in der Wohnung des/der Jugendlichen oder des Kindes umgesetzt wird. I. d. R. trifft der/die BetreuungshelferIn sich ein- bis dreimal pro Woche im Umfang von bis zu fünf Stunden mit den Betroffenen.
- *§ 31 Sozialpädagogische Familienhilfe (SPFH)*: Die SPFH ist eine ambulante Unterstützungsform, die ebenfalls sehr variabel auf die gesamte Familie oder Teile davon bezogen ist. Diese erfolgt i. d. R. auch vor Ort, im Lebensraum der Familie. Auch die SPFH wird meist ein- bis dreimal in der Woche im Umfang bis zu zehn Stunden realisiert.
- *§ 32 Tagesgruppe*: Sozialpädagogische Tagesgruppen sind ein teilstationäres Angebot, das i. d. R. Kinder im Alter von sechs bis zwölf Jahren erreichen soll. Die Kinder gehen teilweise vor, zumeist jedoch direkt nach der Schule in die Tagesgruppe und werden dort z. B. an fünf Tagen in der Woche zwischen 12 und

18 Uhr betreut. Ein weiteres Kennzeichen der Arbeit in Tagesgruppen ist die begleitende intensive Zusammenarbeit mit den Eltern.
- *§ 33 Vollzeitpflege*: Hier handelt es sich um eine Form der Fremdunterbringung. Dies bedeutet, dass das Kind oder der/die Jugendliche in einer Pflegefamilie lebt und dort Tag und Nacht betreut und gefördert wird. Eine Zusammenarbeit mit den Eltern/der Herkunftsfamilie sollte erfolgen. Ein Sonderfall sind sogenannte Sonderpädagogische Pflegefamilien oder Erziehungsstellen: Hier hat mindestens eine der Bezugspersonen eine pädagogische Ausbildung. Zielgruppe sind Kinder mit besonderen Verhaltensproblemen bzw. Förderbedarf.
- *§ 34 Heimerziehung/Sonstige betreute Wohnformen*: Die Heimerziehung hat die längste Tradition im Rahmen der Jugendhilfe. Auch hier handelt es sich um eine Betreuung von Kindern und Jugendlichen außerhalb der Herkunftsfamilie. Insbesondere in den letzten 25 Jahren hat sich die Heimerziehung sehr differenziert; es gibt unterschiedliche Formen von betreuten Wohngemeinschaften und betreutem Einzelwohnen über Betreuung in Kleinst-Heimen (die pädagogischen Fachkräfte leben mit den Kindern zusammen) bis hin zur klassischen Form der Gruppen-Heimerziehung.
- *§ 35 Intensive Sozialpädagogische Einzelbetreuung*: Hierbei handelt es sich um ein hochflexibles Setting, bei dem Kinder oder meist Jugendliche von einer pädagogischen Fachkraft betreut werden. Die Betreuung ist relativ hochfrequent und umfasst i. d. R. mindestens 10 bis 15 Stunden pro Woche. Grundsätzlich lassen sich drei Formen unterscheiden: Der/die Jugendliche lebt allein und wird hochfrequent betreut, BetreuerIn und Jugendliche/r leben zusammen, der/die Jugendliche lebt noch in seiner Herkunftsfamilie, steht aber individuell im Fokus der Betreuung.
- *§ 35a Hilfen für Kinder/Jugendliche mit (drohenden) seelischen Behinderungen*: Diese Form der Hilfe kann nur nach einer fachlichen Begutachtung erfolgen. Sie umfasst ein sehr breites Spektrum, von der Förderung bei Lese-Rechtschreib-Schwäche bis hin zur Vollzeitbetreuung in therapeutischen Wohngemeinschaften.

> **Weiterführende Literatur**
>
> Rätz, R. & Schröer, W. (2014). *Lehrbuch Kinder- und Jugendhilfe: Grundlagen, Handlungsfelder, Strukturen und Perspektiven*. Weinheim: Beltz Juventa.
> Fröhlich-Gildhoff, K. (2017). *Verhaltensauffälligkeiten bei Kindern und Jugendlichen*. 3., vollst. überarb. Aufl. (Kap. 6.2: Jugendhilfe). Stuttgart: Kohlhammer.

Drohende Kindeswohlgefährdung

Das Kinder- und Jugendhilfegesetz ist seit 2012 um den reformierten § 8a ergänzt worden, in dem der »Schutzauftrag bei Kindeswohlgefährdung« geregelt ist. Hierin ist festgelegt, dass Jugendämter Verantwortung tragen und dass alle Träger der Jugendhilfe ihre Fachkräfte für das Thema Kindewohlgefährdung sensibilisieren und qualifizieren müssen. Ebenso müssen Verträge über ein verbindliches kooperatives Verfahren beim Verdacht auf Kindeswohlgefährdung geschlossen werden (z. B. Einschätzskala Kindeswohlgefährdung in Kindertageseinrichtungen; Bensel & Haug-Schnabel, 2012; online verfügbar unter: http://www.kvjs.de/jugend/kinderschutz/kiwo-skala-kinderschutz-in-tageseinrichtungen.html).

Für Fachkräfte in den Bildungsinstitutionen ist es wichtig, dass es in den Jugendämtern und z. T. in den Erziehungsberatungsstellen besonders geschulte Fachpersonen gibt, die bei einem Verdacht auf – und natürlich auch beim Vorliegen von – Kindeswohlgefährdung beraten und ggf. nach einem klaren Procedere einschreiten. Dabei besteht die Möglichkeit einer anonymisierten Fallberatung, in der bei ›Vor-Verdacht‹, einem ›unguten Gefühl‹ etc. sich die Fachkräfte in den Institutionen Unterstützung holen können.

Weiterführende Literatur

Maywald, J. (2014). *Kindeswohlgefährdung: Vorbeugen, erkennen, handeln*. Freiburg: Herder.

Kindler H., Lillig S., Blüml H., Meysen T. & Werner A. (Hrsg.) (2006). *Handbuch Kindeswohlgefährdung nach § 1666 BGB und Allgemeiner Sozialer Dienst (ASD)*. München: Deutsches Jugendinstitut e. V. Online verfügbar unter: http://db.dji.de/asd/ASD_Inhalt.htm.

7.2.5 Kinder- und Jugendlichenpsychotherapie

Die Psychotherapie mit Kindern und Jugendlichen hat eine lange und eigenständige Tradition. Die Entwicklung verlief (und verläuft) ›parallel‹ zu den klassischen Therapieschulen Psychoanalyse/Tiefenpsychologie, Personzentrierte Psychotherapie, Verhaltenstherapie und Systemische Therapie (vgl. zu den Grundlinien im Vergleich Gahleitner et al., 2011; Fröhlich-Gildhoff, 2017).

Aus einer therapieschulenübergreifenden Perspektive ist der zentrale Ausgangspunkt der Kinder- und Jugendlichenpsychotherapie der (empirisch gut bestätigte) Grundgedanke, dass seelische Prozesse ihre Wurzeln in frühen Beziehungserfahrungen und nicht gelingenden Bewältigungen von Entwicklungsaufgaben, Konflikten oder aktuellen Anforderungen haben. Folglich hat Psychotherapie die Aufgabe, neue entwicklungsförderliche Beziehungserfahrungen zu ermöglichen, Gelegenheiten zum Verstehen und Verarbeiten nicht bewältigter Konflikte und Erlebnisse zu geben sowie neue Entwicklungsräume – auch zum Ausprobieren neuer Bewältigungsformen – zu eröffnen. Die therapeutische Beziehung wird so als zentrale Grundlage des therapeutischen Prozesses und als ›Hintergrundfolie‹ jeglicher Interventionen gesehen. Kennzeichen einer solchen entwicklungsförderlichen Beziehungsgestaltung im geschützten Rahmen sind (vgl. Fröhlich-Gildhoff 2013, 2017):

- das Ausstrahlen von *Kompetenz*, das Sicherheit vermittelt;
- *Kongruenz*, unbedingte positive *Wertschätzung und Akzeptanz*;
- *Empathie* und *Feinfühligkeit*;

- *Sensibilität für die Regungen* des Patienten und entsprechende, auch nonverbale Begleitung;
- das *Da-Sein für den Patienten*, »ohne ihn zu dominieren« (Grawe, 1998, S. 537);
- »verständnisvoll gewährend sein, aber gleichzeitig führend und *strukturierend*, wenn der Patient Unterstützung braucht« (ebd.);
- gezielte *Co-Regulation* affektiver Zustände;
- das Einnehmen einer *ressourcenfördernden* und *-aktivierenden* Haltung.

Ein wichtiger Gesichtspunkt ist die reflektierte Passung des Therapieangebots zwischen den beteiligten Personen (Kind, TherapeutIn, Eltern), aber auch zwischen dem Therapiekonzept des/der TherapeutIn und den Bedürfnissen und Problemlagen des Kindes (vgl. Fröhlich-Gildhoff, 2017).

Das zentrale Medium zumindest in der Kinderpsychotherapie ist das Spiel: Das Spiel ist die bedeutsamste Ausdrucksmöglichkeit, die »Sprache« (Zulliger, 1990) des Kindes.

> »Handlungsebene ist in erster Linie das freie Spiel: Es ist das Medium, in dem das Kind sich vorwiegend ausdrückt und seine innere Wirklichkeit inszeniert. Im Spiel werden die mit der jeweiligen Situation einhergehenden Gefühle wieder erlebt und so einer Bearbeitung zugänglich gemacht: Konflikte und traumatische Ereignisse werden auf der Spielebene dargestellt, wiederholt und verändert, bis das Kind sie in sein Selbstbild integrieren kann. Indem die Therapeutin die Gefühle des Kindes – sowohl die verbalen wie die non-verbalen – empathisch aufgreift, hilft sie dem Kind, sich mit so unterschiedlichen Gefühlen wie Wut, Schmerz, Traurigkeit und Scham wahrzunehmen, sich zu verstehen und damit umgehen zu können. Im Probehandeln werden eigene Lösungen und Antworten gesucht, so wird Vergangenheit bewältigt und Zukunft vorweggenommen« (Weinberger, 2010, S. 36).

Die Interventionen der TherapeutInnen erfolgen verbal und auf der Spielebene, sie geben Resonanz auf die Selbst- und Lebensäußerungen des Kindes und ermöglichen ihm die Aktivierung eigener Ressourcen, die innere Klärung und Überwindung innerpsychischer Spannungen und Konflikte. Dabei müssen KindertherapeutInnen immer ›Übersetzungsarbeit‹ leisten: Sie müssen das Kind in seiner spielerischen, symbolhaften Sprache verstehen und ›einordnen‹ und dann wieder verbal oder auf der Spielebene antworten. Das

> »Übersetzen ist oft gleichbedeutend mit einer Transformation unbewusster Inhalte in Bewusstes, es trägt somit auch zur besseren Verankerung neuer Erfahrungsinhalte bei. Der Therapeut bewegt sich also immer auf zwei Ebenen gleichzeitig: einmal auf der Realebene, zum andern auf der Spiel- bzw. Symbolebene. Damit verbunden sind auch mehrere Rollen: Der Therapeut ist einerseits ein in der Realität verankerter Erwachsener, der Orientierung bietet, er ist aber auch immer Spielpartner bzw. Mithandelnder auf der Symbolebene« (Fröhlich-Gildhoff et al., 2004, S. 179).

Oftmals werden sehr hohe Erwartungen von Eltern, aber auch anderen Außenstehenden – wie eben den PädagogInnen in den Bildungsinstitutionen – an eine Kinderpsychotherapie gestellt: Alle eigenen Versuche, das Verhalten des Kindes zu ändern, haben nicht gewirkt, das Leiden von Kind und Personen in seiner Umwelt ist deutlich und oft groß. Daher besteht der verständliche Wunsch nach schnellen Veränderungen – am besten ohne weitere Veränderungen im System Familie oder in den Abläufen der Institution. Diesem Wunsch kann meistens nicht entsprochen werden: Sehr deutlich herausfordernde Verhaltensweisen von Kindern in externalisierender (nach außen gerichteter) wie internalisierender (nach innen gerichteter) Form sind zum einen in einem längeren Prozess entstanden, zum anderen weisen sie auf die Not des Kindes hin, auf nicht befriedigte bzw. verletzte seelische Grundbedürfnisse (▶ Kap. 2). Diese Verhaltensweisen sind daher in Form von ›Symptomen‹ verfestigt und haben sich verselbständigt – sie sind nicht schnell ›aufzulösen‹. Sie sind auch nicht veränderbar, wenn die Personen im Umfeld des Kindes selbst keine Veränderungsbereitschaft zeigen.

Die *Finanzierung* der Kinder- und Jugendlichenpsychotherapie erfolgt i. d. R. über die Krankenkassen – wenn die Therapie bei einem/r approbierten Psychologischen PsychotherapeutIn bzw. Kinder- und JugendlichenpsychotherapeutIn durchgeführt wird, der/die über eine Kassenzulassung verfügt. Nach i. d. R. fünf sogenannte probatorischen Sitzungen, die insbesondere der Diagnostik dienen, kann eine Kurzzeittherapie (25 Sitzungen) oder Langzeittherapie (je nach Verfahren bis 150 Sitzungen) beantragt werden; zusätzlich können Kontingente für die begleitende Zusammenarbeit mit den Bezugspersonen beantragt werden.

> **Weiterführende Literatur**
>
> Weinberger, S. (2010). *Kindern spielend helfen. Eine personzentrierte Lern- und Praxisanleitung.* Weinheim: Beltz.
> In diesem Buch werden Begründungen und Grundlagen der Kinderpsychotherapie, insbesondere der Spieltherapie, systematisch dargestellt. Ausgangspunkt ist dabei eine humanistische, moderne personzentrierte Sicht; dabei werden auch die Ansätze anderer Therapieschulen integriert und ein störungsspezifisches therapeutisches Vorgehen für verschiedene Auffälligkeiten beschrieben.

7.2.6 (Kinder- und Jugendlichen-)ÄrztInnen, Kinder- und JugendlichenpsychiaterInnen

Wichtige Kooperationspartner beim Vorliegen deutlich herausfordernder Verhaltensweisen sind (Kinder- und Jugendlichen-)ÄrztInnen, bei älteren Kindern (ab fünf Jahren) auch Kinder- und JugendlichenpsychiaterInnen. Die KinderärztInnen haben das Kind und seine Familie zumeist im Rahmen der Vorsorgeuntersuchungen (›U-Untersuchungen‹) über einen langen Zeitraum begleitet und kennen daher seine Entwicklung, manchmal auch die der Familie. Sie verfügen zudem über spezifische diagnostische Möglichkeiten, auch um Entwicklungs-›Abweichungen‹, z. B. bei der Hör- oder Sehfähigkeit, bei motorischen Fähigkeiten etc. feststellen zu können. In manchen Fällen resultieren kindliche Verhaltensweisen aus (nicht erkannten) körperlichen Ursachen oder drücken sich in körperlichen Symptomen aus; so zeigen manche Kinder ihre Ängste über häufige Bauch- und Kopfschmerzen, ohne dass sie zunächst über diese zugrunde liegenden Ängste sprechen können.

KinderärztInnen (oder HausärztInnen) sind gleichfalls verantwortlich, wenn es um die ›Verordnung‹ von unterstützenden Therapien wie Logopädie oder Ergotherapie geht.

Es gibt also vielfältige Anlässe, ja Notwendigkeiten, bei längerem Auftreten von herausforderndem Verhalten eines Kindes die Eltern auch zum Aufsuchen einer/s KinderärztIn zu motivieren, und – unter Wahrung der Schweigepflicht! – mit diesen zu kooperieren.

Auch wenn es eine Reihe positiver Beispiele für derartige Kooperationen gibt – so berichtet bspw. Braun (2006) über den systematischen Austausch von Kita-Fachkräften und KinderärztInnen anlässlich der U-Untersuchungen – sind diese nicht immer ganz einfach zu realisieren: So stellen Zeit- und Kostenfragen (wer bezahlt die Kinderärztin, wenn sie während ihrer eigentlichen Sprechstunde zum Gespräch in die Kita geht) ein Hindernis dar, manchmal aber auch reale oder vermutete Statusunterschiede (Rönnau-Böse, 2013). Dennoch sollte die entsprechende Zusammenarbeit zum Wohle des Kindes und seiner Entwicklung ausgebaut werden.

Schweigepflicht und Datenschutz – eine Bemerkung

Schweigepflicht und Datenschutz können gleichfalls ein Kooperationshindernis darstellen. Manchmal wollen Eltern keine Einverständniserklärung geben, manchmal haben Professionelle aus sich heraus Vorbehalte, ihr Wissen über ein Kind oder Familie weiterzugeben. In Deutschland hat das ›Reden über …‹ im professionellen Zusammenhang allerdings eine große Tradition. Andere Länder verfolgen andere Strategien; so werden bspw. in Kanada alle Gespräche von Professionellen, jeder Austausch nur mit den Betroffenen nach dem Prinzip ›nothing about us without us‹ gestaltet. Aus verschiedenen Untersuchungen ist seit Langem bekannt, dass die erlebte und gelebte Partizipation einen wesentlichen Faktor für die Akzeptanz und den Erfolg einer Hilfe darstellt (bspw. in der Jugendhilfe: Schneider et al., 1999; Lenz, 2001). Daher wäre zu bedenken, dieses Prinzip des radikalen Einbezugs der KlientInnen/Betroffenen konsequent umzusetzen – dann gibt es auch keinerlei Probleme mit dem Datenschutz. Im Bereich der Frühförderung liegen vielfältige positive Erfahrungen der ›Runden Tische‹, der Hilfeplanung mit den Betroffenen, vor.

8 Zusammenführende Rückbetrachtungen

Das zentrale Ziel des vorliegenden Buches besteht darin, die Kompetenzen pädagogischer Fachkräfte in Kindertageseinrichtungen und Grundschulen im Umgang mit Kindern zu stärken, durch deren Verhalten sie sich in besonderer Weise herausgefordert fühlen. Schon diese – sprachlich etwas sperrige – Positionierung drückt die Grundintention aus: Verhaltensweisen werden in interaktionellen Prozessen zu Herausforderungen. Dies bedeutet auch, dass professionelle Fachkräfte, PädagogInnen in Kindertageseinrichtungen sowie LehrerInnen sich als Person mit dem Gegenüber und den gemeinsam gestalteten Interaktionsprozessen reflexiv auseinandersetzen müssen. Damit wird in besonderer Weise die Verantwortung der Professionellen für ihr eigenes Handeln angesprochen: Der Anspruch besteht darin, sich auf die komplexen Person-zu-Person-Prozesse einzulassen und nicht vorschnell Verhalten als ›auffällig‹ oder ›gestört‹ zu etikettieren.

In diesem Sinne ist dieses Buch mit dem hier vorgestellten Ansatz eine *Zu*-Mutung, zugleich eine *Er*-Mutigung zur Selbstauseinandersetzung und eigenen professionellen Weiterentwicklung. Im Kern wird dabei immer wieder der ›Kreislauf professionellen Handelns‹ (▸ Abb. 8) angesprochen, ein systematisches Vorgehen, das darin besteht, Verhalten zu beobachten, dann zu analysieren und zu verstehen. Auf dieser Grundlage kommt es zu einer Handlungsplanung, zu einem Umsetzen in direktes Handeln und dann zu einer Überprüfung der Handlungsergebnisse.

Dieses systematische Vorgehen ist selbst eine Herausforderung; es geht nicht darum, einfach vom Beobachten im Sinne einer ›Abkürzungspädagogik‹ direkt zum Handeln zu kommen. Ausgangspunkt ist das sorgfältige Beobachten unter Einschluss des Beachtens der Subjektivität der eigenen Wahrnehmung: Dafür ist es wichtig, sich mit dem jeweiligen Kind – und seinen Umgebungsbedingungen, vor allen Dingen seiner Familie – ins Verhältnis zu setzen. Es geht zugleich darum, die eigenen Reaktionen und deren Gewordenheit in diesem Beobachtungsprozess zu reflektieren. Damit verbunden sind Fragen des eigenen professionellen, aber auch ethischen Grundverständnisses: Stehen das Kind und seine (manchmal auch nicht gelebten) Bedürfnisse im Mittelpunkt oder sollen die eigenen Orientierungen ›durchgesetzt‹ oder die Ansprüche und Regeln der jeweiligen Gruppe oder Institution gesichert werden? Diese Fragen sind situativ immer wieder neu zu stellen und zu beantworten. Im vorliegenden Buch werden Positionierungen im Sinne eines humanistischen Grundverständnisses vorgenommen: Der je einzelne Mensch ist in seiner Würde zu (be-)achten und dem einzelnen Menschen und besonders den Kindern sind je individuelle Entwicklungsmöglichkeiten zu eröffnen. Dem widerspricht nicht, dass im Miteinander, z. B. in der Schulklasse oder in der Kitagruppe, gegenseitige Rücksichtnahme und Wertschätzung gelebt werden sollen und dies zugleich eine bedeutsame Orientierung darstellt.

Mit dem systematischen Vorgehen, insbesondere mit dem notwendigen Verstehen des Kindes, werden auch professionelle Kompetenzen der jeweiligen pädagogischen InteraktionspartnerInnen herausgefordert: Sie müssen ihr Wissen um Entwicklungsbedingungen aktualisieren und je individuell adaptieren; sie müssen Beobachtungskompetenzen zeigen und sie müssen entsprechende Verfahren sowie Planungskompetenzen realisieren. Nicht zuletzt müssen sie eigene Handlungsfertigkeiten umsetzen oder erweitern. Auch dies ist anstrengend – anstrengender, als auf einfache Lösungen im Sinne von: »Er hat gegen die Regel verstoßen, deswegen muss er die Konsequenzen tragen« umzusetzen.

Letztlich geht es auch darum, mit der Komplexität, die jeder Verhaltensweise zugrunde liegt, umzugehen. Es ist notwendig, *weiter* zu fragen und sich nicht mit einfachen Erklärungen zufrieden zu geben. Ein typisches Beispiel ist die immer wieder zu hörende Aussage: »Der verhält sich so, weil er bloß Aufmerksamkeit will.« Diese Aussage ist eine Scheinerklärung, es muss verstanden werden, *warum* das Kind Aufmerksamkeit haben möchte. Dazu ist es nötig, Hypothesen zu bilden und diese zu überprüfen, oftmals reichen einfache Erklärungen nicht aus.

Ebenso sind die Aufmerksamkeit und Achtsamkeit der Fachkräfte gefordert: Vielfach stehen, wie dargestellt, die ›lauten‹ und ›wilden‹ Kinder im Mittelpunkt, sie machen besondere Sorgen. Darüber werden oft die besonders ›stillen‹ Kinder übersehen – doch auch diese stellen eine Risikogruppe für die Entwicklung späterer seelischer Erkrankungen dar; auch sie bedürfen der (Be-)Achtung.

Im pädagogischen Handeln, in der Begegnung mit den Kindern, deren Verhalten als herausfordernd erlebt wird, gibt es keine Standards. Es gibt vielleicht Orientierungen, Erfahrungen aus anderen ›Fällen‹. Letztendlich müssen aber für jedes Kind die je individuellen Antworten bzw. Lösungen gefunden werden; es geht um individualisierte Bildungsplanung. Diese Grundorientierung stimmt überein mit Ansätzen einer modernen Früh- oder Grundschulpädagogik. Sie sind allerdings schwieriger umzusetzen als eine ›Mittelwertpädagogik‹ bei der für alle Kinder das gleiche Angebot gemacht wird, die gleiche Anforderung gesetzt oder immer die gleiche Regel für alle aufgestellt wird.

In der Begegnung mit dem Kind kommt es also darauf an, passgenau an seinem Entwicklungsstand und seinen Bedürfnissen anzusetzen. Von der Struktur her ist der Unterschied zwischen der Förderung motorischer Kompetenzen – z. B. der kleinteiligen Unterstützung beim Treppensteigen – und der Unterstützung der Entwicklung sozial-emotionaler Kompetenzen – z. B. beim Aufbau der Selbstregulation – unwesentlich.

Eine besondere Herausforderung ist oft auch die Zusammenarbeit mit Eltern, deren Kinder ein Verhalten zeigen, das für sie selbst oder andere zu einer Belastung wird. Für Eltern stellt es immer eine potenzielle Kränkung dar, wenn sie erleben oder gar von anderen hören, dass ihr Kind ›nicht richtig‹ ist – sie fühlen sich dann in ihrem Selbstwert als gute Eltern bedroht und werden sich entsprechend wehren. Eine Möglichkeit des Selbstschutzes besteht darin, dieses Verhalten des Kindes zu leugnen oder den/die ÜberbringerIn der ›schlechten‹ Botschaft anzugreifen, ihre Kompetenz in Frage zu stellen. Für die pädagogische Fachkraft geht es darum, die

Balance zu halten zwischen einem sensiblen Zugang einerseits, das Bemühen der Eltern wertzuschätzen, und *zugleich* die Not des Kindes zu verdeutlichen und dabei in Ruhe die eigene professionelle Sicht darzustellen und nicht aufzugeben. So muss mit der Gefahr der dargestellten ›Kränkungsspirale‹ umgegangen und nicht darauf eingestiegen werden. Oftmals sind auf dieser Ebene nur kleine Schritte möglich. Es ist sinnvoll diese zu gehen – es sei denn, das Kindeswohl ist massiv gefährdet. Die Erfahrung und alle Studien zeigen, dass das Ringen um den Einbezug und die Partizipation der Eltern wichtiger ist als das ›Rechthaben‹.

Eine wesentliche Fähigkeit in der Begegnung mit Kindern und Eltern mit herausfordernden Verhaltensweisen ist Geduld. Diese Geduld ist auch nötig im Kontakt mit dem Kind. Erst wenn es wirklich (Beziehungs-)Sicherheit erlebt, kann es zu einer ersten ›Beruhigung‹ kommen. Nur wenn Menschen sich sicher erleben, sind sie offen für Veränderungen.

Zum pädagogischen Prozess gehört es weiterhin, die Wirkung des eigenen Handelns zu überprüfen. Dabei ist es selten so, dass sich schnelle Erfolge einstellen (z. B. dass sich das Verhalten eines Kindes sofort ändert). Es wird eher darauf ankommen die kleinen Schritte zu sehen und, wenn sich diese nicht zeigen, Strategien zu ändern.

Zur eigenen seelischen Gesunderhaltung der Fachkräfte ist es wichtig, dass das Kind und seine Verhaltensweisen im Lebens- und Gefühlsalltag der Fachkraft nicht überwertig werden, dass auch immer wieder positive Erfahrung in der Aktion mit anderen Kindern und Eltern gesehen werden. In diesem Zusammenhang ist es besonders wichtig, die eigenen Grenzen rechtzeitig zu erkennen und besonders für sich auch anzuerkennen. Es wurde bereits beschrieben: Professionalität besteht nicht darin, alle Probleme lösen zu können, sondern zu erkennen, wann die eigenen Fähigkeiten nicht ausreichen, um mit beobachtetem Verhalten und/oder Schwierigkeiten in der Interaktion so umzugehen, dass sich für beide Beteiligte Entwicklungsfortschritte ergeben. Um die eigenen Grenzen zu erkennen, ist der Austausch mit den KollegInnen und anderen beteiligten Institutionen besonders wichtig; eine besondere Verantwortung hat hier die Leitung.

In der Begegnung und Beantwortung von Verhaltensweisen, die herausfordernd wirken, kann allerdings, auch wenn dies bisher im Fokus stand, nicht die einzelne Fachkraft in der Kita oder der/die einzelne LehrerIn alleine die Verantwortung tragen. Es geht im Gegenteil darum, die einzelne PädagogIn nicht alleinzulassen, sondern ihr klare institutionelle Unterstützung zukommen zu lassen. Auch hier gilt: Nur, wenn die Fachkraft sich sicher und unterstützt fühlt, kann sie sich aus eigener Sicherheit auf das Kind und die sich stellenden Herausforderungen einlassen. Um die Belastung zu reduzieren, ist es wichtig, sich im Team systematisch über Beobachtungen auszutauschen, Handlungsstrategien abzusprechen und Unterstützung durch die Leitung zu organisieren.

So ist es sinnvoll, im Rahmen von Qualitätsentwicklungsprozessen eine Prozessbeschreibung zu erstellen, in der das Vorgehen zur Unterstützung der zuständigen Fachkraft – und des Kindes! – beschrieben sind. In einer solchen Prozessbeschreibung sollte festgehalten werden, an wen sich die Fachkraft wendet, wenn sie sich durch das Verhalten eines Kindes besonders herausgefordert erlebt bzw. wenn sie das Kind in seinen Handlungen und Gefühlsäußerungen nicht versteht; an dieser Stelle muss die Leitung in jedem Fall als Ansprechpartner zur Verfügung stehen.

Ebenso sind weitere Handlungsschritte zu formulieren: Wie (Wer? Mit welchen Methoden?) wird in diesem Fall systematisch beobachtet? Wann erfolgt eine Team-Fallbesprechung? Wer spricht dann die Eltern an? Welche externen Fachkräfte können für eine Fallberatung (ggf. anonymisiert) der Fachkraft/des Teams hinzugezogen werden? An wen können die Eltern unkompliziert verwiesen werden? Was passiert, wenn nach einem längeren Prozess des geplanten kooperativen Handelns sich keine Veränderungen einstellen und es deutlich wird, dass die fachlichen Möglichkeiten der Kita oder Schule nicht ausreichen?

Damit ein professioneller Reflexions- und Unterstützungsprozess möglich werden kann, sind allerdings auch ausreichend gute Rahmenbedingungen wichtig: Dies betrifft Gruppengrößen, Fachkraft-Kind-Relationen, Zeitkontingente für Reflexion und Eltern- wie externe Kooperationsgespräche sowie Möglichkeiten und Gelegenheiten zur Weiterbildung und Supervision. Hier liegt eine große Verantwortung des Kita- oder Schulträgers!

Insgesamt wird deutlich: Für die professionelle pädagogische Begegnung mit Kindern, deren Verhalten als herausfordernd empfunden wird, gibt es keine Rezepte. Die Fachkraft und das Team müssen sich selbstreflexiv mit der Herausforderung auseinandersetzen und nach gründlicher Analyse Begegnungsmöglichkeiten erproben, die für das je einzelne Kind und sein soziales Umfeld passen. Oft bedeutet dies, sich auf einen längeren Prozess systematischen Handelns einzulassen, verschiedene Vermutungen zu überprüfen und Geduld zu zeigen.

Abschließend muss betont werden: In diesem Schlusskapitel werden, wie an vielen Stellen des Buches, Anforderungen an Fachkräfte, aber auch an Teams und Institutionen gestellt. Dies kann als zusätzliche Belastung empfunden werden. Die Selbst-Auseinandersetzung mit sich als Person, dem eigenen Handeln und den komplexen Beziehungsgeflechten ist anstrengend. Andererseits, so zeigt sich deutlich in den Auswertungen des schon im Vorwort dargestellten Projektes zu den Weiterbildungen für Kindertageseinrichtungsteams im Umgang mit herausfordernden Verhaltensweisen, führt ein systematisches und reflektiertes Vorgehen zumindest mittelfristig zu einer Entlastung und höherer Arbeitszufriedenheit.

Literaturverzeichnis

Achenbach, T. M. (1991). *Manual for the Child Behavior Checklist/4–18 and 1991 Profile.* Berlington, VT: University of Vermont, Department of Psychiatry.
Ahnert, L. (2010*). Wieviel Mutter braucht ein Kind? Bindung – Bildung – Betreuung: öffentlich und privat.* Heidelberg: Spektrum.
Aich, G. & Behr, M. (2016). *Gesprächsführung mit Eltern in der Kita.* Weinheim und Basel: Beltz Juventa.
Ainsworth, M. D. S. (1977). Skalen zur Erfassung mütterlichen Verhaltens: Feinfühligkeit versus Unempfindlichkeit gegenüber den Signalen des Babys. In: K. E. Grossmann (Hrsg.), *Entwicklung der Lernfähigkeit.* (S. 96–107). München: Kindler.
Ainsworth, M. D. S., Blehar, M. C., Waters, E. & Wall, S. (1978). *Patterns of Attachment: A Psychological Study of the Strange Situation.* Hillsdale, NJ: Erlbaum.
Albers, T. (2012). Kinder mit Behinderungen in Krippe und Kita – von der Integration zur Inklusion. In: T. Albers et al. (Hrsg.). *Vielfalt von Anfang an. Inklusion in Krippe und Kita.* Freiburg: Herder.
Albers, T. et al. (Hrsg.) (2012). Vielfalt von Anfang an. Freiburg: Herder.
Albers, T. et al. (2016). *Handbuch Inklusive Kindheit.* Leverkusen: Budrich (i. V.).
Arbeitsgruppe Deutsche Child Behavior Checklist (1998). *Elternfragebogen über das Verhalten von Kindern und Jugendlichen. Deutsche Bearbeitung der Child Behavior Checklist (CBCL/4–18). Einführung und Anleitung zur Handauswertung mit deutschen Normen*, bearb. von M. Döpfner, J. Plück, S. Bölte, K. Lenz, P. Melchers & K. Heim. 2. Aufl. Köln: Arbeitsgruppe Kinder-, Jugend- und Familiendiagnostik (KJFD).
Aßhauer, M., Burow, F. & Hanewinkel, R. (1999). *Fit und stark fürs Leben. 3. und 4. Schuljahr. Persönlichkeitsförderung zur Prävention von Aggression, Stress und Sucht.* Stuttgart: Ernst Klett.
Bandura, A. (Hrsg.) (1995*). Self-Efficacy in Changing Societies.* Cambridge: Cambridge University Press.
Bandura, A. (1997). *Self-Efficacy: The Exercise of Control.* New York: Freeman.
Barnow, S. (2012). Emotionsregulation und Psychopathologie. Ein Überblick. *Psychologische Rundschau*, 63 (2), S. 111–124.
Baumrind, D. (2008). Authoritative Parenting for Character and Competence. In: D. Streight (Hrsg.). *Parenting for Character: Five Experts, Five Practices.* (S. 17–32). Oregon: CSEE.
Baer, U. (2008). *Gefühlssterne, Angstfresser, Verwandlungsbilder.* Neukirchen-Vluyn: Affenkönig.
Beelmann, A. (2006). Wirksamkeit von Präventionsmaßnahmen bei Kindern und Jugendlichen: Ergebnisse und Implikationen der integrativen Erfolgsforschung. *Zeitschrift für klinische Psychologie und Psychotherapie*, 35 (2), S. 151–162.
Beelmann, A. & Lösel, F. (2007). Entwicklungsbezogene Prävention dissozialer Verhaltensprobleme: Eine Meta-Analyse zur Effektivität sozialer Kompetenztrainings. In: W. von Suchodoletz (Hrsg.), *Prävention von Entwicklungsstörungen.* (S. 235–258). Göttingen: Hogrefe.
Beelmann, A. & Schmitt, C. (2012). Einflussfaktoren auf die Effektivität. In: M. Fingerle & M. Grumm (Hrsg.), *Prävention von Verhaltensauffälligkeiten bei Kindern und Jugendlichen.* (S. 120–142). München: Reinhardt.
Beher, K. & Walter, M. (Hrsg.) (2012). *WiFF-Studien. Bd. 15: Qualifikation und Weiterbildung frühpädagogischer Fachkräfte: Bundesweite Befragung von Einrichtungsleitungen*

und Fachkräften in Kindertageseinrichtungen: Zehn Fragen – Zehn Antworten. München: DJI.
Beller, E. & Beller, S. (2010). *Kuno Bellers Entwicklungstabelle. Modifizierte Fassung vom Juli 2000.* 9. Aufl. Berlin: Freie Universität Berlin.
Bengel, J., Meinders-Lücking, F. & Rottmann, N. (2009): *Schutzfaktoren bei Kindern und Jugendlichen. Stand der Forschung zu psychosozialen Schutzfaktoren für Gesundheit.* (Forschung und Praxis der Gesundheitsförderung, Bd. 35). Köln: Bundeszentrale für gesundheitliche Aufklärung (BZgA).
Bennewitz, H. & Wegner, L. (2015). »Da hast du dich irgendwie gar nicht gemeldet«: Die Aushandlung von Verantwortungsübernahme in Elternsprechtagsgesprächen. *Zeitschrift für Soziologie der Erziehung und Sozialisation,* 35 (1), S. 86–106.
Bensel J. & Haug-Schnabel, G. (.2012). *Einschätzskala Kindeswohlgefährdung in Kindertageseinrichtungen.* Online verfügbar unter: http://www.kvjs.de/fileadmin/dateien/jugend/kinderschutz/KiWo_skala/Kopiervorlagen_KiWo_Skala.pdf.
Berg, D. & Tisdale, T. (2004). *Verhaltensauffälligkeiten bei Grundschulkindern. Eine elektronische Publikation einer epidemiologischen Studie.* Otto-Friedrich-Universität Bamberg. Online verfügbar unter: http://www.ub.uni-bamberg.de/elib/volltexte/2004/8.html.
Berk, L. E. (2005). *Entwicklungspsychologie.* 3., aktual. Aufl. München: Pearson-Studium.
Booth, T., Ainscow, M. & Kingston, D. (2006). *Index für Inklusion (Tageseinrichtungen für Kinder).* Dt. Übers.: T. Hermann. Hrsg. der deutschsprachigen Fassung: Gewerkschaft Erziehung und Wissenschaft (GEW). Frankfurt am Main: GEW.
Braun, A. K., Bock, J., Gruss, M., Helmeke, C., Ovtscharoff jr., W., Schnabel, R., Ziabreva, I. & Poeggel, G. (2002). Frühe emotionale Erfahrungen und ihre Relevanz für die Entstehung und Therapie psychischer Erkrankungen. In: B. Strauss, A. Buchheim & H. Kächele (Hrsg.). *Klinische Bindungsforschung: Methoden und Konzepte* (S. 121–128). Stuttgart: Schattauer.
Braun, U. (2006). Die Zukunft der Kitas sind Familienzentren! *Kita aktuell NRW,* 2, S. 31–34.
Bree, S. (2012). Inklusion als kreativer Dialog mit Menschen und Dingen – auf dem Weg zu einer inklusiven Didaktik. In: T. Albers et al. (Hrsg.). *Vielfalt von Anfang an. Inklusion in Krippe und Kita.* (S. 91–106) Freiburg: Herder.
Brisch, K.-H. (1999). *Bindungsstörungen. Von der Bindungstheorie zur Therapie.* Stuttgart: Klett-Cotta.
Brisch, K.-H. (2004). Der Einfluss von traumatischen Erfahrungen auf die Neurobiologie und die Entstehung von Bindungsstörungen. *Psychotraumatologie und Medizinische Psychologie,* 2. (S. 29–44).
Brisch, K-H. (2007). Prävention von emotionalen und Bindungsstörungen. In: W. von Suchodoletz (Hrsg.). *Prävention von Entwicklungsstörungen.* (S. 167–181). Göttingen: Hogrefe.
Bronfenbrenner, U. (1981*). Die Ökologie der menschlichen Entwicklung. Natürliche und geplante Experimente.* Stuttgart: Klett-Cotta.
Brügelmann, H. (2002). Heterogenität, Integration, Differenzierung: empirische Befunde – pädagogische Perspektiven. In: F. Heinzel & A. Prengel (Hrsg.). *Heterogenität, Integration und Differenzierung in der Primarstufe. Jahrbuch Grundschulforschung, Bd. 6.* Leverkusen: Leske und Budrich.
Büssing, A. (1995). Organisationsdiagnose. In: H. Schuler (Hrsg.). *Lehrbuch Organisationspsychologie.* 2. korrigierte Aufl. (S. 445–479). Bern: Huber.
Casey, T. (2011). Die Rolle des Erwachsenen bei der Förderung des integrativen Spiels. In: M. Kreuzer & B. Ytterhus (Hrsg.). *Dabeisein ist nicht alles. Inklusion und Zusammenleben im Kindergarten.* 2. Aufl. (S. 219–238). München und Basel: Reinhardt.
Cierpka, M. (Hrsg.) (2004). *Faustlos. Ein Curriculum zur Prävention von aggressivem und gewaltbereitem Verhalten bei Kindern der Klassen 1 bis 3.* Göttingen: Hogrefe.
Cloos, P. (2008). *Die Inszenierung von Gemeinsamkeit. Eine vergleichende Studie zu Biografie, Organisationskultur und beruflichem Habitus von Teams in der Kinder- und Jugendhilfe.* Weinheim und München: Juventa.

Cloos, P. & Becker-Stoll, F. (2015). Inklusion und Frühpädagogik. Inhaltliche Einführung. In: I. Nentwig-Gesemann, K. Fröhlich-Gildhoff, F. Becker-Stoll & P. Cloos (Hrsg.). *Forschung in der Frühpädagogik VIII. Schwerpunkt: Inklusion.* Freiburg: FEL.

Costello, E. J., Copeland, W. & Angold, A. (2011). Trends in Psychopathology across the Adolescent Years: What Changes When Children Become Adolescents, and When Adolescents Become Adults? *Journal of Child Psychology and Psychiatry*, 52 (10), S. 1015–1025.

Cremerius J. (1979). Gibt es zwei psychoanalytische Techniken? *Psyche – Z Psychoanal*, 33, S. 577–599.

Crick, N. R. & Dodge, K. A. (1994). A Review and Reformulation of Social Information Processing Mechanisms in Children's Social Adjustment. *Psychological Bulletin*, 115, S. 74–101.

Daublebsky, B. & Lauble, S. (2006). *Eine Handreichung für die Praxis. Der Klassenrat als Mittel demokratischer Schulentwicklung.* Online verfügbar unter: http://www.pedocs.de/volltexte/-2009/555/pdf/BW_Klassenrat.pdf [14.09.2016].

Deutsches Jugendinstitut e. V. (2011). *Zusammenarbeit mit Eltern. Grundlagen für die kompetenzorientierte Weiterbildung. Ein Wegweiser der Weiterbildungsinitiative Frühpädagogische Fachkräfte (WiFF).* Online verfügbar unter: http://www.weiterbildungsinitiative.de/uploads/media/WiFF_Wegweiser_3_Zusammenarbeit_mit_Eltern_Internet.pdf [14.09.2016].

Dieck, R. van & West, M. (2013). *Teamwork, Teamdiagnose, Teamentwicklung.* 2. Aufl. Göttingen: Hogrefe.

Ditzen, B. & Heinrichs, M. (2007). Psychobiologische Mechanismen sozialer Unterstützung. Ein Überblick. *Zeitschrift für Gesundheitspsychologie*, 15 (4), S. 143–157.

Dodge, K. A., Dishion, T. J. & Lansford, J. E. (2006): Findings and Recommendations: A Blueprint to Minimize Deviant Peer Influence in Youth Interventions and Programs. In: K. A. Dodge, T. J. Dishion & J. E. Lansford (Hrsg.). *Deviant Influences in Programs for Youth: Problems and Solutions.* (S. 366–394). New York: Guilford.

Döpfner, M. & Petermann, F. (2012). *Diagnostik psychischer Störungen im Kindes- und Jugendalter.* 3., überarb. Aufl. Göttingen: Hogrefe.

Döpfner, M., Plück, J. & Kinnen, C. (Arbeitsgruppe Deutsche Child Behavior Checklist) (2014). *Deutsche Schulalter-Formen der Child Behavior Checklist von Thomas M. Achenbach. Elternfragebogen über das Verhalten von Kindern und Jugendlichen (CBCL/6–18R), Lehrerfragebogen über das Verhalten von Kindern und Jugendlichen (TRF/6–18R), Fragebogen für Jugendliche (YSR/11–18R).* Göttingen: Hogrefe.

Dornes, M. (2009). *Der kompetente Säugling.* 14. Aufl. Frankfurt am Main: Fischer.

Durlak, J. A. (2003). Generalizations Regarding Effective Prevention and Health Promotion Programs. In: T. P. Gullotta & M. Bloom (Hrsg.). *The Encyclopedia of Primary Prevention and Health Promotion.* (S. 61–69). New York: Kluwer Academic/Plenum.

Dusolt, H. (2008). *Elternarbeit als Erziehungspartnerschaft.* Weinheim und Basel: Beltz.

Eckert, M. (2013). *Formen der Diagnose und Förderung: Eine mehrperspektivische Analyse zur Praxis pädagogischer Fachkräfte in der Grundschule.* Münster: Waxmann.

Erickson, M. F. & Egeland, B. (2006). Die Stärkung der Eltern-Kind-Bindung. *Frühe Hilfen für die Arbeit mit Eltern von der Schwangerschaft bis zum zweiten Lebensjahr des Kindes durch das STEEP^{TM} -Programm.* Stuttgart: Klett-Cotta.

Essau, C. A. & Conradt, J. (2004). *Aggression bei Kindern und Jugendlichen.* München und Basel: Reinhardt.

Faller, H. (2010). Sozialpsychologische Modelle. In: H. Faller, H. Lang & S. Brunnhuber (Hrsg.). *Medizinische Psychologie und Soziologie [nach neuem GK].* 3., vollst. neu bearb. Aufl. (S. 40–44). Berlin: Springer.

Feldmann, R. (2006). Psychopathologie von FASD bei Kindern und Jugendlichen. In: R. L. Bergmann, H. L. Spohr, J. W. Dudenhausen (Hrsg.). *Alkohol in der Schwangerschaft – Häufigkeit und Folgen.* (S. 93–101). München: Urban und Vogel.

Fingerle, M. (2011). Resilienz deuten – Schlussfolgerungen für die Prävention. In: M. Zander (Hrsg.). *Handbuch Resilienzförderung.* (S. 208–218). Wiesbaden: VS.

Fingerle, M. & Grumm, M. (Hrsg.) (2012). *Prävention von Verhaltensauffälligkeiten bei Kindern und Jugendlichen. Programme auf dem Prüfstand.* München: Reinhardt.
Fingerle, M., Grumm, M. & Hein, S. (2012). Ein etwas anderes Buch über Präventionsprogramme zum Aufbau sozialer und emotionaler Kompetenzen bei Kindern und Jugendlichen. In: M. Fingerle & M. Grumm (Hrsg.). *Prävention von Verhaltensauffälligkeiten bei Kindern und Jugendlichen.* (S. 8–12). München: Reinhardt.
Fonagy, P., Gergely, G., Jurist, E. & Target, M. (2004). *Affektregulierung, Mentalisierung und die Entwicklung des Selbst.* Stuttgart: Klett-Cotta.
Fonagy, P., Target, M., Gergely, G., Hellen, J. G. & Bateman, A. (2004). Entwicklungspsychologische Wurzeln der Borderline-Persönlichkeitsstörungen Reflecting functioning und Bindung. *Persönlichkeitsstörungen,* 8, (4), S. 217–229.
Friederich, T., Meyer, A. & Schelle, R. (2015). Kompetenzen für inklusives Handeln in der Kita – Die Kluft zwischen normativem Anspruch und Realität. In: I. Nentwig-Gesemann, K. Fröhlich-Gildhoff, F. Becker-Stoll & P. Cloos (Hrsg.). *Forschung in der Frühpädagogik VIII. Schwerpunkt: Inklusion.* Freiburg: FEL.
Fröhlich-Gildhoff, K. (2013). *Angewandte Entwicklungspsychologie der Kindheit.* Stuttgart: Kohlhammer.
Fröhlich-Gildhoff, K. (2016). Ausgangspunkte: Das Selbst als handlungsleitende Struktur. In: K. Fröhlich-Gildhoff, C. Mischo & A. Castello (Hrsg.). *Entwicklungspsychologie für Fachkräfte in der Frühpädagogik.* 2., vollst. überarb. Aufl. (S. 30–40). Kronach: Carl Link.
Fröhlich-Gildhoff, K. (2017). *Verhaltensauffälligkeiten bei Kindern und Jugendlichen.* 3., überarb. Aufl. Stuttgart: Kohlhammer.
Fröhlich-Gildhoff, K., Becker, J. & Fischer, S. (2012). *Prävention und Resilienzförderung in Grundschulen (PRiGS). Ein Förderprogramm.* München: Reinhardt.
Fröhlich-Gildhoff, K., Dörner, T. & Rönnau-Böse, M. (2016). *Prävention und Resilienzförderung in Kindertageseinrichtungen – PRiK.* 3. Aufl. München: Reinhardt.
Fröhlich-Gildhoff, K., Hufnagel, G. & Jürgens-Jahnert, S. (2004). Auf dem Weg zu einer Allgemeinen Kinder- und Jugendlichenpsychotherapie: Die Praxis ist weiter als die Therapieschulen. In: R. Dittrich & P. Michels (Hrsg.). *Auf dem Weg zu einer Allgemeinen Kinder- und Jugendlichenpsychotherapie.* Tübingen: DGVT-Verlag.
Fröhlich-Gildhoff, K., Kerscher-Becker, J., Rieder, S., Hüls, B. von & Hamberger, M. (2014). *Grundschule macht stark! Resilienzförderung in der Grundschule – Prinzipien, Methoden und Evaluationsergebnisse.* Freiburg: FEL.
Fröhlich-Gildhoff, K., Kraus-Gruner, G. & Rönnau, M. (2006). Gemeinsam auf dem Weg. Eltern und ErzieherInnen gestalten Erziehungspartnerschaft. *Kindergarten heute,* 10, S. 6–15.
Fröhlich-Gildhoff, K., Lorenz, L. F., Tinius, C. & Sippel, M. (2013). Überblicksstudie zur pädagogischen Arbeit mit Kindern mit Herausforderndem Verhalten in Kindertageseinrichtungen. *Frühe Bildung,* 2, S. 59–71.
Fröhlich-Gildhoff, K. & Mischo, C. (2016). Exkurs: Biologische Grundlagen steuern mit – und sind beeinflussbar. In: K. Fröhlich-Gildhoff, C. Mischo & A. Castello (Hrsg.). *Entwicklungspsychologie für Fachkräfte in der Frühpädagogik.* 2., vollst. überarb. Aufl. (S. 18–23). Kronach: Carl Link.
Fröhlich-Gildhoff, K., Nentwig-Gesemann, I. & Leu, H. (Hrsg.) (2011). *Forschung in der Frühpädagogik IV.* Freiburg: FEL.
Fröhlich-Gildhoff, K., Nentwig-Gesemann, I., Pietsch, S., Köhler, L. & Koch, M. (Hrsg.) (2014). *Kompetenzentwicklung und Kompetenzerfassung in der Frühpädagogik. Konzepte und Methoden.* Freiburg: FEL.
Fröhlich-Gildhoff, K., Rönnau-Böse, M., Tinius, C. & Hoffer, R. (2016). Das Kind verstehen. Herausforderndes Verhalten: Ursachen und Antworten. *Kleinstkinder,* 8, S. 6–9.
Fröhlich-Gildhoff, K., Tinius, C. & Rönnau-Böse, M. *Rahmencurriculum zum Thema »Herausforderndes Verhalten in Kindertageseinrichtungen«.* Freiburg: Eigendruck/FEL (i. V.).
Fröhlich-Gildhoff, K., Weltzien, D., Kirstein, N., Pietsch, S. & Rauh. K. (2014). *Expertise – Kompetenzen früh-/kindheitspädagogischer Fachkräfte im Spannungsfeld von normativen Vorgaben und Praxis. Erstellt im Kontext der AG »Fachkräftegewinnung für die Kin-*

dertagesbetreuung« in Koordination des BMFSFJ. Berlin: BMFSFJ. Online verfügbar unter: http://www.fruehe-chancen.de/informationen-fuer/zukuenftige-erzieherinnen-erzieher/studien-experteninterviews/expertise-zum-kompetenzprofil/ [12.08. 2016].
Fthenakis, W. E., Kalicki, B. & Peitz, G. (2002). *Paare werden Eltern. Die Ergebnisse der LBS-Familienstudie*. Opladen: Leske und Budrich.
Fuhrer, U. (2005). *Erziehungspsychologie*. Bern: Huber.
Gahleitner, S., Fröhlich-Gildhoff, K., Wetzorke, F. & Schwarz, M. (Hrsg.) (2011). *Ich sehe was, was Du nicht siehst ... Gemeinsamkeiten und Unterschiede der verschiedenen Perspektiven der Kinder- und Jugendlichenpsychotherapie*. Stuttgart: Kohlhammer.
Garske, K. (2003). *Pädagogik in Kindertagesstätten. Eine Studie zu den Konsequenzen pädagogischer Defizite für die Leitungstätigkeit*. Frankfurt am Main: Lang.
Geddes, H. (2009). Bindung, Verhalten und Lernen. In: K. H. Brisch & T. Hellbrügge (Hrsg.). *Wege zu sicheren Bindungen in Familie und Gesellschaft. Prävention, Begleitung, Beratung und Psychotherapie*. (S. 153–170). Stuttgart: Klett Cotta.
GEW [Gewerkschaft Erziehung und Wissenschaft] (2007). *Wie geht's im Job? GEW Kita-Studie*. Online verfügbar unter: http://www.gew.de/Binaries/Binary35437/GEW-Kitastudie.pdf [21.11.2012].
Goodman, R. (2005): The Strengths and Difficulties Questionnaire: A Research Note. *Journal of Child Psychology and Psychiatry*, 38, S. 581–586.
Grawe, K. (1998). *Psychologische Therapie*. Göttingen: Hogrefe.
Grawe, K. (2004). *Neuropsychotherapie*. Göttingen: Hogrefe.
Grawe, K., Donati, R. & Bernauer, F. (2001). *Psychotherapie im Wandel – von der Konfession zur Profession*. 5. Aufl. Göttingen: Hogrefe.
Greenberg, M. T., Domitrovich, C. & Bumbarger, B. (2000). *Preventing Mental Disorders in School-Aged Children. A Review of the Effectiveness of Prevention Programs*. Prevention Research Center for the Promotion of Human Development: Pennsylvania State University Greenberg.
Griebel, W. & Niesel, R. (2004). *Transitionen. Fähigkeit von Kindern in Tageseinrichtungen fördern, Veränderungen erfolgreich bewältigen*. Weinheim: Beltz.
Grossmann, K. (2001). Die Geschichte der Bindungsforschung. In: G. Suess, H. Scheuerer-Englisch & W.-K. Pfeifer (Hrsg.). *Bindungstheorie und Familiendynamik*. (S. 29–52). Gießen: Psychosozial.
Grossmann, K. & Grossmann, K. E. (2004). *Bindungen – das Gefüge psychischer Sicherheit*. Stuttgart: Klett-Cotta.
Grossmann, K. E. & Grossmann, K. (2007). »Resilienz« – Skeptische Anmerkungen zu einem Begriff. In: I. Fooken & J. Zinnecker (Hrsg.). *Trauma und Resilienz. Chancen und Risiken lebensgeschichtlicher Bewältigung von belasteten Kindheiten*. (S. 29–38). Weinheim: Juventa.
Grob, A. & Smolenski, C. (2009). *FEEL-KJ. Fragebogen zur Erhebung der Emotionsregulation bei Kindern und Jugendlichen*. 2., aktual. Aufl. Bern: Huber.
Grumm, M., Hein, S. & Fingerle, M. (2012). Effektivität und Wirksamkeit von Präventionsangeboten – welche Rolle spielt die soziale Validität?. In: M. Fingerle & M. Grumm (Hrsg.). *Prävention von Verhaltensauffälligkeiten bei Kindern und Jugendlichen* (S. 157–172). München: Reinhardt.
Gutknecht, D. (2012). *Bildung in der Kinderkrippe. Wege zur Professionellen Responsivität*. Stuttgart: Kohlhammer.
Haller, A.-C., Klasen, F., Petermann, F., Barkmann, C., Otto, C., Schlack, R. & Ravens-Sieberer, U. (2016). Langzeitfolgen externalisierender Verhaltensauffälligkeiten. Ergebnisse der BELLA-Kohortenstudie. *Kindheit und Entwicklung*, 25, S. 31–40.
Hartke, B. (2012). Besteht ein Widerspruch zwischen Inklusion und Diagnostik? In: M. Brodkorb, K. Koch (Hrsg.). *Das Menschenbild der Inklusion. Erster Inklusionskongress M.--V. Dokumentation*. (S. 59–72). Schwerin: Institut für Qualitätsentwicklung Mecklenburg-Vorpommern.
Hasselhorn, M. & Schneider, W. (Hrsg.) (2016). *Förderprogramme für Vor- und Grundschule*. Göttingen: Hogrefe.

Heinrichs, N., Saßmann, H., Hahlweg, K. & Perrez, M. (2002). Prävention kindlicher Verhaltensstörungen. *Psychologische Rundschau*, 53, S. 170–183.
Hermann, S. & Holodynski, M. (2014). Emotionale Kompetenz. In: A. Lohaus & M. Glüer (Hrsg.). Entwicklungsförderung im Kindesalter. Göttingen: Hogrefe.
Herrenkohl, T. I., Tajima, E. A., Whitney, S. D. & Huang, B. (2005). Protection Against Antisocial Behavior in Children Exposed to Physically Abusive Discipline. *Journal of Adolescent Health*, 36, S. 457–465.
Hölling, H. Erhart, M., Ravens-Sieberer, U. & Schlack, R. (2007). Verhaltensauffälligkeiten bei Kindern und Jugendlichen. Erste Ergebnisse aus dem Kinder- und Jugendgesundheitssurvey (KIGGS). In: *Bundesgesundheitsblatt – Gesundheitsforschung – Gesundheitsschutz*, 5/6, S. 784–793.
Hölling, H., Schlack, R., Petermann, F., Ravens-Sieberer, U. & Mauz, E. (KiGGS Study Group) (2014). Psychische Auffälligkeiten und psychosoziale Beeinträchtigungen bei Kindern und Jugendlichen im Alter von 3 bis 17 Jahren in Deutschland – Prävalenz und zeitliche Trends zu 2 Erhebungszeitpunkten (2003–2006 und 2009–2012). Ergebnisse der KiGGS-Studie – Erste Folgebefragung (KiGGS Welle 1). *Bundesgesundheitsblatt – Gesundheitsforschung – Gesundheitsschutz*, 57, S. 807–819).
Holodynski, M. (1999). Handlungsregulation und Emotionsdifferenzierung. In: W. Friedlmeier & M. Holodynski (Hrsg.). *Emotionale Entwicklung. Funktion, Regulation und soziokultureller Kontext von Emotionen.* (S. 29–51). Heidelberg: Spektrum.
Horn-Heine, K. (2003). Prozessorientiertes Vorgehen in der Teamentwicklung. In: S. Stumpf & A. Thomas (Hrsg.). *Teamarbeit und Teamentwicklung.* (S. 299–316). Göttingen: Hogrefe.
Hüther, G. (2004). Die neurobiologische Verankerung von Erfahrungen und ihre Auswirkungen auf das spätere Verhalten. *Gesprächspsychotherapie und Personzentrierte Beratung*, 35 (4), S. 246–252.
Hüther, G. (2005). *Die Macht der inneren Bilder. Wie Visionen das Gehirn, den Menschen und die Welt verändern.* Göttingen: Vandenhoeck & Rupprecht.
Hüther, G. (2006). Die nutzungsabhängige Herausbildung hirnorganischer Veränderungen bei Hyperaktivität und Aufmerksamkeitsstörungen. Einfluss präventiver Maßnahmen und therapeutischer Interventionen. In: M. Leuzinger-Bohleber, Y. Brandl & G. Hüther (Hrsg.). *ADHS – Frühprävention statt Medikalisierung. Theorie, Forschung, Kontroversen.* (S. 222–237). Göttingen: Vandenhoek & Ruprecht.
Hüther, G. & Krens, I. (2005). *Das Geheimnis der ersten neun Monate. Unsere frühesten Prägungen.* Düsseldorf: Walter.
Ihle, W. & Esser, G. (2002). Epidemiologie psychischer Störungen im Kindes- und Jugendalter: Prävalenz, Verlauf, Komorbidität und Geschlechtsunterschiede. *Psychologische Rundschau*, 53 (4), S. 159–169.
Jäger, R. S. & Petermann, F. (1995). *Psychologische Diagnostik.* 3. Aufl. Weinheim: PVU.
Jantzen, W. & Lanwer-Koppelin, W. (1996). *Diagnostik als Rehistorisierung. Methodologie und Praxis einer verstehenden Diagnostik am Beispiel schwer behinderter Menschen.* Berlin: Wissenschaftsverlag Volker Spiess.
Jerusalem, M. (1990). *Persönliche Ressourcen, Vulnerabilität und Stresserleben.* Göttingen: Hogrefe.
Kämmerer, A. (2001). Weibliches Geschlecht und psychische Störungen – epidemiologische, diagnostische und ätiologische Überlegungen. In: A. Franke & A. Kämmerer (Hrsg.). *Klinische Psychologie der Frau – ein Lehrbuch.* (S. 51–90). Göttingen: Hogrefe.
Kasüschke, D. & Fröhlich-Gildhoff, K. (2008). *Frühpädagogik heute. Herausforderungen an Disziplin und Profession.* Kronach: Wolters Kluwer.
Klasen, F., Petermann, F., Meyrose, A.-K., Barkmann, C., Otto, C. Haller, A.-C., Schlack, R., Schulte-Markwort, M. & Ravens-Sieberer, U. (2016). Verlauf psychischer Auffälligkeiten von Kindern und Jugendlichen. Ergebnisse der BELLA-Kohortenstudie. *Kindheit und Entwicklung*, 25, S. 10–20.
Klauer, T. (2009). Soziale Unterstützung (Handbuch der Psychologie). In: J. Bengel & M. Jerusalem (Hrsg.). *Handbuch der Gesundheitspsychologie und medizinischen Psychologie.* (S. 80–85). Göttingen: Hogrefe.

Kleber, E. W. (2006). Diagnose. In: H.-H. Krüger & W. Helsper (Hrsg.). *Einführung in Grundbegriffe und Grundfragen der Erziehungswissenschaft*. 6., überarb. Aufl. (S. 103–119). Wiesbaden: VS.

Kleinmann, M. & Wallmichrath, K. (2004). Organisationsdiagnose. In: H. Schuler (Hrsg.). *Organisationspsychologie 2-Gruppe und Organisation. Enzyklopädie der Psychologie*, Bd. D/III/4. (S. 653–700). Göttingen: Hogrefe.

Knoll, N. & Schwarzer, R. (2005). Soziale Unterstützung. In: N. Birbaumer, D. Frey, J. Kuhl, W. Schneider, & R. Schwarzer (Hrsg.). *Enzyklopädie der Psychologie, Series X, Bd. 1: Gesundheitspsychologie*. (S. 333–349). Göttingen: Hogrefe.

Kriz, J. (2004). Personzentrierte Systemtheorie. Grundfragen und Kernaspekte. In: A. von Schlippe & W. C. Kriz (Hrsg.). *Personzentrierung und Systemtheorie. Perspektiven für Psychotherapeutisches Handeln*. (S. 13–67). Göttingen: Vandenhoeck & Ruprecht.

Laewen, H.-J. (2009). *Grenzsteine der Entwicklung. Ein Frühwarnsystem für Risikolagen*. Online verfügbar unter: http://www.mbjs.brandenburg.de/media/5lbm1.c.10-7479.de [15.09.2016].

Laewen, H.-J. & Andres, B. (Hrsg.) (2002). *Forscher, Künstler, Konstrukteure*. Berlin: Cornelsen Scriptor.

Laewen, H.-J. & Andres, B. (2011). *Das infans-Konzept der Frühpädagogik: Bildung und Erziehung in Kindertagesstätten*. Berlin: das netz.

Laireiter, A.-R. (2009). Soziales Netzwerk und soziale Unterstützung. In: K. Lenz & F. Nestmann (Hrsg.). *Handbuch Persönliche Beziehungen*. (S. 75–99). Weinheim und München: Juventa.

Landesjugendamt Brandenburg (2009). *Respektvoller Umgang mit Kindern. Erziehungsmittel unter der Lupe. Eine Handreichung für die pädagogische Praxis*. Online verfügbar unter: http://www.mbjs.brandenburg.de/sixcms/media.php/bb2.a.581-34.de/Respektvoller%20Umgang.pdf [12.08.2016].

Landesinstitut für Schulentwicklung (2013). *Förderung gestalten. Kinder und Jugendliche mit besonderem Förderbedarf und Behinderungen. Modul D: Herausforderndes Verhalten*. Online verfügbar unter: http://www.schule-bw.de/schularten-/sonderschulen/informationen/FG-D.pdf [26.08.2016].

Landesinstitut für Schulentwicklung Baden-Württemberg (2009). *Neue Lernkultur. Lernen im Fokus der Kompetenzorientierung. Individuelles Fördern in der Schule durch Beobachten – Beschreiben – Bewerten – Begleiten*. Stuttgart: Landesinstitut für Schulentwicklung.

Larrá, F. (2005). Ansätze zur Steuerung pädagogischer Qualität in vorschulischen Einrichtungen. In: Sachverständigenkommission. 12. Kinder- und Jugendbericht (Hrsg.). *Entwicklungspotentiale institutioneller Angebote im Elementarbereich*. (S. 235–268). München: Deutsches Jugendinstitut.

Lehmkuhl, G. & Petermann, F. (2014). *Fallbuch Scenotest*. Göttingen: Hogrefe.

Lenz, A. (2001). *Partizipation von Kindern in Beratung und Therapie. Entwicklungen, Befunde und Handlungsperspektiven*. Weinheim: Juventa.

Leu, H. R. (2006). Professionelle Hilfen. In: L. Fried & S. Roux (Hrsg.). *Pädagogik der frühen Kindheit*. (S. 232–243). Weinheim: Beltz.

Leu, R. & Flämig, K. (2007). *Bildungs- und Lerngeschichten: Bildungsprozesse in früher Kindheit beobachten, dokumentieren und unterstützen*. Weimar: das netz.

Leutner, D. (2006). Pädagogisch-psychologische Diagnostik. In: D. H. Rost (Hrsg.). *Handwörterbuch pädagogische Psychologie*. 3., überarb. Aufl. (S. 559–568). Weinheim: Beltz.

Leutner, D., Klieme, E., Meyer, K. & Wirth, J. (2005). Die Problemlösekompetenz in den Ländern der Bundesrepublik Deutschland. In: M. Prenzel, J. Baumert, W. Blum, R. Lehmann, D. Leutner, M. Neubrand, R. Pekrun, J. Rost & U. Schiefele (Hrsg.). *PISA 2003. Der zweite Vergleich der Länder in Deutschland – Was wissen und können Jugendliche?*. (S. 125–146). Waxmann, Münster.

Lohaus, A. & Domsch, H. (Hrsg.) (2009). *Psychologische Förder- und Interventionsprogramme für das Kindes- und Jugendalter*. Heidelberg: Springer.

Lorenz, F. L., Tinius, C. & Fröhlich-Gildhoff, K. (2015). Die professionelle Begegnung mit Kindern mit herausforderndem Verhalten in der Kindertageseinrichtung. In: M. Urban, M.

Schulz, K. Meser & S. Thoms (Hrsg.). *Inklusion und Übergang. Perspektiven der Vernetzung von Kindertageseinrichtungen und Grundschulen.* (S. 164–180). Bad Heilbrunn: Klinkhardt.
Lösel, F., Beelmann, A., Stemmler, M. & Jaursch, S. (2004). *Soziale Kompetenz für Kinder und ihre Familien. Ergebnisse der Erlangen-Nürnberger Entwicklungs- und Präventionsstudie.* Berlin: BMFSFJ.
Lösel, F., Jaursch, S., Bellmann, A. & Stemmler, M. (2007). Prävention von Störungen des Sozialverhaltens – Entwicklungsförderung in Familien: Das Eltern- und Kindertraining EFFEKT. In: W. von Suchodoletz (Hrsg.). *Prävention von Entwicklungsstörungen.* (S. 215–234). Göttingen: Hogrefe.
Luthar, S. S. (2006). Resilience in Development: A Synthesis of Research across Five Decades. In: D. Cicchetti & D. J. Cohen (Hrsg.). *Developmental Psychopathology: Risk, Disorder, and Adaptation.* 2. Aufl. (S. 739–795). New York: Wiley.
Lütje-Klose, B. (2013). *Inklusion in der Kinder- und Jugendhilfe. Kinder- und Jugendhilfe in neuer Verantwortung. Materialien zum 14. Kinder- und Jugendbericht.* München: DJI.
Manns, M. & Schultze, J. (2004). *Soziale Kompetenz und Prävention: Berliner Präventionsprogramm für Haupt- und Gesamtschüler.* Frankfurt am Main: Lang.
Maurer, H. (2000). *Beziehung und Erkenntnis. Zum Zusammenhang intrapsychischer und intersubjektiver Strukturen im psychoanalytischen Prozeß.* Würzburg: Königshausen & Neumann.
May, P. & Bennöhr, J. (2013). *Kompetenzerfassung in Kindergarten und Schule.* Berlin: Cornelsen.
Mayr, T. (1998). *Beobachtungsbogen zur Erfassung von Entwicklungsrückständen und Verhaltensauffälligkeiten bei Kindergartenkindern (BEK).* München: Staatsinstitut für Frühpädagogik (IFP).
Mayr, T., Bauer, C. & Krause, M. (2011). *KOMPIK – Kompetenzen und Interessen von Kindern in Kindertageseinrichtungen.* Gütersloh: Bertelsmann Stiftung.
Meaney, M. J. (2001a). Maternal Care, Gene Expression, and the Transmission of Individual Differences in Stress Reactivity across Generations. *Annual Review of Neuroscience*, 24 (2), S. 1161–1192.
Meaney, M. J. (2001b). Nature, Nurture, and the Disunity of Knowledge. *Annals of the New York Academy of Sciences*, 935 (6), S. 50–61.
Migge, B. (2014). *Handbuch Coaching und Beratung.* Weinheim und Basel: Beltz.
Ministerium für Bildung, Jugend und Sport (2005). *Entdeckendes Lernen im Dialog mit dem Kind.* Online verfügbar unter: http://www.mbjs.brandenburg.de/sixcms/media.php/¬5526/kitadebatte205.pdf [12.08.2016].
Mischo, C. (2016). Entwicklungsumwelten. In: K. Fröhlich-Gildhoff, C. Mischo & A. Castello (Hrsg.). *Entwicklungspsychologie für Fachkräfte in der Frühpädagogik.* 2., vollst. überarb. Aufl. (S. 150–201). Köln: Carl Link.
Mischo, C. (2016a). Kognitive Entwicklung. In: K. Fröhlich-Gildhoff, C. Mischo & A. Castello (Hrsg.). *Entwicklungspsychologie für Fachkräfte in der Frühpädagogik.* 2., vollst. überarb. Aufl. (S. 84–128). Köln: Carl Link.
Mischo, C., Weltzien, D. & Fröhlich-Gildhoff, K. (2011). *Beobachtungs- und Diagnoseverfahren in der Frühpädagogik.* Kronach: Wolters Kluwer Carl Link.
Möller, H. & Kotte, S. (2013). *Diagnostik im Coaching: Grundlagen, Analyseebenen, Praxisbeispiele.* Berlin und Heidelberg: Springer.
Montada, L. (2008). Fragen, Konzepte, Perspektiven. In: R. Oerter & L. Montada (Hrsg.). *Entwicklungspsychologie.* 6. Aufl. (S. 3–48). Weinheim: Beltz, Psychologie Verlags-Union.
Mutzeck, W., Fingerle, M. & Hartmann, B. (2000). *Screening für Verhaltensauffälligkeiten im Schulbereich (SVS).* Online verfügbar unter: http://www.reinhardt-verlag.de/_pdf_¬media/02419_SVS.pdf [19.10.2016].
Myschker, N. (2002). *Verhaltensstörungen bei Kindern und Jugendlichen.* 4. Aufl. Stuttgart: Kohlhammer.
Nentwig-Gesemann I., Fröhlich-Gildhoff, K., Becker-Stoll, F. & Cloos, P. (Hrsg.) (2015). *Forschung in der Frühpädagogik VIII. Schwerpunkt: Inklusion.* Freiburg: FEL.

Nentwig-Gesemann, I., Nicolai, K. & Köhler, L. (2015). *Kita-Leitung als Schlüsselposition. Erfahrungen und Orientierungen von Leitungskräften in Kindertageseinrichtungen.* Online verfügbar unter: https://www.bertelsmann-stiftung.de/fileadmin/files/Projekte/Laen¬dermonitoring_Fruehkindliche_Bildungssysteme/studie_leitung_webdatei_kurzfassung_¬stand_20_11_2015.pdf [16.08.2016].
Nestmann, F. (2000). Gesundheitsförderung durch informelle Hilfe und Unterstützung in sozialen Netzwerken (Dresdner Studien zur Erziehungswissenschaft und Sozialforschung). In: S. Sting & G. Zurhorst (Hrsg.). *Gesundheit und soziale Arbeit: Gesundheit und Gesundheitsförderung in den Praxisfeldern sozialer Arbeit.* (S. 128–151). Weinheim: Juventa.
NICHD (2006). *The NICHD Study of Early Child Care and Youth Development (SECCYD): Findings for Children up to Age 4 ½ Years (05-4318).* Washington, D. C.: U. S. Government Printing Office.
Olweus, D. (2008). *Gewalt in der Schule: Was Lehrer und Eltern wissen sollten – und tun können.* 4. Aufl. Bern: Huber.
Opp, G. (1997). Care als konzeptionelle Grundlage für die Schule zur Erziehungshilfe. In: W. Jantzen (Hrsg.). *Geschlechterdifferenz in der Sonderpädagogik. Forschung – Praxis – Perspektiven.* (S. 146–154). Hamburg: Literatur Verlag.
Opp, G. (2007). Schule – Chance oder Risiko?: In: G. Opp & M. Fingerle (Hrsg.). *Was Kinder stärkt: Erziehung zwischen Risiko und Resilienz.* 2. Aufl. (S. 227–245). München: Reinhardt.
Opp, G. & Wenzel, E. (2003). Schule: Schutz- oder Risikofaktor kindlicher Entwicklung. In: K. H. Brisch & T. Hellbrügge (Hrsg.). *Bindung und Trauma. Risiken und Schutzfaktoren für die Entwicklung von Kindern. Internationaler Kongress Attachment and Trauma: Risk and Protective Factors in the Development of Children* (S. 84–93). Stuttgart: Klett-Cotta.
Orlinsky D. E. & Howard K. I. (1987). A Generic Model of Psychotherapy. *Journal of Integrative Eclectic Psychotherapy*, 6, S. 6–27.
Palmowski, W. (2010). *Nichts ist ohne Kontext: Systemische Pädagogik bei Verhaltensauffälligkeiten.* 3. Aufl. Dortmund: Modernes Lernen.
Papoušek, M. (2004). Regulationsstörungen der frühen Kindheit: Klinische Evidenz für ein neues diagnostisches Konzept. In: M. Papoušek, M. Schieche & H. Wurmser (Hrsg.). *Regulationsstörungen der frühen Kindheit. Frühe Risiken und Hilfen im Entwicklungskontext der Eltern- und Kindbeziehung.* (S. 77–110). Bern und Göttingen: Huber.
Pauser, N., Pinetz, P. (2009). Diversity und/oder Inklusion – Konzepte zur Qualitätsentwicklung in Organisationen?!. In: J. Jerg, K. Merz-Atalik, R. Tümmle & H. Tiemann (Hrsg.). *Perspektiven auf Entgrenzung. Erfahrungen und Entwicklungsprozesse im Kontext von Inklusion und Integration.* (S. 247–253) Bad Heilbrunn: Klinkhardt.
Pfreundner, M. (2015). Auffälliges Verhalten von Kindern aus systemischer Sicht. *Kindergarten heute. Wissen kompakt. Spezial.* Freiburg: Herder.
Peitz, G. (2004). Wenn bei Kindern Verhaltensauffälligkeiten diagnostiziert werden: Risiken für die Erziehungspartnerschaft von Familie und Kindergarten. In: *Psychologie in Erziehung und Unterricht*, 51, S. 258–272.
Perren, S. & Graf, I. (2012). Nicht intendierte Effekte von Präventionsprogrammen. In: M. Fingerle & M. Grumm (Hrsg.). *Prävention von Verhaltensauffälligkeiten bei Kindern und Jugendlichen.* (S. 142–156). München: Reinhardt.
Petermann, F. (2014). Implementationsforschung: Grundbegriffe und Konzepte. *Psychologische Rundschau*, 65 (3), S. 122–128.
Petermann, F. (2015). Alltagsintegrierte Förderung oder Förderprogramme im Vorschulalter? *Frühe Bildung*, 4, S. 161–164.
Petermann, F., Döpfner, M., Lehmkuhl, K. & Scheithauer, H. (2000). Klassifikation und Epidemiologie psychischer Störungen. In: F. Petermann (Hrsg.). *Lehrbuch der klinischen Kinderpsychologie und -psychotherapie.* (S. 29–56). Göttingen: Hogrefe.
Petermann, F., Niebank, K. & Scheithauer, H. (2004). *Entwicklungswissenschaft, Entwicklungspsychologie – Genetik – Neuropsychologie.* Berlin: Springer.
Petermann, U. & Petermann, F. (2006). *Lehrerschätzliste für Sozial- und Lernverhalten.* Göttingen: Hogrefe.

Petermann, U., Petermann, F. & Koglin, U. (2012). *Entwicklungsbeobachtung und -dokumentation EBD 3–48 Monate. Eine Arbeitshilfe für pädagogische Fachkräfte in Krippen und Kindergärten*. 3., überarb. Aufl. Berlin: Cornelsen.
Petermann, F. & Schneider, W. (Hrsg.) (2007). *Angewandte Entwicklungspsychologie*. Göttingen: Hogrefe.
Petermann, F. & Wiedebusch, S. (2003). *Emotionale Kompetenz bei Kindern*. Göttingen: Hogrefe.
Petzold, G. (1997). *Das Ressourcenkonzept in der sozialinterventiven Praxeologie und Systemberatung*. Online verfügbar unter: http://www.fpi-publikation.de/images/sto-ries/¬downloads/textarchiv-petzold/petzold-1997p-das-ressourcenkonzept-in-der-sozialinter¬ventiven-praxeologie-und-systemberatung.pdf [29.09.2016].
Plass, A., Haller, A.-C., Habermann, K., Barkmann, C., Petermann, F., Schipper, M., Wiegand-Grafe, S., Hölling, H., Ravens-Sieberer, U. & Klasen, F. (2016). Faktoren der Gesunderhaltung bei Kindern psychisch belasteter Eltern. Ergebnisse der BELLA-Kohortenstudie. *Kindheit und Entwicklung*, 25, S. 41–49.
Poggendorf, A. (2012). *Angewandte Teamdynamik*. Berlin: Cornelsen.
Premack, D. & Woodruff, G. (1978). Does the Chimpanzee Have a Theory of Mind? *Behavioral and Brain Sciences*, 1, S. 515–526.
Prengel, A. (2006). *Pädagogik der Vielfalt*. 3. Aufl. Wiesbaden: VS.
Prott, R. & Hautumm, A. (2007). *12 Prinzipien für eine erfolgreiche Zusammenarbeit mit Eltern*. Kiliansroda: das netz.
Rauh, H. (2008). Vorgeburtliche Entwicklung und frühe Kindheit. In: R. Oerter & L. Montada (Hrsg.). *Entwicklungspsychologie*. 6. Aufl. (S. 149–224). Weinheim: Beltz, Psychologie Verlags-Union.
Ravens-Sieberer, U., Klasen, F. & Petermann, F. (2016). Psychische Kindergesundheit. Ergebnisse der BELLA-Kohortenstudie. *Kindheit und Entwicklung*, 25, S. 4–9.
Reicher, A. & Jauck, M. (2012). Programme zur Förderung sozialer Kompetenz im schulischen Setting. In: M. Fingerle & M. Grumm (Hrsg.). *Prävention von Verhaltensauffälligkeiten bei Kindern und Jugendlichen*. (S. 29–48). München: Reinhardt.
Remsperger, R. (2011). Sensitive Responsivität im Umgang mit Kindergartenkindern. In: K. Fröhlich-Gildhoff, I. Nentwig-Gesemann & H.-R. Leu (Hrsg.). *Forschung in der Frühpädagogik IV*. (S. 235–264). Freiburg: FEL.
Robert Bosch Stiftung (Hrsg.) (2011). Qualifikationsprofile in Arbeitsfeldern der Pädagogik der Kindheit – Ausbildungswege im Überblick. Online verfügbar unter: http://www.¬bosch-stiftung.de/content/language1/downloads/PiK_Qualifikationsprofile.pdf [28.08.2014].
Rogers, C. R. (1983). *Therapeut und Klient*. Frankfurt am Main: Fischer.
Röhrle, B. (2008): Die Forschungslage zur Prävention psychischer Störungen und zur Förderung psychischer Gesundheit. *Verhaltenstherapie und Psychosoziale Praxis*, 40 (2), S. 343–347.
Rohrmann, A. (2009). Teilhabe planen. Ziele und Konzepte kommunaler Teilhabeplanung. *Teilhabe*, 48 (1), S. 18–25.
Rönnau-Böse, M. (2013). *Resilienzförderung in der Kindertageseinrichtung*. Freiburg: FEL.
Rönnau-Böse, M. & Fröhlich-Gildhoff, K. (2014). *Resilienz im Kita-Alltag. Was Kinder stark und widerstandsfähig macht*. 2., neu bearb. Aufl. Freiburg: Herder.
Rosenbrock, R. & Hartung, S. (o. J.). *Public Health Action Cycle/Gesundheits-politischer Aktionszyklus*. BZgA: Leitbegriffe der Gesundheitsförderung. Online verfügbar unter: http://www.bzga.de/leitbegriffe/?uid=3ed0b3afe02626868b02204d52c69652&id=an¬gebote&idx=163 [03.09.2012].
Rosenstiel, L. von & Nerdinger, F. (2011). *Grundlagen der Organisationspsychologie: Basiswissen und Anwendungshinweise*. 7. Aufl. Stuttgart: Schäffer-Poeschel.
Roßbach, H.-G. (2006). Institutionelle Übergänge in der Frühpädagogik. In: L. Fried & S. Roux (Hrsg.), *Pädagogik der frühen Kindheit. Handbuch und Nachschlagewerk*. (S. 280–291). Weinheim: Beltz.
Roth, X. (2010). *Handbuch Bildungs- und Erziehungspartnerschaft*. Freiburg: Herder.

Roth, X. (2013). Was ist denn nun Erziehungspartnerschaft?. In: S. Tschöpe-Scheffler (Hrsg.). *Gute Zusammenarbeit mit Eltern in Kitas, Schulen und Jugendhilfe: Qualitätsfragen, pädagogische Haltung und Umsetzung.* (S. 141–152). Leverkusen: Budrich.

Rückert, E., Schnabel, M. & Minsel, B. (2000). *Kommunkationsfördernde Gesprächsführung mit Eltern in Kindertageseinrichtungen. Ergebnisse aus Analysen von Video-Elterngesprächen.* München: Staatsinstitut für Frühpädagogik (IFP).

Rudow, B. (2004). *Belastungen und des Arbeits- und Gesundheitsschutz bei Erzieherinnen. Kurzfassung des Projektberichts.* Online verfügbar unter: http://www.gew-berlin.¬de/documents_public/040510_Belastung_Erzieher_Kurz.pdf [21.11.2012].

Rutter, M. & Maughan, B. (2002). School Effectiveness Findings 1979–2002. *Journal of School Psychology,* 40 (6), S. 451–475.

Sacher, W. (2013). Elternarbeit: Lohnt der Aufwand? Antworten aus Untersuchungen der letzten drei Jahrzehnte zur Elternarbeit. *Lernende Schule,* 16 (1), S. 4–7.

Sättele, E-M. (2013). Frühförderung. In: K. Fröhlich-Gildhoff. *Verhaltensauffälligkeiten bei Kindern und Jugendlichen.* 2. Aufl. (S. 213–221). Stuttgart: Kohlhammer.

Sarimski, K. (2007). Frühdiagnostik und Interventionen im Frühbereich. In: F. Petermann & W. Schneider (Hrsg.). *Angewandte Entwicklungspsychologie.* (S. 61–92). Göttingen: Hogrefe.

Schaarschmidt, U. (2004). Die Beanspruchungssituation von Lehrern aus differenzialpsychologischer Sicht. In: A. Hillert & E. Schmitz (Hrsg.). *Psychosomatische Erkrankungen bei Lehrerinnen und Lehrern.* (S. 97–112). Stuttgart: Schattauer.

Schmeck, K. (2003). Die Bedeutung von spezifischen Temperamentsmerkmalen bei aggressiven Verhaltensstörungen. In: U. Lehmkuhl (Hrsg.). *Aggressives Verhalten bei Kindern und Jugendlichen. Ursachen, Prävention, Behandlung.* (S. 157–174). Göttingen: Vandenhoeck & Ruprecht.

Schmude, C. & Pioch, D. (2015). Normative Orientierungen und deren Reflexion als Grundlage inklusiver (Handlungs-)Kompetenz – der Beitrag der kritischen Diskursanalyse zu einer reflexiv-adaptiven Nutzung der Bildungsprogramme. In: I. Nentwig-Gesemann, K. Fröhlich-Gildhoff, F. Becker-Stoll & P. Cloos (Hrsg.). *Forschung in der Frühpädagogik VIII. Schwerpunkt: Inklusion.* Freiburg: FEL.

Schneider, J. (2014). Aktuell häufige Typen schwieriger Eltern. In: A. Roggenkamp, T. Rother & J. Schneider (Hrsg.). *Schwierige Elterngespräche erfolgreich meistern – Das Praxisbuch.* Donauwörth: Auer.

Schneider, K., Schmidt, M.-H. & Hohm, E. (1999). Prozessqualität in der Jugendhilfe: Ein 2-Faktoren-Modell. *Kindheit und Entwicklung,* 8 (2), S. 83–86.

Schubert-Suffrian, F. & Regner, M. (2014). Beschwerdeverfahren für Kinder. *Kindergarten heute praxis kompakt.* Freiburg: Herder.

Schultz, A.-K., Jacobs, G. & Schulze, G. (2006). Kooperation zwischen Familien und Schulen bei drohendem Schulabsentismus im Übergang Schule/Beruf. Ergebnisse einer Pilotstudie. *Zeitschrift für Heilpädagogik,* 57 (9), S. 332–343.

Schwab, F. (2016). Subjektive Wahrnehmung, Erklärungsmuster und Motive pädagogischer Fachkräfte in der Kommunikation mit Eltern, deren Kinder herausforderndes Verhalten zeigen. Ergebnisse einer explorativen Studie. *Perspektiven der empirischen Kinder- und Jugendforschung,* 2 (1), S. 86–108.

Seitz, S. & Finnern, N.-K. (2012). Inklusion in Kindertageseinrichtungen – eigentlich ganz normal... In: T. Albers et al. (Hrsg.). *Vielfalt von Anfang an. Inklusion in Krippe und Kita.* Freiburg: Herder.

Senge, P. (2011). *Die fünfte Disziplin: Kunst und Praxis der lernenden Organisation. Systemisches Management.* 11. Aufl. Stuttgart: Schäffer-Poeschel.

Smolka, A. (2006). Welchen Orientierungsbedarf haben Eltern? In: K. Wahl & K. Hees (Hrsg.). *Helfen »Super Nanny« und Co.? Ratlose Eltern – Herausforderung für die Elternbildung.* (S. 44–58) Weinheim und Basel: Beltz.

Sonntag, K., Stegmaier, R. & Schaper, N. (2006). Ermittlung organisationaler Merkmale: Organisationsdiagnose und Lernkultur. In: K. Sonntag (Hrsg.). *Personalentwicklung in Organisationen.* 3., überarb. Aufl. (S. 179–190). Göttingen: Hogrefe.

Sprott, J. B., Jenkins, J. M. & Doob, A. (2005.). The Importance of School: Protecting at Risk Youth from Early Offending. *Youth Violence and Juvenile Justice*, 3. (S. 59–77).
Staabs, G. von (1964). *Der Szenotest*. Bern: Huber.
Steinmetz-Brand, U. (2006). In der Krise wächst die Chance. Ganzheitliches Gewaltpräventions- und Interventionsprogramm der Georg Büchner Schule, Schule für Erziehungshilfe und Kranke. In: K. Fröhlich-Gildhoff. *Gewalt begegnen. Konzepte und Projekte zur Prävention und Intervention*. (S. 134–151). Stuttgart: Kohlhammer.
Stern, D. N. (1992). *Die Lebenserfahrung des Säuglings*. Stuttgart: Klett-Cotta.
Stern, D. N. (1995). Die Repräsentation von Beziehungsmustern, entwicklungspsychologische Betrachtungen. In: R. Petzold (Hrsg.). *Die Kraft liebevoller Blicke. Psychotherapie & Babyforschung*, Bd. 2. (S. 193–219). Paderborn: Junfermann.
Strehmel, P. (2007). Frühe Förderung von Kindern in Kindertageseinrichtungen. In: F. Petermann & W. Schneider (Hrsg.). *Angewandte Entwicklungspsychologie*. (S. 205–236). Göttingen: Hogrefe.
Strehmel, P. & Ulber, D. (2014). Leitung von Kindertageseinrichtungen. Weiterbildungsinitiative Frühpädagogische Fachkräfte. *WiFF Expertisen*, Bd. 39. München: Deutsches Jugendinstitut e. V.
Suchodoletz, W. von (Hrsg.) (2007). *Prävention von Entwicklungsstörungen*. Göttingen: Hogrefe.
Sulzer, A. & Wagner, P. (2011). Inklusion in der Frühpädagogik – Qualifikationsanforderungen an die Fachkräfte. *Expertise der* Weiterbildungsinitiative Frühpädagogische Fachkräfte. München: Deutsches Jugendinstitut e. V.
Taubner, S. (2015). *Konzept Mentalisieren. Eine Einführung in Forschung und Praxis*. Gießen: Psychosozial.
Textor, M. R. (2006). *Erziehungs- und Bildungspartnerschaft mit Eltern. Gemeinsame Verantwortung übernehmen*. Freiburg: Herder.
Thomas A. & Chess, S. (1989). Temperament and Personality. In: G. A. Kohlstamm, J. A. Bates & M. K. Rothbart (Hrsg.). *Temperament in Childhood*. (S. 249–261). New York: Wiley.
Tschöpe-Scheffler, S. (Hrsg.) (2014). *Gute Zusammenarbeit mit Eltern in Kitas, Schulen und Jugendhilfe: Qualitätsfragen, pädagogische Haltung und Umsetzung*. Leverkusen: Budrich.
Tröster, H., Flender, J., Reineke, D. & Wolf, S. M. (2016). *DESK 3–6 R. Das Dortmunder Entwicklungsscreening Revision*. Göttingen: Hogrefe.
Tücke, M. (2005). *Psychologie in der Schule – Psychologie für die Schule. Eine themenzentrierte Einführung in die Pädagogische Psychologie für (zukünftige) Lehrer*. Münster. LIT.
Ulber, D. (2006). *Organisationsdiagnose an Schulen. Entwicklung eines Survey-Feedback-Instruments zur Bestandsaufnahme im Schulentwicklungsprozess*. Münster: Waxmann.
Ulich, D., Kienbaum, J. & Volland, C. (2002a). Empathie mit anderen entwickeln. Wie entwickelt sich Mitgefühl?. In: M. von Salisch (Hrsg.). *Emotionale Kompetenz entwickeln. Grundlagen in Kindheit und Jugend*. (S. 111–134). Stuttgart: Kohlhammer.
Ulich, E., Inversini, S. & Wülser, M. (2002). *Arbeitsbedingungen, Belastungen und Ressourcen der Lehrkräfte des Kantons Basel-Stadt*. Zürich: Institut für Arbeitsforschung und Organisationsberatung.
Ulich, M. & Mayr, T. (2006). Seldak. Sprachentwicklung und Literacy bei deutschsprachig aufwachsenden Kindern. *(Beobachtungsbogen und Begleitheft)*. Freiburg: Herder.
Ungar, M. (2011). Kontextuelle und kulturelle Aspekte von Resilienz – Jugendhilfe mit menschlichem Antlitz. In: M. Zander (Hrsg.). *Handbuch Resilienzförderung*. 1. Aufl. (S. 133–178). Wiesbaden: VS.
Vernooij, M. (2000). Verhaltensstörungen. In: J. Borchert (Hrsg.). *Handbuch der Sonderpädagogischen Psychologie*. (S. 32–45). Göttingen: Hogrefe.
Vierhaus, M. (2014). Soziale Fähigkeiten. In: A. Lohaus & M. Glüer (Hrsg.). *Entwicklungsförderung im Kindesalter. Grundlagen, Diagnostik und Intervention*. Göttingen: Hogrefe.
Viernickel, S. (2006). *Qualitätskriterien und -standards im Bereich der frühkindlichen Bildung und Betreuung*. Remagen: Ibus.

Viernickel, S. (Hrsg.) (2009). *Beobachtung und Erziehungspartnerschaft*. Berlin und Düsseldorf: Cornelsen Scriptor.
Viernickel, S., Fuchs-Rechlin, K., Strehmel, P., Preissing, C., Bensel, J. & Haug-Schnabel, G. (2015). *Qualität für alle. Wissenschaftlich begründete Standards für die Kindertagesbetreuung*. Freiburg: Herder.
Viernickel, S., Nentwig-Gesemann, I., Nicolai, K., Schwarz, S. & Zenker, L. (2013). *Schlüssel zu guter Bildung, Erziehung und Betreuung in Kindertagesstätten – Bildungsaufgaben, Zeitkontingente & strukturelle Rahmenbedingungen in Kindertageseinrichtungen*. Online verfügbar unter: http://www.gew.de/Binaries/Binary96129/Expertise_Gute_Bildung_¬2013.pdf [10.08.2016].
Wadepohl, H. (2016). *Interaktionsgestaltung frühpädagogischer Fachkräfte in Kindertageseinrichtungen*. Dissertation an der Philosophischen Fakultät der Universität Hannover. Hannover: Leibnitz-Universität.
Wadepohl, H., Mackowiak, K., Fröhlich-Gildhoff, K. & Weltzien, D. (2017). *Interaktionsgestaltung in Familie und Kindertagesbetreuung*. Berlin: Springer.
Warnecke, W. (2012). Inklusion als Beitrag zur Chancengerechtigkeit – Diversity und Verschiedenheit in der Elementarpädagogik. In: T. Albers et al. (Hrsg.). *Vielfalt von Anfang an. Inklusion in Krippe und Kita*. Freiburg: Herder.
Weinberger, S. (2010). *Kindern spielend helfen. Eine personzentrierte Lern- und Praxisanleitung*. 4. Aufl. Weinheim: Beltz.
Weiß, H., Neuhäuser, G. & Sohns, A. (2004). *Soziale Arbeit in der Frühförderung und Sozialpädiatrie*. München: Reinhardt.
Weltzien, D. (2014). *Pädagogik: Die Gestaltung von Interaktionen in der Kita: Merkmale – Beobachtung – Reflexion*. Weinheim: Beltz Juventa.
Weltzien, D., Fröhlich-Gildhoff, K., Rönnau-Böse, M. & Wünsche, M. (2016). *Gefühl und Mitgefühl von Kindern begleiten und stärken*. Freiburg: Herder.
Weltzien, D., Fröhlich-Gildhoff, K., Strohmer, J., Reutter, A. & Tinius, C. (2016). *Multiprofessionelle Teams in Kindertageseinrichtungen*. Weinheim und Basel: Beltz.
Weltzien, D. & Kebbe, A. (2011). *Handbuch Gesprächsführung in der Kita*. Freiburg: Herder.
Wettstein, A. & Scherzinger, M. (2012). Intervention zwischen Wissenschaft und pädagogischer Praxis. In: M. Fingerle & M. Grumm (Hrsg.). *Prävention von Verhaltensauffälligkeiten bei Kindern und Jugendlichen*. (S. 174–188). München: Reinhardt.
Widulle, W. (2012). *Gesprächsführung in der Sozialen Arbeit*. Wiesbaden: VS.
Wienand, F. (2016). *Projektive Diagnostik bei Kindern, Jugendlichen und Familien. Grundlagen und Praxis – ein Handbuch*. Stuttgart: Kohlhammer.
Wiltzius, M. (2011). *Diversity Management an Grundschulen? Möglichkeiten und Grenzen einer Unternehmensstrategie im schulischen Umfeld – ein modellhafter Vergleich zwischen Bremen und Luxemburg*. Münster: Waxmann.
Wissenschaftlicher Beirat des NZFH (2009). *Begriffsbestimmung Frühe Hilfen*. Online verfügbar unter: http://www.fruehehilfen.de/fruehe-hilfen/was-sind-fruehe-hilfen/.
Wünsche, M., Gutknecht, D. & Weltzien, D. (2013). Das Spiel als Bildungsprozess verstehen und begleiten. In: D. Weltzien (Hrsg.). *Das Spiel des Kindes. Kindergarten heute spezial*. (S. 19–31). Freiburg: Herder.
Wustmann, C. (2004). *Resilienz. Widerstandsfähigkeit von Kindern in Tageseinrichtungen fördern*. Weinheim: Beltz.
Wygotski, L. (1987). *Ausgewählte Schriften. Arbeiten zur psychischen Entwicklung der Persönlichkeit*. Bd. 2. Köln: Pahl-Rugenstein.
Ziegenhain, U. (2007). Erziehungs- und Entwicklungsberatung für die frühe Kindheit. In: F. Petermann & W. Schneider (Hrsg.). *Angewandte Entwicklungspsychologie*. (S. 163–204). Göttingen: Hogrefe.
Ziegenhain, U., Fries, M., Bütow, B. & Derksen, B. (2004). *Entwicklungspsychologische Beratung für junge Eltern. Grundlagen und Handlungskonzepte für die Jugendhilfe*. Weinheim: Juventa.
Zimbardo, P. G. & Gerrig, R. J. (2004). *Psychologie*. 18., aktual. Aufl. München: Pearson Studium.
Zulliger, H. (1990). *Heilende Kräfte im kindlichen Spiel*. Frankfurt am Main: Fischer.

Anhang

Checkliste zur professionellen Begegnung mit herausforderndem Verhalten

Datum: _____

		Wie ist der aktuelle Stand?			Wie schätzen Sie den Entwicklungsbedarf ein?		
		realisiert	teilweise realisiert	nicht realisiert	keinen	niedrig	hoch
1.	Ebene der Organisation						
1.01	Die Individualisierung als Lernprinzip und damit die innere Differenzierung der Bildungsangebote sind als Leitprinzipien umgesetzt.						
1.02	Die Institution ermöglicht in regelmäßigen Abständen einen Dialog (über Ziele, Wege, Stärken, Schwächen, Vereinbarungen) zwischen den am Erziehungs- und Bildungsprozess Beteiligten (Gespräche mit Kindern, Eltern und im Team).						
1.03	Es besteht eine systematische Koordination der speziellen Fördermaßnahmen (z. B. regelmäßige Förderplangespräche/Entwicklungsgespräche).						
1.04	Es besteht eine Anerkennungskultur aller Beteiligten, die zu einem positiven Klima beiträgt (z. B. interkulturelle Feste, Infoschreiben in verschiedenen Sprachen, bilinguale Fachkräfte).						
1.05	Es wird die aktive Mitsprache und Mitgestaltung durch alle Beteiligten gefördert (Partizipation der PädagogInnen, Kinder und Eltern).						

1.	Ebene der Organisation	Wie ist der aktuelle Stand?			Wie schätzen Sie den Entwicklungsbedarf ein?		
		realisiert	teilweise realisiert	nicht realisiert	keinen	niedrig	hoch
1.06	Es besteht ein explizit ausformuliertes Konzept zur systematischen Vorgehensweise mit herausforderndem Verhalten.						
1.07	Es gibt ein Qualitätshandbuch mit der Darstellung von Ablaufprozessen, Zielen, Maßnahmen und strukturellen Verankerungen des Konzepts zum Umgang mit herausforderndem Verhalten.						
1.08	Der Träger stellt für die Umsetzung einer professionellen Begegnung mit herausforderndem Verhalten entsprechende Ressourcen (Supervision, systematischer Austausch im Team und Kollegium etc.) zur Verfügung.						
1.09	Es finden Beratungs- und/oder Coaching Systeme für die PädagogInnen zur Unterstützung des professionellen Umgangs mit herausforderndem Verhalten (z. B. Supervision) statt.						
1.10	Es besteht ein Konzept zur Inklusion von Kindern und Familien mit besonderen Bedürfnissen.						
1.11	Alle wesentlichen Teile des Gebäudes sind barrierefrei erreichbar.						

		Wie ist der aktuelle Stand?			Wie schätzen Sie den Entwicklungsbedarf ein?		
2.	Ebene der PädagogInnen	realisiert	teilweise realisiert	nicht realisiert	keinen	niedrig	hoch
2.01	Die PädagogInnen begreifen sich als wichtige Beziehungspersonen für die Kinder und Jugendlichen und reflektieren ihr Verhalten vor diesem Hintergrund.						
2.02	Es wird den PädagogInnen ermöglicht an Qualifizierungsmaßnahmen (z. B. zur Resilienzförderung) teilzunehmen.						
2.03	Die Einrichtung stellt den PädagogInnen Informationen und Materialien zum Thema herausforderndes Verhalten zur Verfügung.						
2.04	Die PädagogInnen verfügen über ausreichende Kompetenzen zur Begegnung mit herausforderndem Verhalten bei den Kindern (Entwicklung passgenauer Handlungsstrategien anhand des systematischen Vorgehens).						
2.05	Die Kommunikation der PädagogInnen wird angeregt und weiterentwickelt (z. B. auf Teamsitzungen, bei systematischen Teamentwicklung, bei Hospitationen).						
2.06	Die PädagogInnen führen eine kontinuierliche und systematische Beobachtung der Kinder und Jugendlichen anhand standardisierter Verfahren durch.						

		Wie ist der aktuelle Stand?			Wie schätzen Sie den Entwicklungsbedarf ein?		
		realisiert	teilweise realisiert	nicht realisiert	keinen	niedrig	hoch
2.	Ebene der PädagogInnen						
2.07	Die PädagogInnen verfügen über Strategien der Reflexion ihrer pädagogischen Arbeit (z. B. Auseinandersetzung mit der individuellen Bildungs- und Entwicklungsbegleitung, Planung und Vorbereitung des Alltags und Unterrichts an den Bedürfnissen der Kinder und Jugendlichen orientiert, Einplanung von Rückzug und Bewegungspausen etc.).						

		Wie ist der aktuelle Stand?			Wie schätzen Sie den Entwicklungsbedarf ein?		
		realisiert	teilweise realisiert	nicht realisiert	keinen	niedrig	hoch
3.	Ebene der Gruppe/Klasse						
3.01	Es sind Maßnahmen und Indikatoren für eine stärkenorientierte Feedbackkultur festgelegt (z. B. Ressourcenanalysen; Stärkenliste).						
3.02	Die verantwortlichen PädagogInnen nutzen die Gruppenzeit zur Entwicklung einer positiven und entwicklungsförderlichen Gruppenkultur.						
3.03	Ein pädagogisches System zur Konfliktbewältigung ist entwickelt.						

Anhang

		Wie ist der aktuelle Stand?			Wie schätzen Sie den Entwicklungsbedarf ein?		
		realisiert	teilweise realisiert	nicht realisiert	keinen	niedrig	hoch
3.	**Ebene der Gruppe/Klasse**						
3.04	Das Konzept zur Konfliktbewältigung wird regelhaft umgesetzt.						
3.05	Individualisierung und Differenzierung sind feste Bestandteile des Alltags.						
3.06	Die besonderen Bedürfnisse von Kindern, die herausforderndes Verhalten zeigen, werden im Gruppenalltag transparent gemacht und bekommen einen Rahmen.						
3.07	Die Heterogenität der Gruppen wird als Ressource gesehen und genutzt.						

		Wie ist der aktuelle Stand?			Wie schätzen Sie den Entwicklungsbedarf ein?		
		realisiert	teilweise realisiert	nicht realisiert	keinen	niedrig	hoch
4.	**Ebene der Kinder/Jugendlichen**						
4.01	Es gibt Möglichkeiten, dass jedes Kind/jeder Jugendliche Gemeinschaft positiv erlebt und Freundschaftsbeziehungen entstehen können.						
4.02	Die Partizipation der Kinder und Jugendlichen wird durch das altersgerechte Übertragen von Verantwortung und Partizipation unterstützt.						

4.	Ebene der Kinder/Jugendlichen	Wie ist der aktuelle Stand?			Wie schätzen Sie den Entwicklungsbedarf ein?		
		realisiert	teilweise realisiert	nicht realisiert	keinen	niedrig	hoch
4.03	Die Klarheit der Rollen und Regeln ermöglicht den einzelnen Kindern und Jugendlichen Orientierung (z. B. Vereinbarungen, die für alle Kinder, Jugendlichen und PädagogInnen Gültigkeit besitzen; Auseinandersetzung mit demokratischen Grundsätzen).						
4.04	Alle Kinder und Jugendliche haben vielfältige Gelegenheiten, eigene Stärken zu entdecken und Grenzen zu erproben.						
4.05	Es gibt Raum und Gelegenheiten für Selbstwahrnehmung und -ausdruck von verschiedensten Gefühlen.						
4.06	Aktive Bewältigungsstrategien von Anforderungen und Stress werden individuumszentriert gefördert.						
4.07	Das Steigern der Selbstwirksamkeitserwartungen der Kinder und Jugendlichen wird besonders fokussiert.						
4.08	Die Kinder und Jugendliche erweitern ihre Handlungskompetenz und die Fähigkeit, planerisch vorzugehen.						
4.09	Es findet in regelmäßigen Abständen (mindestens einmal pro Vierteljahr) eine strukturierte Entwicklungs- und Lernbeobachtung jedes Kindes statt.						

4. Ebene der Kinder/Jugendlichen	Wie ist der aktuelle Stand?			Wie schätzen Sie den Entwicklungsbedarf ein?		
	realisiert	teilweise realisiert	nicht realisiert	keinen	niedrig	hoch
4.10 Den Kindern und Jugendlichen wird ermöglicht, den eigenen Lernprozess zu beobachten (z. B. mit Hilfe von Bildungs- und Lerngeschichten).						
4.11 Mit der Einführung eines Portfolios führen wir die Kinder und Jugendliche an die Selbstreflexion heran.						
4.12 Für alle Kinder und Jugendliche werden Förderpläne erstellt und umgesetzt (z. B. durch Wertschätzung individueller Interessen, spezielle Bildungsangebote, externe Angebote).						
4.13 Für die individuelle Lern- und Entwicklungsbegleitung steht spezialisiertes Fachpersonal (z. B. Heilpädagogen, Ergotherapeuten, Kunst- und Musikpädagogen) zur Verfügung.						

Anhang

5.		Wie ist der aktuelle Stand?			Wie schätzen Sie den Entwicklungsbedarf ein?		
	Ebene der Zusammenarbeit mit Eltern	realisiert	teilweise realisiert	nicht realisiert	keinen	niedrig	hoch
5.01	Die Qualität der Zusammenarbeit mit Eltern wird in regelmäßigen Abständen evaluiert.						
5.02	Eltern wird die Möglichkeit geboten, sich aktiv an der Einrichtungsentwicklung zu beteiligen (z. B. Elternbeirat).						
5.03	Die PädagogInnen der Einrichtung sind AnsprechpartnerInnen der Eltern für Erziehungsfragen.						
5.04	Es sind konkrete Maßnahmen zum regelmäßigen Kontakt mit den Eltern – unabhängig von Problemen – etabliert.						
5.05	Die PädagogInnen pflegen einen aktiven Kontakt mit allen Eltern, bevor Probleme entstehen.						
5.06	Die Einrichtung bietet Eltern Informationen in verschiedenen Sprachen an.						
5.07	Auf der Grundlage der Ergebnisse der Entwicklungs- und Lernbeobachtung finden regelmäßig Elterngespräche statt.						
5.08	Die elterliche Mitarbeit an pädagogischen Projekten wird von der Einrichtung explizit gefördert.						
5.09	Es gibt in der Einrichtung Aktionen von Eltern für Eltern (z. B. gemeinsames Kochen, Ausflüge, Diskussionsrunden).						

	Wie ist der aktuelle Stand?			Wie schätzen Sie den Entwicklungsbedarf ein?		
	realisiert	teilweise realisiert	nicht realisiert	keinen	niedrig	hoch
5. Ebene der Zusammenarbeit mit Eltern						
5.10 Die Einrichtung/der Träger bietet Bildungsangebote für Eltern im Sinne einer vertrauensbildenden Erziehungs- und Bildungspartnerschaft an.						
5.11 Es gibt ein Unterstützungsmanagement für PädagogInnen, die mit Eltern von Kindern mit herausforderndem Verhalten zusammenarbeiten						
5.12 Es existieren kontinuierlich Beratungsmöglichkeiten zu Erziehungsfragen für die Eltern – unabhängig von akuten Problemlagen						

	Wie ist der aktuelle Stand?			Wie schätzen Sie den Entwicklungsbedarf ein?		
	realisiert	teilweise realisiert	nicht realisiert	keinen	niedrig	hoch
6. Ebene der Kooperation und Vernetzung mit externen Institutionen						
6.01 Die Einrichtung verfügt über ein umfassendes Kooperationskonzept zu externen Erziehungs-, Bildungs- und Betreuungsinstitutionen (Netzwerkarbeit).						

		Wie ist der aktuelle Stand?			Wie schätzen Sie den Entwicklungsbedarf ein?		
		realisiert	teilweise realisiert	nicht realisiert	keinen	niedrig	hoch
6.	Ebene der Kooperation und Vernetzung mit externen Institutionen						
6.02	Es gibt regelmäßige Kontakte zu kommunalen Angeboten im Bereich Bildung, Jugendhilfe, Gesundheit und Soziales im Einzugsgebiet der Einrichtung.						
6.03	Es gibt verbindliche Vereinbarungen über Kooperationsformen mit diesen Institutionen.						
6.04	Kooperationen werden regelmäßig hinsichtlich ihrer Qualität überprüft (z. B. Nutzen, Zielerreichung, Funktion, Niedrigschwelligkeit).						
6.05	Externe Institutionen bieten Angebote für Eltern (z. B. Unterstützung der Familien im Alltag, Gestaltung von Übergängen in den Familien, Umgang mit besonderen Lebenslagen und Belastungssituationen) in Form von niederschwelligen Aktivitäten in der häuslichen Umgebung an.						
6.06	Externe Institutionen bieten Angebote für PädagogInnen (z. B. Unterstützung in speziellen Fragen zum Umgang mit herausforderndem Verhalten) in Form von niederschwelligen Kontakten (z. B. Besprechung in der Teamsitzung, Supervision) an.						
6.07	Das Netzwerk von Unterstützungsangeboten im Umfeld der Einrichtung ist allen Beteiligten transparent zugänglich.						

		Wie ist der aktuelle Stand?			Wie schätzen Sie den Entwicklungsbedarf ein?		
		realisiert	teilweise realisiert	nicht realisiert	keinen	niedrig	hoch
6.	**Ebene der Kooperation und Vernetzung mit externen Institutionen**						
6.08	Die Einrichtung verfügt über ein umfassendes Kooperationskonzept zu externen Erziehungs-, Bildungs- und Betreuuungsinstitutionen (Netzwerkarbeit).						

Diese Checkliste wurde in Anlehnung an die Checkliste zur *Resilienzförderung in der Grundschule* (Landesinstitut für Schulentwicklung Baden-Württemberg, 2013) entwickelt.